AVANCE

CURSO DE ESPAÑOL
NIVEL INTERMEDIO-SUPERIOR

**PREPARACIÓN PARA EL
D.E.L.E.**

CONCHA MORENO
VICTORIA MORENO
PIEDAD ZURITA

PRIMERA EDICIÓN EN 1995
SEXTA EDICIÓN EN EL 2001

PRODUCE:
  SGEL EDUCACIÓN
  Avda. Valdelaparra, 29
  28108 Alcobendas (Madrid)

COORDINACIÓN EDITORIAL:
  Julia Roncero
ILUSTRACIONES:
  Gabriel Flores
  Luis Carrascón
DISEÑO:
  Carla Esteban

I.S.B.N. 84-7143-547-0
Depósito Legal: M-48.230-2000
Printed in Spain-Impreso en España

Fotomecánica: NEGAMI
Impresión: SITTIC, S.A.
Encuadernación: F. MÉNDEZ

PRESENTACIÓN

AVANCE *es un manual de español para adolescentes y adultos extranjeros de nivel intermedio-superior. Está basado en una metodología ecléctica, y viene a cubrir un vacío existente dentro del mercado editorial del ELE.*

Nuestro método se basa en la elección e integración de todo lo que de positivo encontramos en los diferentes enfoques, para lograr un conocimiento global de la lengua, sin olvidar nunca que ésta debe estar estrechamente vinculada a la cultura. Todo el material del que se compone AVANCE ha sido experimentado por alumnos de diferentes nacionalidades.

¿Cómo está estructurado AVANCE?

AVANCE comienza con un esquema de presentación que incluye los diferentes contenidos de cada una de las dieciséis unidades que lo integran. El título sugiere el tema del que se va a tratar a lo largo de la unidad. Cada unidad se compone de ocho apartados.

Pretexto: *con el que iniciamos la información. Muchos de los textos han sido escritos por nosotras. También incluimos anuncios, prospectos, artículos periodísticos, que consideramos de utilidad para el alumno. Al final, proponemos que se den sinónimos, que se formulen algunas frases, y que se responda a unas preguntas: algunas son de carácter comprensivo y otras mucho más libres, para que el alumno exprese sus opiniones oralmente.*

Contenidos gramaticales: *seguidos de ejercicios prácticos de muy variada tipología.*

Actividades: *encaminadas a la interacción para que, de este modo, el estudiante pueda llevar a cabo las funciones comunicativas y tareas propias de su nivel.*

Como lo oyes: *en esta sección pretendemos que el alumno practique la comprensión auditiva, utilizando para ello diálogos, entrevistas, información, poemas etc... Todas las audiciones seleccionadas proceden del lenguaje real, y están siempre en estrecha relación con el tema de la unidad.*

Vocabulario: *Ejercicios de muy variada tipología, a partir de las cuales se presenta el nuevo léxico, o se revisa el vocabulario básico.*

Recuerda: *encaminado a que el alumno revise y consolide aquellos contenidos gramaticales que ha estudiado con anterioridad y los ponga en práctica.*

Escribe: *proponemos ejercicios para que el alumno mejore su expresión escrita. Cuando lo consideramos necesario, le ayudamos con unas directrices.*

Lee: *En este apartado recogemos e insertamos toda la información temática de la unidad. La explotación del texto es similar a la del Pretexto.*

Al final del manual se incluye la transcripción de las grabaciones.

ÍNDICE DE CONTENIDOS

Í N D I C E   D E   C O N T E N I D O S

ÍNDICE DE CONTENIDOS

UNIDAD 1

LOS ESPAÑOLES SOMOS ASÍ...

PRETEXTO

EL CARÁCTER...

"A los españoles les encanta comer mucho y bien, se divierten más tiempo del que trabajan o descansan, hablan muy mal inglés y tienen las mujeres más guapas de Europa".

Esta es la conclusión a la que ha llegado *Zhad Jinping*, intérprete y traductor de textos clásicos del español al mandarín y al cantonés.

"Admiro la idea del tiempo que tienen los españoles, creen que dormir ocho horas es una pérdida de tiempo. Dormir no tiene ningún sentido para ellos. Así disfrutan de la vida más que otros europeos".

EL JUEGO...

"En la ciudad la gente se juega los cuartos en bingos, casinos y máquinas traga-perras. En los pueblos se sigue echando la partida y la gente se juega los cafés en amigable sobremesa".

"Todos sueñan, en cualquier caso, con ganar un premio a la lotería".

LA NOCHE...

"En España se vive de un modo especial. Por la noche, se puede desde tener una aventura hasta aclarar la duda existencial. Todo se convierte en magia. Los verdaderos amigos, los de la mañana, suelen resultar muy sosos".

No hay un carácter típico español. Para *David Allan*, prestigioso fotógrafo estadounidense que ha recorrido nuestro país durante varios meses,

"resulta más divertido participar de sus vidas que interpretarlas".

PARA ACLARAR LAS COSAS:

→ *JUGARSE LOS CUARTOS = jugar dinero.*
  ¿Te acuerdas de otros usos de la palabra "cuarto"?

→ *MÁQUINAS TRAGAPERRAS = máquinas en las que se echa dinero con la esperanza de sacar un premio.*

→ *SOSOS = muy aburridos, como la comida sin sal.*

1. DINOS CON OTRAS PALABRAS:

■ *Admiro la idea del tiempo que tienen los españoles.*

Me gusta como usan su tiempo.

■ *Por la noche, se puede desde tener una aventura
hasta aclarar la duda existencial.*

Puede pasar muchas cosas differentes.

2. DANOS SINÓNIMOS DE:

■ *Disfrutar de.* *pasar bien.*
■ *Resultar.* *acabar.*
■ *Participar de.* *estar en*
■ *Ganar un premio.*
■ *Carácter.*

3. CONTESTA A ESTAS PREGUNTAS:

■ *¿Cuáles son las características de los españoles según Zhad Jinping?*

■ *La noche está hecha para dormir. ¿Estás de acuerdo?*

■ *¿Te gusta jugar? ¿A qué? ¿Y apostar?*

■ *¿Sale mucho por la noche la gente de tu país?*

■ *¿Entiendes la frase final de David Allan? Intenta explicarla.*

CONTENIDOS GRAMATICALES

VALORES DEL PRESENTE

Lo usamos:

1. Para referirnos al PRESENTE que coincide con el momento en que hablamos.

> *Ejemplos:* ■ *¡Qué bien HUELES!*
>
> ► *¿PUEDES echarme una mano?*
> ■ *Ahora no PUEDO, lo siento.*

2. Para referirnos a un período que comprende, además, un tiempo anterior y posterior al que hablamos: es un PASADO + PRESENTE + FUTURO.

> *Ejemplos:* ■ *Ahora, en Madrid, HAY tres grandes museos: el Prado, el Reina Sofía y el Thyssen Bornemisza.*
> ■ *ME ENCANTA el pescado.*
> ■ *SOY una persona de aspecto corriente: MIDO 1,70, PESO 60 kgs. y no SOY ni guapo ni feo.*

3. Para hablar de COSTUMBRES y expresar FRECUENCIA.

> *Ejemplos:* ■ *COMO muy deprisa.*
> ■ *Nunca ME ECHO la siesta.*
>
> ■ *¿VAS mucho al teatro?*
> ► *De vez en cuando.*

En este caso hay muchos marcadores temporales, pero todos son muy usuales.
Aquí los tienes:

100% siempre

cada día/mes/semana, etc. ■ todos los días/todas las semanas ■ casi siempre ■ generalmente ■ por lo general ■ normalmente

a menudo ■ con frecuencia ■ frecuentemente

cada vez que... ■ cada dos/tres...días/semanas,etc. ■ una/dos...veces al día/al mes/al año ■ a veces ■ algunas veces ■ de vez en cuando

casi nunca ■ raramente ■ apenas

0% nunca ■ jamás

4. Para definir VERDADES UNIVERSALES.

> *Ejemplos:* ■ *La Tierra* ES *redonda.*
> ■ *Las gallinas no* VUELAN.

5. Para referirnos al FUTURO.
Con él, el hablante siente los hechos más próximos. Casi siempre va acompañado de
MARCADORES TEMPORALES: *mañana, dentro de, la semana/el mes/el año...que viene,
después, ¿a qué hora?, ¿cuándo...?,* etc.

> *Ejemplos:* ■ *Dentro de dos meses* ME VOY *a la "mili".*
> ■ *Nos* VEMOS *luego, ¿eh?*
> ■ *Más tarde lo* HACEMOS, *¿vale?*

6. Para referirnos **al** PASADO. Va, casi siempre, acompañado de MARCADORES TEMPORALES:
fechas, hace...; otro tiempo pasado, nombres o hechos históricos, etc.

> *A*   HISTÓRICO:
> *Ejemplos:*   ■ *En 1985 España y Portugal* ENTRAN *en la C.E.E.*
> ■ *Napoleón* QUIERE *una Europa unida.*

> *B*   CONVERSACIONAL:
> *Ejemplos:*   ■ *Hace unos días* COMPRO *un billete de lotería y* VA *y me* TOCA.
> ■ *Estábamos en lo mejor y ¡zas!,* SE APAGA *la luz.*

Con CASI y POR POCO necesitamos el presente cuando hablamos del pasado.

> *Ejemplos:*   ■ *Ayer, cuando estaba asomado a la ventana,* POR POCO ME CAIGO.
> ■ *Me levanté tarde y* CASI PIERDO *el autobús.*

7. Para PEDIR COSAS, DAR INSTRUCCIONES y DAR ÓRDENES. Para ello nos servimos de preguntas,
de las construcciones: ¿PODER + INFINITIVO...? o ¿TE/LE/OS IMPORTA + INFINITIVO...?
Las ÓRDENES dadas con presente, suenan descorteses.

> *Ejemplos:* ■ *¿Me* DEJAS *el bolígrafo un momento?*
> ■ *¿Puedes* ABRIR *la ventana?*
> ■ *¿*LE IMPORTA CERRAR *la puerta?*
>
> ■ *¿Cómo se graba en este aparato?*
> ▶ *Primero,* REBOBINAS *la cinta; después,* APRIETAS *las teclas roja y negra a la vez.*
>
> ■ *Hoy,* PONES *TÚ la mesa y* FRIEGAS.
> ■ TE QUEDAS *sin salir, por desobediente.*

PRACTICAMOS LA GRAMÁTICA

I. Rellena los huecos con el presente del verbo apropiado.
Observa el valor del presente en cada caso:

1. Pedir, salir, empezar, ir, leer, dar, hacer.

Yo *hago* todos los días lo mismo: *salgo* a las 7'30 porque las clases *empiezan* a las 9. *voy* a comprar el periódico, *doy* los buenos días al señor del kiosco. Luego *pido* un café en el bar y allí *leo* las noticias de la mañana.

2. Preparar, preguntar, pensar, llamar, salir, querer, decir.

Ayer me *llama* Jorge por teléfono y me *pregunta* si *quiero* ir a Marruecos con él. No lo *pienso* ni un momento y le *digo* que sí. Así que esta tarde *preparo* el equipaje, porque el barco *sale* mañana temprano.

3. Tener, vivir, llamar, poder, ser.

El camello *es* un animal con dos jorobas. Mucha gente lo *llama* el barco del desierto". *Tiene* unas orejas muy pequeñas y unos ojos muy salientes. *Puede* estar largo tiempo sin comer ni beber . *Vive* 20 o 30 años.

4. Subir, volver, legalizar, morir, empezar.

Cuando *muere* Franco, el Rey Juan Carlos I *empieza* al trono y, poco tiempo después, se *legalizan* los partidos políticos y *empieza* la democracia. Muchos intelectuales *volvieron* a España después de muchos años.

5. Caer, estar, elegir, ser, recoger, tener, haber.

La frutería de Manolo *es* muy agradable. Siempre *está* limpia. *Tiene* todo tipo de frutas y verduras. Él *elige* las mejores y por eso *hay* tantos clientes. A veces se *cae* alguna fruta, pero él la *recoge* sin protestar.

6. Volver, cortar, poner, servir, freír, echar, ser, mezclar, hacer, batir, pelar.

¿Cómo se *hace* la tortilla de patatas? *Es* muy fácil. (Tú) *pelas* y *cortas* las patatas y las cebollas y lo *freís* todo con bastante aceite de oliva y a fuego lento. A continuación *bates* unos huevos y los *mezclas* con las patatas y las cebollas, ya fritas. Después *echas* un poco de aceite en la sartén, *pones* las patatas con los huevos, y, para terminar *vuelves* la tortilla. ¡Ah!, y la *sirves* con una buena ensalada.

II. Entrevista a un/a escritor/a.
Transforma el infinitivo en la forma correcta del presente.

■¿Qué sistema (elegir/usted) *elige usted* para escribir sus novelas?

No (tener/yo) *yo tengo* un plan premeditado. (Empezar/yo) *yo empiezo* un libro cuando (tener) *tengo* algo que decir, pero, a veces, me (perder) *pierdo* y nunca (saber) *sé* ~~saben~~ cuando (ir/yo) *yo voy* a terminar.

■¿Dónde (encontrar/usted) *encuentra usted* las ideas para sus relatos?

(Conocer/yo) *yo conozco* mucha gente, (oír/yo) *yo oigo* lo que (decir/ellos) *dicen ellos*; por supuesto (jugar/yo) *yo juego* con mi imaginación y luego (contar) *cuento* las cosas como ellos y yo las (sentir) ~~siente~~ *sentimos*

■¿(Mentir) *miente* usted mucho en sus libros?

(Entender/yo) *yo entiendo* que en la novela no (ser) ~~es~~ importante la verdad. (Preferir/yo)..................entretener al lector. (Construir/yo)..................un mundo real o irreal, (poner)..................todo mi interés en divertir, (dar)............. lo que (tener)............................. , (traducir)..................mis experiencias como (poder)..................y (saber)................. , pero no (perder)..................el tiempo en encontrar la verdad.

■¿Cómo (ser) .... un día normal en su vida?

(Dormir/yo)...............................muy poco, unas cinco horas; (empezar)........................ a trabajar sobre las 7 de la mañana, a mediodía (salir)..........................a dar un paseo, (volver) .... a casa, (almorzar)................... , (poner)...............un rato la televisión y después (seguir).................. trabajando. Por la noche me (reunir)............................con amigos y, con frecuencia, les (pedir)......................su opinión sobre lo que (escribir)................... , porque (querer)......................saber lo que (pensar/ellos)........................... .

III. **P**REGUNTA A TU COMPAÑERO CON QUÉ FRECUENCIA REALIZA ESTAS ACCIONES:
   PUEDES USAR **¿Cada cuánto tiempo...?** o **¿con qué frecuencia...?**

   Ejemplo : ■ *¿Cada cuánto tiempo* hablas/*con qué frecuencia* hablas
   de Filosofía con tus amigos ?
   ► Casi nunca hablo de Filosofía.

■ **1.** Tomar café después de comer.	■ **9.** Estudiar oyendo música.
■ **2.** Ir al trabajo en moto.	■ **10.** Ir a la iglesia.
■ **3.** Salir los viernes por la noche con mis amigos.	■ **11.** Hablar español con los compañeros.
■ **4.** Comer carne.	■ **12.** Sentirse deprimido/a.
■ **5.** Leer el periódico.	■ **13.** Ir al banco a sacar dinero.
■ **6.** Cenar fuera de casa.	■ **14.** Coger las vacaciones en Agosto.
■ **7.** Quedarse en casa leyendo.	■ **15.** Lavar el coche.
■ **8.** Discutir de política con tu padre.	

IV. **R**EACCIONA:

1. ¿Qué planes tienes para esta tarde/para *nochevieja*? Para est noche no tengo planes.
2. ¿Cómo *se pone* el tocadiscos? El tocadiscos se pone apretando el botón "play".
3. ¿Por qué no me ayudas a hacer las camas? No te ayudo porque estoy ocupada.
4. Oye, ¿tú qué haces los fines de semana? Los fines de semanas salgo con mis amigos.
5. Te gusta mucho Andrés/Marisa, ¿verdad? ¿Cómo es? Sí me gusta mucho a Andrés es muy guapo.
6. ¿Cómo *se va* a la plaza de la Constitución desde aquí? Se va por la calle de allá.
7. (Has perdido el pasaporte, te han robado, no tienes las llaves...)
   Y ahora , ¿qué hago? Llama a la policía

→ **PARA ACLARAR LAS COSAS:**

→ *NOCHEVIEJA* = *la noche del 31 de Diciembre.*

→ *SE PONE, SE VA* = *frases con valor impersonal. (Ver la Unidad 3).*

→ *PONER EL TOCADISCOS* = *encenderlo.*

I. ¿QUIÉN ES QUIÉN?

En parejas o en grupos, pensad en un personaje famoso, definidlo entre vosotros primero, después dad esas características a vuestros compañeros. Ellos tienen que adivinar de quién se trata.

II. DESCRIBE LO QUE PASA:

III. ESTEREOTIPOS.

Hablar de estereotipos no está bien, pero por una vez…
En parejas, relacionad las dos columnas - son sólo sugerencias - y comentad el resultado con vuestros compañeros.

País	Característica
PORTUGAL	MALOS CONDUCTORES
FRANCIA	ORGULLOSOS
ALEMANIA	TACAÑOS
ITALIA	SIN SENTIDO DEL HUMOR
DINAMARCA	BUENOS COCINEROS
REINO UNIDO	EXHIBICIONISTAS
LUXEMBURGO	HABILIDOSOS
BÉLGICA	EXAGERADOS
GRECIA	DISPONIBLES
HOLANDA	RELIGIOSOS
IRLANDA	DESCONOCIDOS
ESPAÑA	DESORGANIZADOS
SUECIA	FRÍOS
AUSTRIA	ABURRIDOS
FINLANDIA	DESCONFIADOS
NORUEGA	ABIERTOS

COMO LO OYES

¿QUÉ TE PARECEN LOS ESPAÑOLES?

Después de oír a estas personas, contesta a estas afirmaciones con una **V** si te parecen verdaderas o con una **F** si te parecen falsas.

	V	F
1. *Es difícil entenderse con los españoles cuando preguntas algo.*		
Los españoles saben solucionar situaciones complicadas.		
En España hay muchos temas tabú.		
2. *A este señor le gustan las comidas españolas.*		
Los españoles son muy trabajadores.		
Los españoles duermen la siesta porque comen mucho.		
3. *Los españoles no respetan las señales de tráfico.*		
A los españoles les importa llegar tarde.		
Los españoles siempre llegan tarde cuando van en coche.		
4. *Los españoles no salen cuando hace mal tiempo.*		
Los españoles no son generosos.		
Los españoles no piensan en el futuro.		

VOCABULARIO

I. RASGOS DEL CARÁCTER

Cuando queremos conocer los rasgos del carácter de una persona, en español preguntamos: **¿qué tal es?** o **¿cómo es?**
Las cualidades son rasgos positivos y los defectos son rasgos negativos.

Dentro del recuadro hay diez adjetivos. Elige el correcto, pero ten cuidado y ponlo en femenino o plural si es necesario.

> CARIÑOSO, CAPRICHOSO, GRACIOSO, VAGO, CHARLATÁN, ORDENADO,
>
> TACAÑO, SUPERSTICIOSO, INGENUO, TORPE.

1. Juan es realmente *gracioso* . Siempre que estoy con él me divierto mucho.
2. La secretaria de mi oficina es muy *ingenua* . Se cree todo lo que le cuentan.
3. La profesora de 1º de Secundaria es una persona *cariñosa* . Todos sus alumnos la quieren mucho.
4. Mis vecinos son excesivamente *ordenados* . No pueden ver nada fuera de su sitio.
5. ¡Qué *torpe* eres! ¡Otra vez has tirado la leche!
6. Este niño quiere todos los juguetes. Me parece un poco *caprichoso* ¿no?
7. ¡Estoy harto! Esta hija mía no quiere trabajar, es una *vaga* .
8. ¿No te parece que Ana es un poco *supersticiosa* ? Cuando ve un paraguas abierto en una habitación, se marcha rápidamente.
9. Es simpatiquísimo, pero demasiado *charlatán* ; no para de hablar.
10. Es un poco *tacaño* . Casi nunca regala nada.

II. DESCRIBE LO QUE PASA

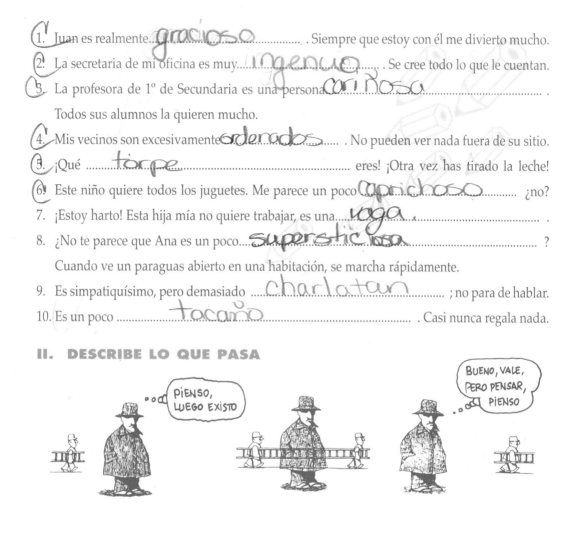

III. DÓNDE COMPRAR CIERTAS COSAS...

Relaciona las dos columnas. ¿Dónde puedes comprar?

Sellos	Panadería
Sacapuntas	Pescadería
Un canario	Estanco
1/2 kg. de lenguado	Pastelería
1 kg. de filetes	Papelería
Una orquídea	Librería
Clavos	Ferretería
Una barra de pan	Floristería
"El Quijote"	Carnicería
Una tarta de manzana	Pajarería

RECUERDA

CONTRASTE ENTRE "SER" Y "ESTAR"

USAMOS SER:

1.

Para *generalizar o definir*. Para *caracterizar, describir o clasificar*. Por eso lo necesitamos para expresar:

A) NACIONALIDAD
Ej.: ■ Eres *español*, ¿verdad?

B) PROFESIÓN
Ej.: ■ Su padre es *albañil*.

C) MATERIA O MATERIAL
Ej.: ■ El anillo no es *de oro*, pero lo parece.

D) POSESIÓN O RELACIÓN
Ejs.: ■ Esta cinta es *de Francisco*, ¿no?
▶ No, no es *suya*, es *mía*.

E) DESCRIPCIÓN DE PERSONAS Y COSAS
Ejs.: ■ Alfredo es *alto, moreno, calvo y con bigote*.
■ El vestido es *rojo, sin mangas*.
■ Fumar es *malo* para la salud; hacer deporte, en cambio, es muy *bueno*.

2.

Para las expresiones de tiempo:
(Es *de día, de noche, de madrugada*, etc.)
Ej.: ■ En verano, a las 10, todavía *es de día*.

Para la fecha tenemos *dos posibilidades*:
■ Hoy *es* 17/hoy *estamos a* 17.

USAMOS ESTAR:

1.

Para *expresar estados en que se encuentran los sujetos*. Nos referimos a situaciones tanto físicas como emocionales.

Ej.: ■ ¡Estoy más *cansado*...!
■ Están *casados* desde hace tiempo.
■ No parece estar *enfermo*.
■ Luis está muy *deprimido*.
■ ¡Qué *contentos* estáis!
■ ¡Ya estoy *harta* de todo esto!

Si para describir algo, queremos usar BIEN o MAL, en ese caso utilizamos ESTAR, nunca SER.
EJEMPLOS:
La película *es* bien.
→ *está* bien.
Eso que haces *es* mal.
→ *está* mal.

2.

Para *comparar una cualidad o característica que varía según las circunstancias*:

Ejs.: ■ Alicia, ¡qué *morena* estás!
■ Chico, ¡estás más *antipático*!
■ Estás más *delgado*, ¿no?

CONTRASTE ENTRE "SER" Y "ESTAR"

USAMOS SER:

3.

Para *expresar cantidad* :
Es *poco / mucho/ bastante/demasiado*,
etc.

Si el sujeto es un evento, un hecho,
un acontecimiento, usamos SER ,
nunca ESTAR.

EJEMPLOS:
La *fiesta está* en mi casa.
→   *es* en mi casa.
La *reunión está* en la Universidad.
→   *es* en la Universidad.

USAMOS ESTAR:

3.

Para *expresar resultados.*

Ej.: ■ ¡Ya *está* ! Lo he terminado.
■ La carretera está *cortada* por la
nieve.
■ ¿Está *claro*?
No lo vuelvo a explicar.
■ La botella está *vacía*, hay que
comprar otra.

4.

Para *expresar el aspecto de las personas
y las cosas*, percibido de manera subjetiva,
en ese momento concreto:

Ej.: ■ Está muy *alto* para su edad.
■ ¡Qué *viejo* está!
No parece el mismo.

■ ¿Has usado este libro?
► Sí, claro, ¿por qué?
■ Porque *está* nuevo.

5.

Para *expresar lugar*:

Ej.: ■ ¡No sé *dónde* estoy.
■ ¿*Dónde* está la Alameda?

DOS EJERCICIOS GRAMATICALES

I. PON LA FORMA CORRECTA DE **SER** O **ESTAR**:

ESTAR
SER
ESTAR

1. ■ ¿Quién .... ese chico rubio?
▶ .... Peter.
■ ¿Y de dónde ....?
▶ .... de Bélgica.
■ ¿Y qué hace aquí?
▶ .... de vacaciones.
■ ¿Y dónde vive?
▶ ¡Calla ya! ¡Qué pesada ....!
Esto .... un interrogatorio ¿o qué?

2. ■ ¿Cuánto cuesta esta camisa?
▶ 18.000 ptas.
■ .... muy cara.
▶ ¡ ....que .... de seda!

3. ■ ¿Dónde .... la fiesta?
▶ En la discoteca "Paul & Cía".
■ ¿Dónde .... eso?
▶ En la plaza de Santa Eulalia.

4. ■ ¿........................ enfadado conmigo?
▶ No, ... que .... muy cansado.

5. ■ ¿De quién .... este bolso negro?
.... muy bonito.
▶ Es mío, y además .... muy barato,
pero, claro, no ....de piel.

6. ■ Aquí, en España, salís hasta muy tarde,
¿verdad?
▶ Sí, pero piensa que en verano, a las 10
de la noche, todavía .... de día.

7. ■ ¡Qué delgada ....!
▶ Es que .... a régimen.

8. ■ ¿Sabes que Fernando ....
enamorado de Cristina?
▶ ¡Qué dices! ¡ .... loco, hombre!
Eso .... imposible.

9. ■ ¿Quién .... Alberca?
▶ .... un pintor.
■ ¿Y .... famoso?
▶ Aquí, en mi ciudad, sí.

10. ■ ¡Mamá!, ¡tenemos hambre!
▶ Pues, ¡a comer!, la cena .... lista.

11. ■ ¿Qué hora .... ?
▶ Ya .... las 11,
■ ¡Qué tarde .... !
▶ .... verdad, venga, date prisa.

12. ■ Oye, ¿ .... cierto que Eduardo
.... tan mal?
▶ No, ¡qué va!, ... perfectamente,
de maravilla.

13. ■ ¿Cómo .... el libro que .... leyendo?
▶ No te lo recomiendo; ...... aburridísimo.

14. ■ ¿Cómo .... tus padres, que hace
mucho que no los veo?
▶ Mi padre .... bien, pero mi madre
.... un poco pachucha, ...
resfriada.

15. ■ ¡Qué frío hace aquí!
▶ Pues todas las ventanas ....
cerradas y la calefacción ....puesta.

II. Pon la forma correcta de SER o ESTAR:

■ (Yo)..........................seguro de que no vas a....................de acuerdo, pero a mí me parece que las fiestas.................todas iguales. La gente bebe y baila hasta muy tarde. Después, todo el mundo ....borracho. Al día siguiente no pueden hacer nada porque...................*hechos polvo.* ¿De verdad os parece que esto................algo bueno? A mí, no. Creo que...................una pérdida de tiempo.

▶ Y, entonces, tú, ¿qué haces para divertirte?

■ Leer, pasear por el campo o la playa. ¡Eso sí que .... sano!

▶ Y ¿qué pasa con las fiestas populares y las tradiciones ? ¿Es que eso no ....interesante para ti?

■ ¡Hombre!, no....................lo mismo. Yo hablo de esos grupos de *borregos* que salen a divertirse porque............................fiesta o fin de semana y no porque les apetece.

▶ Bueno, pues ¿sabes lo que te digo, chico? Que..................................*un muermo.*

■ De acuerdo, esa..........................tu opinión, pero yo...................como ...., y punto.

▶ ¡Vale, vale! ¿Vamos a tomar algo, que...................mi cumpleaños?, o ¿damos un *sano* paseo bajo esta lluvia?

■ Tampoco hay que exagerar, un día....................un día. ¡Vamos!

➜ PARA ACLARAR LAS COSAS:

➜ *Hechos polvo* = *muy cansados.*

➜ *Borregos* = *los que hacen lo mismo que la mayoría.*

➜ *Ser un muermo* = *ser aburrido.*

ESCRIBE

Describe a la gente de tu país.

Puedes usar, entre otras, estas palabras:

trabajador, aburrido, tranquilo, tacaño, soso, con sentido del humor, ingenuo, alegre.

Puedes usar estos gradativos :

nada, un poco, realmente, excesivamente, demasiado, muy.

MÁS INFORMACIÓN SOBRE LOS ESPAÑOLES

Como ocurre en todas partes, no existe un estereotipo del español. Los hay alegres y tristes; rubios y morenos; tacaños y generosos; trabajadores y perezosos. Pero sí existen algunas costumbres que sorprenden al extranjero que nos visita.

La primera es el horario: todo sucede más tarde. No hay una hora establecida para el desayuno; eso depende de cuándo entra cada cual a trabajar. De todos modos no es costumbre desayunar en casa; como mucho, *un café bebido*. Por eso son tan importantes el café y el bocadillo de media mañana, en una pausa en el trabajo. Los españoles almuerzan entre las 13 h. 30 y las 14 h. El que puede, echa la tan reparadora siesta. La merienda tiene lugar entre las 17 h. 30 y las 18 h. 30. Es obligatoria en los niños, y motivo de reunión en los cafés para los que tienen la tarde libre. La familia cena entre las 21 h. 30 y las 22 h. 30 , pero en los restaurantes el horario se amplía hasta las 23 h. 30 o las 00 h. 30. Los que nos visitan piensan que los españoles dormimos poco.

Lo que queda claro es que una buena parte de la vida española transcurre en la calle. Según estudios, en 1993, la densidad de bares , cafeterías y restaurantes es de 6 por cada 1.000 habitantes.

El comportamiento de los españoles en estos locales es también diferente. Sobre todo, a la hora de pagar. Si la cantidad es pequeña, cada día paga uno, y si es mayor, se divide el total entre todos, sin pensar si uno ha comido más que otro; a eso se llama *pagar a escote*.

Y algo singularmente español son las *tapas* (pequeño plato de comida que acompaña al vino o la cerveza). La costumbre de las *tapas* es muy antigua y proviene de una orden real.

En efecto, el Rey Alfonso X el Sabio (s. XIII) ordena a los mesoneros de la época servir una loncha de jamón o algo similar, tapando las jarras de vino, quizás también para *tapar* los efectos del alcohol.

En España hay ciertos temas tabú. No se suele hablar de la muerte; no se debe preguntar la edad de la gente y está muy mal visto hablar de dinero, sobre todo si se tiene. Nadie dice *gano mucho* o *gano bastante*, sino *no puedo quejarme* o *voy tirando*.

Pero se habla mucho, eso sí, y en un tono de voz demasiado alto, según muchos visitantes. No es necesario conocer a alguien para hablar con él durante horas, terminando la conversación sin saber siquiera el nombre del interlocutor.

Esto conecta con el hecho de llamar amigo a una persona a la que simplemente hemos visto un par de veces. Así, cuando la amistad es verdadera, hay que reforzar la expresión: un íntimo amigo, un verdadero amigo, un buen amigo... ¿Pueden existir amigos malos?

 PARA ACLARAR LAS COSAS:

→ CAFÉ BEBIDO = *expresión que significa tomar un café solo o con leche, sin comer nada con él.*

1. DINOS CON OTRAS PALABRAS:

■ *Como ocurre en todas partes, no existe un estereotipo del español.*

. . . .

■ *Depende de cuándo entra cada cual a trabajar.*

. . . .

■ *Esto conecta con el hecho de llamar amigo a una persona a la que simplemente hemos visto un par de veces.*

. . . .

2. DANOS SINÓNIMOS DE:

■ *Tacaños..* . . . .

■ *Hora establecida.* . . . .

■ *La vida transcurre en la calle.* . . . .

3. CONTESTA A ESTAS PREGUNTAS:

■ *Primero, fíjate en las formas de presente y di en qué uso aparecen.*

■ *Después de la lectura, ¿qué sabes de los españoles?*

■ *¿Cómo pagan los españoles cuando salen juntos? Y ¿vosotros?*

■ *¿Puedes contarnos la historia de las tapas?*

■ *¿Qué contesta un español cuando habla de dinero?*

■ *¿Cuándo llamas amigo/-a a una persona?*

■ *Puedes hacerles tú otras preguntas a tus compañeros.*

¿SABÍAS QUE...?

Los Naipes, la diversión del mundo.

No está muy claro si es un invento español, pero lo cierto es que a través de nuestro país se extiende por toda Europa. Algunos dicen que deriva del dominó, que es un invento chino y que a través de los árabes llega a España. Otros aseguran que surge del ingenio de un tal Vilhán, afincado en Sevilla, *nacido de humildes padres y plebeya gente* y hay quien dice que es invento de Nicolás Pepín, cuyas iniciales, N.P. dan origen a la enigmática palabra naipe.

La baraja española se compone de 48 cartas divididas en 4 palos - oros, copas, espadas y bastos -, que corresponden alegóricamente a los 4 estamentos medievales : burguesía, clero, nobleza, y campesinos. La baraja inglesa es un derivado, en el que los palos son diamantes, corazones, tréboles y picas.

(Texto adaptado, *El País semanal*, 3, Julio, 1994)

Comenta con tu compañero lo que has entendido y buscad juntos las palabras desconocidas.

...PERO ESTAMOS CAMBIANDO

PRETEXTO

INFORMACIÓN SOBRE LOS CAMBIOS EN ESPAÑA

Las cosas están cambiando en España, aquí también nos preocupamos por la naturaleza y el medio ambiente. Según unos datos del suplemento de *El País* (3-1-1993), España es uno de los países comunitarios que más papel recicla: un 44% de su producción. Es un hecho del que ni los mismos españoles hablan con frecuencia.

Según doña Teresa Sánchez Castiello, directora del Programa Gerontológico Nacional (*Protagonistas*, ONDA CERO, 21-1-1993), uno de los cambios más sorprendentes de la España de hoy tiene que ver con la edad de los españoles: la población está envejeciendo. Gracias a las mejores condiciones de vida, a la dieta mediterránea, entre otros factores, la esperanza de vida aumenta. En este momento el número de personas mayores es de unos 6 millones.

Por otro lado, la población está disminuyendo. Una familia media española ya no tiene tantos hijos como antes. Las estadísticas nos dicen que el promedio es de 1'3 hijos por familia: uno de los más bajos de Europa. En opinión de la señora Castiello, esto es así por el modo de vida del mundo desarrollado.

Los animales de compañía están *invadiendo* nuestras casas y nuestras calles. Como sus socios comunitarios, los españoles buscan en los perros, gatos o tortugas, consuelo para los momentos de soledad. Según la Real Sociedad Canina Española, *se inscriben anualmente unos 45.000 nuevos perros con pedigrí . La cifra total rondará, en nuestro país, los 200.000 ejemplares.* Si nos referimos a perros en general, la cifra es de tres millones de ejemplares aproximadamente.

Y para terminar, vamos a hablar de un aspecto claramente positivo de los últimos años : la potenciación de la actividad cultural. Asistimos a un auténtico renacimiento de esta actividad social, tan necesitada de la libertad que da un régimen democrático. El Estado, las comunidades autónomas o los ayuntamientos subvencionan las manifestaciones culturales de interés, como recitales musicales, exposiciones, teatro, etc.

En este sentido ha sido muy importante la labor de periódicos y revistas, así como de la radio, que ofrecen una gama de ideologías propia de una sociedad pluralista, como lo es la actual sociedad española.

PARA ACLARAR LAS COSAS:

→ *GERONTOLÓGICO = para las personas mayores.*

→ *PROTAGONISTAS = popular programa de radio.*

❚DESCRIBE LO QUE PASA❚

1. DINOS CON OTRAS PALABRAS:

■ *Este cambio tiene que ver con la edad de los españoles.* Este cambio se relaciona con los años de los españoles

■ *El promedio de hijos es de 1,3 por familia.* La media de niños es 1,3 por familia.

■ *La cifra total rondará los 200.000 ejemplares.* El número total rondará los 200.000 animales.

■ *La potenciación de la actividad cultural.* Demos fuerza a la actividad culturales

2. DANOS SINÓNIMOS DE:

■ *La dieta mediterránea* La comida que se comen en los países del mediterráne

■ *Subvencionan* dar

■ *Factores* en otras cosas

■ *Gama* variedad

3 CONTESTA A ESTAS PREGUNTAS:

- *¿De qué cambios habla el texto?*
- *Señala las fuentes de información que aparecen en el texto.*
- *¿Qué es lo que más te sorprende de estos cambios?*
- *¿Cuáles son las consecuencias de estos cambios?*
- *Elige uno de estos cambios y compáralo con tu país.*

CONTENIDOS GRAMATICALES

PRESENTE DE *ESTAR+GERUNDIO*

Usamos el *presente* del verbo **estar + gerundio**:

1. Para referirnos a una ACCIÓN MOMENTÁNEA. Sobre todo, para responder después de preguntar por alguien en su actividad.

> *Ejemplos:* ■ *Oye, ¿y Lola?*
> ► *ESTÁ PASANDO un trabajo al ordenador.*
>
> ■ *(por teléfono): ¡Felipe!, soy Luis, ¿te interrumpo?*
> ► *¡Qué va!, sólo ESTOY LEYENDO el periódico.*
>
> ■ *Carmen, te dejo, que ESTÁN LLAMANDO.*

2. Para expresar UNA PROGRESIÓN (poco a poco).

> *Ejemplos:* ■ *Creo que ME ESTOY ACOSTUMBRANDO a esta situación.*
> ■ *ESTÁN ACERCÁNDOSE peligrosamente a nosotros.*
> ■ *Deja de beber, que TE ESTÁS EMBORRACHANDO.*

3. Para expresar una ACTIVIDAD que se realiza de una manera TRANSITORIA.
Se observa la diferencia con el presente.

> *Ejemplos:* ■ *No cojas ese libro, que lo ESTOY LEYENDO.*
> ■ *ESTOY PASANDO una temporada con unos amigos.*
> ■ *ESTAMOS VIVIENDO en un apartamento alquilado (mientras nos arreglan el piso).*

4. Para referirnos a un período del PASADO QUE LLEGA HASTA EL PRESENTE; es un período representado **últimamente** o **de un tiempo a esta parte**.

> *Ejemplos:* ■ *En este país ESTÁN PASANDO cosas muy raras.*
> ■ *Este chico ESTÁ FALTANDO mucho a clase.*

PRACTICAMOS LA GRAMÁTICA

I.   PON EL INFINITIVO EN *PRESENTE* O EN *PRESENTE DE ESTAR* + *GERUNDIO*.
      ASÍ PRACTICAMOS LA DIFERENCIA.

1. ■ ¡Qué dolor de cabeza (tener/yo) *tengo*
   ► ¿Por qué no te (tomar/tú) *te tomas*
   unas aspirinas?

2. ■ Los políticos (prometer) *prometen*
   continuamente cosas que después no
   (cumplir) *cumplen*
   ► Yo creo que lo mejor es no escucharles.

3. ■ El Ministro de Trabajo (llevar) *lleva*
   barba y bigote.

4. ■ ¿Qué (hacer/tú) *tú haces*?
   ► (Buscar) *Busco* mi diccionario.

5. ■ ¿Y los deberes?
   ► Más tarde los (hacer) *hago*

6. ■ Eduardo (afeitarse) *se afeita* con
   maquinilla eléctrica.

7. ■ El médico dice que el enfermo (mejorar)
   mejora poco a poco.
   ► Normal, es que (seguir) *siga*
   el tratamiento *a rajatabla*.

8. ■ Los perros (ladrar) *ladran* los pájaros
   (cantar) *cantan* y los gatos,
   ¿qué (hacer) *hacen*?
   ► (Maullar) *Maullan*

9. ■ Javier (hacer) *hiso* la "*mili*"
   en la Marina.

10. ■ (Pesar/tú) *Tú pesas* demasiado,
   (tener) *Tienes* que adelgazar.

11. ■ Rafael (criticar) *critica* constantemente
   a los demás.
   ► Es verdad, a mí *me cae gordo*.

12. ■ La guerra civil española (terminar)
   ....el 4 de abril de 1939.
   ► ¡Chica!, ¡qué memoria!

13. ■ ¡Mira!, el avión ya (aterrizar).....................

14. ■ No (querer/yo)...............ir a la discoteca.
   ► ¡Chico!, (hacerse)...............................viejo.

15. ■ En el cine Astoria (poner).....................esa
   película desde hace seis meses por lo
   menos.

PARA ACLARAR LAS COSAS:

→ *LA MILI* = *el servicio militar.*

A. *Explica las expresiones en cursiva con ayuda de tu diccionario o preguntándole a tu profesor.*

B. *Contextualiza estas frases:*
   ■ ¿Por qué critica Rafael a los demás? (11)
   ■ ¿Cómo actúa este chico para recibir este comentario? (14)
   ■ ¿Por qué está buscando el diccionario? (4)

II. CARTA A UNA AMIGA.

TRANSFORMA EL INFINITIVO EN LA FORMA CORRECTA DEL PRESENTE O DEL PRESENTE DE *ESTAR* + *GERUNDIO*.

Querida Teresa:

¡Qué alegría recibir tu carta! Yo también (sentir) ...siento... *que (ser)* ...somos... *las mismas amigas de siempre, aunque no nos (ver)* ...vemos... *hace años.*
Bueno, te (contar) ...cuento... *un poco de mí para ponerte al día.*

(Estudiar) Estudio *Derecho, 4º curso, y, normalmente (trabajar)* ...trabajo... *para ayudarme en los estudios. Pero ahora (buscar)* estoy buscando *un puesto de secretaria o ayudante de un abogado. Como no (ganar)* ...gano... *un duro, (vivir)* ...vivo... *con mis padres, pero (preferir)* ...prefiero... *vivir independiente.*
Últimamente (salir) estoy saliendo *con un chico que es compañero de curso. A mí me parece perfecto, verás por qué: (tener/él)* ...tiene... *24 años, (ser)* ...es... *moreno, (medir)* ...mide... *1'80, y (pesar)* ...pesa... *70 kgs. (Ser)* ...es... *inteligente, y, además, (tener)* ...tiene... *sentido del humor. ¿Eh?, ¿no te (parecer)* ...parece... *que es perfecto? Creo que (enamorarme)* estoy enamorada *de él.*
Muy pronto (ser) ...son... *los exámenes y por eso (estudiar/yo)* estoy estudiando *mucho. Normalmente (ir)* ...voy... *a la biblioteca o a casa de otros compañeros. (Temer)* ...temo... *especialmente el examen de Derecho Civil porque la profesora (ser)* ...es... *un hueso.*
Mi familia (estar) ...está... *muy bien. Precisamente, mientras te (escribir)* escribo*, mi madre (hacer)* está haciendo *la comida. Mi padre (llegar)* ...llega... *del trabajo sobre las tres.*
Oye, ahora te (dejar) ...dejo..., *que me (llamar)* llama / está llamando *mi madre para que le ayude.*
(Esperar) ...espero... *tener pronto noticias tuyas. ¿(Saber/tú)* ...sabes... *algo de los otros compañeros del colegio?*

Y nada más. Recibe un fortísimo abrazo de

Carmen.

PARA ACLARAR LAS COSAS:

→ *COMO = porque; siempre va al principio de la frase.*
→ *NO GANAR UN DURO = expresión coloquial: no ganar nada; un duro=moneda de 5 pesetas.*
→ *SER UN HUESO = ser un profesor/-ra demasiado exigente.*

III. Señala las formas correctas e incorrectas.

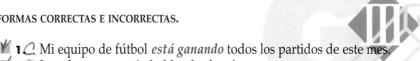

1. C Mi equipo de fútbol *está ganando* todos los partidos de este mes.
2. I Los alemanes *están hablando* alemán.
3. I ¿Dónde está Jaime? *Está yendo* al supermercado.
4. C ¡Uf! Ya *está sonando* el teléfono otra vez.
5. C Luis *está envejeciendo* rápidamente.
6. I El mecánico *está pudiendo* arreglar el coche.
7. C Montse *está pensando* en cambiar de trabajo.
8. C El vídeo no *está funcionando*, creo que está estropeado.
9. I Juan Carlos I *está siendo* Rey de España.
10. C Los bomberos *están apagando* el incendio.
11. I España *está perteneciendo* a la C.E.E.
12. C El clima *está cambiando* en todo el mundo.
13. I Mati *está tomando* antibióticos porque *está teniendo* una infección.
14. C Cada día *están muriendo* muchos niños en el mundo.
15. C Ernesto *está buscando* trabajo.

IV. Transforma el infinitivo en una forma correcta del presente o del presente de *estar* + gerundio. Si hay dos posibilidades, explica la diferencia.

Tengo que hacer un trabajo sobre mis vecinos para llevarlo al colegio. Le (dar/yo) *estoy dando* *vueltas*, pero no (saber) *sé* muy bien qué voy a decir. El profesor siempre (mandar) *manda* redacciones y a mí no me gusta escribir. ¡En fin!

En el 1º (vivir) *vive* los señores Segura, que (tener) *tienen* dos hijas. La mayor, Amparo, (preparar) *está preparando* oposiciones a notario y la menor, Silvia, (trabajar) *trabaja* en el periódico *La Nación*; ahora (vivir) *vive* en el extranjero, como corresponsal. El señor Segura está jubilado pero no (querer) *quiere* sentirse inútil, por eso (hacer) *está* un curso de bricolage. La señora Segura, doña Pilar, siempre (hacer) *está haciendo* algo en casa, cuando no (coser) *está cosiendo*, (cocinar) *está cocinando* o si no, (inventarse) *inventa* cualquier cosa porque no (saber) *sabe* estarse quieta.

En el 2º (vivir) *vive* la familia Carrión, (tener) *tiene* dos hijos que (estudiar) *están estudiando* Bachillerato: Joaquín, el mayor, (estudiar) *estudia* poco y siempre (ver) *ve* la tele, sobre todo los deportes. Rodrigo, el menor, (ser) *es* muy buen estudiante; además, (aprender) *está aprendiendo* alemán y francés. (Querer) *quiere* ser diplomático. La madre no (vivir) *vive*, por eso el padre, que (trabajar) *trabaja* en un banco por las mañanas, por las tardes (ocuparse) *se ocupa* de las tareas de la casa.

En el 3º (vivir) *vivimos* nosotros. Mi padre (ser) *es* profesor y (escribir) *está escribiendo* un libro. Mi madre (ser) *es* médico y siempre (viajar) *está viajando* a congresos. Continuamente nos (hablar/ellos) *están hablando* de la importancia de los estudios, pero (ser) *es* un *desastre*: mi hermano (repetir) *está repitiendo* curso y yo (aprobar) *apruebo* *por los pelos*.

PARA ACLARAR LAS COSAS:

→ *DARLE LA VUELTA A ALGO = pensar mucho en ello porque no sabemos qué hacer.*
→ *UN DESASTRE = expresión coloquial para referirse a lo malos estudiantes que son.*
→ *POR LOS PELOS = muy justo, en el límite, casi no aprueba.*

V. REACCIONA.

1. ■ Oye, en tu casa hay un ruido tremendo, ¿qué pasa?
   ► Pues que *estamos teniendo una fiesta.*

2. ■ *¿Puedo hablar* con el señor Domínguez?
   ► No, lo siento, en este momento *no se encuentra.*

3. ■ ¿Por qué te vemos tan poco *últimamente*?
   ► *Es que tengo mucho que hacer.*

4. ■ ¿Otra vez nos cortan el agua?
   ► Sí, es que *no pagaste la factura.*

5. ■ ¿Todavía no están aquí los niños?
   ► Me parece que *están* en este momento *comiendo*.

6. ■ Estos días te veo mucho por las librerías
   ► *Si es que tengo que buscar un libro.*

7. ■ Y Pedro, ¿en qué trabaja?
   ► De momento *no está trabajando.*

8. ■ ¡Hola Meli! ¿qué tal?
   ► ¡Beatriz!, hace tres días que *no te hablamos*

9. ■ ¿Me recomiendas algún libro?
   ► Pues yo *no leo libros.*

10. ■ ¿Qué sabes de Carlos ?
    ► *En este momento nada.*

PARA ACLARAR LAS COSAS:

→ *¿PUEDO HABLAR? = Recuerda que no debes usar ¿es posible para mí…?*
            Lo correcto es: puedo + infinitivo.
→ *ÚLTIMAMENTE = significa en los últimos días, en las últimas semanas, en los últimos tiempos.*
→ *¿QUÉ SABES DE …? = ¿Tienes información sobre…?*

⌐ACTIVIDADES

I. ¿JUGAMOS AL BINGO?

Cada uno tiene una tarjeta. Uno de vosotros va cantando números. Los demás vais apuntando los que van saliendo.

El primero que llena una línea dice : ¡*Línea!* y al completar todo el cartón grita: ¡*Bingo!*

¡¡Suerte!!

UNIDAD 2
30

II. ¿DÓNDE ESTÁ AVANCE?

Sin duda conocéis el juego *¿Dónde está Wally?*

En parejas:
Aquí tenéis una historia parecida. Tratad de localizar los *6 Avances* que se nos han perdido en este follón de cosas y personas.

El primero de los dos que encuentre un *Avance* debe ayudar a su compañero/-a dándole pistas, por ejemplo: está cerca de…, al lado de…, etc.

III. EL ROMPECABEZAS.

A continuación te damos una serie de frases descolocadas. Debes ordenarlas, teniendo en cuenta el orden más lógico, con ayuda de tu compañero.

Después compara con la solución de los otros.

A	B	C	D
el piloto	*está aplaudiendo*	*la avería*	*en su laboratorio*
el fotógrafo	*están embarcando*	*con retraso*	*a rabiar*
el público	*está despegando*	*al tenor*	*de la furgoneta*
los pasajeros	*está revelando*	*las diapositivas*	*del aeropuerto*
el mecánico	*está buscando*	*para Tenerife*	*en estos momentos*

1) el piloto esta depegando la averia del aeropu...
2) el fotgrafo esta revelando las diapositivas en su laboratorio
3) el publico esta a...

I. COMO LO OYES

Escucha la respuesta a la pregunta:
¿estamos cambiando los españoles?

1. Alberto del Valle, 48 años, médico homeópata.
2. Lucía Álvarez, 33 años, restauradora de cuadros.
3. Marcos Sendra, 64 años, arquitecto.

¿Estamos cambiando? SÍ/NO. No sabe. ¿En qué estamos cambiando?

VOCABULARIO

I. LA CASA

Dinos lo que hay o no hay en cada una de estas viviendas:

Teléfono (inalámbrico) /televisión en color, lavadora, lavavajillas / lavaplatos, nevera / frigorífico, antena parabólica, mando a distancia, tocadiscos, calefacción central, horno eléctrico, microondas, congelador, ordenador, cámara de vídeo, vídeo, alarma antirrobo, compact-disc = C.D. , cuadros de firma, reproductor de C.D., etc. Uno, dos, tres........... dormitorios, cuartos de baño; salón-comedor; cuarto de estar; despacho/cuarto de estudio; terraza.

II. LOS PAPELES MASCULINO Y FEMENINO

1) Defínelos con la información que hay más abajo.

Ella es responsable de ....

2) *El es responsable de* ....

Pagar facturas; cocinar; mantener el hogar; lavar; planchar; limpiar; cuidar el coche; hacer la compra; cuidar de los enfermos; ayudar a los niños con los deberes; organizar la vida social; hacer las maletas para las vacaciones; sacar la basura; ir al banco; hacer la declaración de la renta; ocuparse de los perros, gatos...

RECUERDA

LOS NÚMEROS

En español, algunos números terminan en -s: *dos, tres, seis* y sus compuestos, pero los demás nunca se construyen en plural, salvo las centenas (ver más abajo).

> Ej.: ■ Hay **cuatro** (no *cuatros*) clientes que no han llegado.
> ■ Tiene **cuarenta y siete** (no *cuarenta y sietes*) años.

Los números comprendidos entre el 16 (*dieciséis*) y el 29 (*veintinueve*) se escriben en una sola palabra.

El número 21 (*veintiuno*) puede ir en masculino o femenino, dependiendo de la palabra que vaya detrás. Cuando va acompañado de palabras masculinas, pierde la -o final. Ocurre lo mismo con los números 31, 41, 51, 61, 71, 81, 91.

> Ej.: ■ Esta goma de borrar me ha costado **veintiuna** pesetas.
> ■ En esta clase hay **veintiún** niños.

Desde el número 31 (*treinta y uno*) hasta el 99 se escriben en dos palabras unidas por **y**.

Las centenas van en femenino plural cuando el nombre que va detrás es femenino plural.

> Ej.: ■ Este tren tiene 400 (**cuatrocientas**) plazas.

Ahora vamos a ver cómo se escriben y pronuncian los siguientes números:

47 = *cuarenta y siete.*
324 = *trescientos veinticuatro.*
987 = *novecientos ochenta y siete.*
3.004 = *tres mil cuatro.*
6.018 = *seis mil dieciocho.*
9.257 = *nueve mil doscientos cincuenta y siete.*
16.532 = *dieciséis mil quinientos treinta y dos.*

999.738 = *novecientos noventa y nueve mil setecientos treinta y ocho.*
1.693.254 = *un millón seiscientos noventa y tres mil doscientos cincuenta y cuatro.*
6.821.374 = *seis millones ochocientos veintiún mil trescientos setenta y cuatro.*

LOS ORDINALES

LOS PRINCIPALES SON :

1º	primero
2º	segundo
3º	tercero
4º	cuarto
5º	quinto
6º	sexto
7º	séptimo
8º	octavo
9º	noveno
10º	décimo
11º	undécimo
12º	duodécimo
13º	décimo tercero
14º	décimo cuarto
15º	décimo quinto, ...
20º	vigésimo
21º	vigésimo primero...
30º	trigésimo, etc.

Existen formas ordinales para los números más altos, pero se usan poco. Lo más normal hoy día es usar el numeral correspondiente.

Ej.:   ■ Este año celebramos el 60 aniversario de la fundación de esta empresa.

Los ordinales *primero y tercero* pierden la "-o" cuando van seguidos de *un nombre masculino*.

Cuando queremos hablar de 100 º usamos *centenario*.

Para referirnos a 200 º hasta 900 º usamos segundo ... *centenario*.

Ej.:   ■ En 1992 se celebró el 5º *(quinto) centenario* del descubrimiento de América.

Si hablamos de 1.000 preferimos la palabra *milenario*.

II. COMO LO OYES

LOS PAÍSES MÁS GRANDES Y MÁS PEQUEÑOS DE HISPANOAMÉRICA

Vas a oír hablar de los países más grandes y de los más pequeños de Hispanoamérica. Rellena los huecos con las cantidades correctas:

La República de Argentina está situada en el hemisferio sur y limita con Chile, Bolivia, Paraguay y Brasil. Las tierras continentales, cuya extensión es de .... km²., tienen forma de triángulo, y junto con Chile, Argentina es el país que más se aproxima a las tierras antárticas. Su superficie total es de .... km²., si incluimos la Antártida Argentina y las islas del Atlántico Sur.

El Salvador es el más pequeño de los países de Hispanoamérica. Está situado en el istmo centroamericano. Su extensión es de .... km.^{2} . Limita con Honduras, Guatemala y el océano Pacífico.

La República Dominicana, muy conocida hoy día gracias al *merengue*, baile que puso de moda Juan Luis Guerra, ocupa la parte central y oriental de la isla de La Española, en Las Grandes Antillas, entre el océano Atlántico y el mar Caribe. Limita con la República de Haití. Su extensión es de .... km^2.

Todos asociamos el nombre de Perú al imperio de los incas, y a nombres tan famosos como el de Mario Vargas Llosa, escritor que forma parte del *boom* literario de los años 60 y 70. La República de Perú limita con Ecuador, Colombia, Brasil, Bolivia, Chile y el océano Pacífico. Su superficie es de .... km.^{2}.

Costa Rica, estado de América central, situado entre Nicaragua y Panamá está bañado por el océano Pacífico y el mar Caribe o de Las Antillas. Es uno de los países más pequeños de Hispanoamérica con una extensión de .... km.^{2}.

Los Estados Unidos Mexicanos nos traen a la mente no sólo uno de los países más grandes de Hispanoamérica, ... km.^{2} de superficie, sino también uno de los más ricos en historia, cuyas primeras huellas se remontan a diez mil años antes de Cristo.

DOS EJERCICIOS GRAMATICALES

I. ESCRIBE CON LETRAS LOS SIGUIENTES NÚMEROS:

12	1.400.847 ....
56	3.014.023 ....
347	25.456.732 ....
5.047	26.642.393 ....
28	18.307 ....
101	9.457.821 ....
2.008	1.006.409 ....
7.185	15.851.555 ....
1.994	76.982.165 ....
376.048	96.966.696 ....

II. ESCRIBE LOS SIGUIENTES NÚMEROS CON LETRAS.
DESPUÉS LEE LA FRASE EN VOZ ALTA.
¡CUIDADO CON LOS FEMENINOS!

1. Vienen 21 .... personas a mi fiesta.
2. En ese colegio hay 891 .... niños.
3. El aula magna de la facultad tiene 741 .... butacas.
4. Córdoba tiene 284. 730 .... habitantes.
5. Cuenca tiene una altitud de 923 .... metros .
6. Esta finca vale 98.391.000 .... pesetas.
7. Dentro de poco será el 25 ....aniversario de la fundación de nuestra empresa.
8. La velocidad máxima autorizada en carretera es de 120 .... kms./h.
9. Mi coche es un 405 ....
10. ¿Habéis oído alguna vez hablar del rey Alfonso X ...., el Sabio?
11. Apunta mis señas : calle Torremar Alto 57.............., 5º........... derecha.
12. El pico más alto de España es el Teide, en Tenerife, con 3.718 .... metros.
13. Han recogido 51.663 .... firmas para pedir la supresión de esa ley.
14. Está muy triste porque ha llegado a la meta en 12 ....lugar.
15. Hay un montón de actos organizados para celebrar el 600 .... aniversario del nacimiento del español.

ESCRIBE

Los sentimientos europeístas son relativamente fuertes en España, aunque también existe un marcado orgullo nacional. Por otra parte, se observa que el pertenecer a una Comunidad Autónoma cada día es más importante.

I. ¿Qué opinas de esta mezcla de sentimientos? ¿Has podido comprobar en viajes, lecturas o conversaciones alguno de ellos? Escribe sobre ello.
PARA EXPRESARTE PUEDES USAR :

■ *Me parece que ...*   ■ *Creo que...*
■ *Para mí...*   ■ *En mi opinión...*
■ *Estoy/no estoy de acuerdo con ...*   ■ *Por un lado... , por otro ...,*
■ *Sin embargo...*   ■ *Por eso...*

II. Escribe sobre lo que está pasando en el mundo en este momento.
Señala lo que más te llama la atención o bien elige el problema que más te preocupa.
Después, si queréis, podéis comentar entre vosotros vuestras redacciones.
PUEDES USAR :

■ *En líneas generales ...*   ■ *Por otra parte ...*
■ *Lo que más ...*   ■ *Para terminar ...*

NUESTROS CAMBIOS

España está cambiando; está dejando de ser un país exótico para parecerse cada vez más a sus vecinos europeos.

Lo más característico de los cambios es la velocidad a la que se están produciendo. El país ha cambiado más en los últimos 20 o 30 años que en los dos últimos siglos. Algunas de las transformaciones que estamos viviendo empiezan con el franquismo, por ejemplo, la evolución del papel de la mujer.

Entre 1970 y 1974 se incorporan al trabajo 1.500.000 mujeres. En 1990 el 33% de los trabajadores son ya mujeres.

Estamos perdiendo el miedo, el miedo de un españolito que, durante años, no sabía cuáles eran sus derechos. Esta falta de miedo se ve en la consolidación de la democracia, que está *echando raíces* por primera vez en nuestra historia, y en la actitud de los jóvenes, más abierta. Un ejemplo: sólo el 4% considera que es inmoral vivir juntos sin casarse, mientras que el 46% de las personas mayores de 60 años opina que sí lo es.

Y es que los españoles estamos aprendiendo tolerancia, una virtud rara entre gente que ha vivido una guerra civil.

Gracias a este respeto por los demás y por la diferencia , se está realizando el proceso de potenciación de las distintas lenguas y culturas, y, por tanto, de las Autonomías. También estamos aprendiendo a ser más cívicos; este mayor civismo es, quizás, uno de los cambios más profundos, en opinión de muchos. Ahora, por ejemplo, sabemos guardar cola pacientemente sin *colarnos*.

Podemos decir que estamos viviendo entre la sociedad tradicional y la postindustrial.
La sociedad española de hoy es más competitiva, más agresiva; no es una sociedad rural – como en los años 50 – sino urbana. Una prueba de ello es que se está perdiendo la sana costumbre de la siesta y están aumentando los gimnasios, el culto al cuerpo, con toda la industria que lleva detrás esta moda.

Pero, a pesar de parecernos cada vez más al resto de los europeos, seguimos teniendo una gran capacidad para disfrutar de la vida, y eso lo vemos en la tasa de suicidios – 7 por cada 100.000 personas – que es la mitad de la media europea. Y es que hay cosas que no quieren cambiar: en España hay 133.000 bares (1993), más que entre los otros 11 países de la C.E.E. juntos. No es un chiste decir que detrás de nuestro interés por el copeo, existen una forma de vida y una elección social.

Y, para terminar, una cita de Simone de Beauvoir:

"Si alguien pasa una semana en un país, puede escribir un libro; si pasa un año, un artículo; y si pasa 10 años, es incapaz de escribir nada".

 PARA ACLARAR LAS COSAS:

→ *Echar raíces = quedarse indefinidamente en un lugar, como una planta en la tierra.*
→ *Colarse = no respetar el turno en la cola.*

1. DINOS CON OTRAS PALABRAS:

■ *España está dejando de ser un país exótico.*

■ *Esta falta de miedo se ve en la consolidación de la democracia.*

■ *Gracias a ese respeto por los demás,*

■ *No es un chiste decir que....*

2. DANOS SINÓNIMOS DE:

■ *Las mujeres se incorporan al trabajo.*

■ *Es una sociedad rural.*

■ *La tasa de suicidios.*

3. CONTESTA A ESTAS PREGUNTAS:

■ *Si has estado en España, ¿qué puedes decir de lo que has visto?*

■ *Señala los cambios que mencionamos aquí.*

■ *¿Qué cambios te han sorprendido más?*

■ *¿Te parece una pérdida de tiempo ir de copas?*

■ *¿Estás de acuerdo con la cita de Simone de Beauvoir?, ¿Por qué?*

■ *Haz tú otras preguntas a tus compañeros.*

¿SABÍAS QUE...?

El Chupa-chups

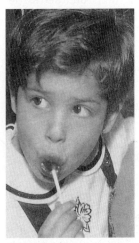

Mientras lee este artículo, más de 60.000 personas de todo el mundo están saboreando un *chupa-chups*.

La persona que les está endulzando la vida es Enrique Bernat, que en 1959 tiene la idea de añadir un palito a los caramelos.

Abandona la empresa asturiana de confitería y vuelve a su Barcelona natal para fabricar un solo producto de 13 gramos, compuesto de azúcar, glucosa y un palito de madera.

En los años 60, la empresa logra exportar el 10% de su producción, pero después de diez años vende en España el 10% y exporta el 90%
Hoy Chupa-chups está presente en 108 países, y se vende principalmente en Japón, Corea, Alemania, Estados Unidos y los países de la antigua unión Soviética.
Hasta la fecha se han vendido más de 20.000 millones de unidades y la producción está aumentando.
Una curiosidad :
El envoltorio fue rediseñado por Dalí.

Comenta con tu compañero/-a lo que has entendido y buscad juntos las palabras desconocidas.

PRETEXTO

VIAJE DEL "GIPUZKOA"

Hace 400 años Juan Sebastián Elcano fue el primer hombre que dio la vuelta al planeta. Fue un largo y difícil viaje de casi tres años.

Hoy, Patxi López y Eneko Atxa lo han imitado. El día 7 de noviembre de 1992 regresaron al puerto guipuzcoano de Guetaria después de un viaje de más de 50.000 Kms. por los océanos del mundo. Por admiración, un día Patxi López decidió empezar esta aventura.

■ La vela es un deporte completo del que puedes disfrutar todo el año, no sólo en verano, y de esta forma lo hemos demostrado.

► *¿Cómo eligió usted a los demás tripulantes?*

■ Pusimos un anuncio en la prensa y respondieron 140 personas. La tripulación ideal es de 4 personas y la elección no fue fácil.

► *Eneko, el elegido, es profesor de educación física y montañero, ¿por qué él?*

■ Es verdad que hubo muchas críticas por haber elegido a una persona sin experiencia en la mar, pero quise demostrar que la vela la puede practicar cualquiera.

► *¿Qué nos cuenta de la parte económica?*

■ El proyecto original tuvo que ser recortado por falta de *patrocinadores*. Al final la aventura costó 150 millones y debemos 100, reconoce Patxi.

Por fin construyeron un barco igual que la *nao Victoria*, construída 500 años antes. Lo llamaron *Gipuzkoa*, fue diseñado por el médico y arquitecto naval Eugenio Pérez del Corral, y el pintor Néstor Basterretxea decoró completamente el casco y las velas.

Así el *Gipuzkoa* se convirtió en una obra de arte móvil.

El 22 de diciembre de 1990 salieron de Guetaria hacia Sanlúcar de Barrameda.

Por culpa de un fuerte temporal no pudieron avanzar y estuvieron parados 4 días entre Lisboa y el *Cabo San Vicente*. La ausencia de vientos les permitió pasar una nochevieja inolvidable.

Texto adaptado del "Diario Sur "*Suplemento Semanal*". 22-XI-92.

PARA ACLARAR LAS COSAS:

→ *Patrocinadores* = *personas o empresas que ayudan económicamente a un proyecto, en este caso, deportivo.*

→ *Nao* = *embarcación antigua.*

→ *Gipuzkoa* = *palabra escrita en vasco. En español se escribe Guipúzcoa.*

→ *Cabo San Vicente* = *punta extrema de Portugal.*

■ *Subraya los verbos y expresiones que indican movimiento.*
■ *¿Puedes dar algún sinónimo de* regresar *y* elegir?

REGRESAR .volver...........

ELEGIR .escover.........

■ *¿Sabes cuál es el adjetivo que puede sustituir a:* una persona sin experiencia?

UNA PERSONA ~~...................~~ ....

inexperte

CONTESTA A ESTAS PREGUNTAS:

■ *¿De quién fue la idea de hacer este viaje?*

~~.........................~~
Patxi.....
....

■ *¿Por qué fue criticada la elección de Eneko Atxa?*

.Porque no tenia experencia...
en el mar........

■ *¿Qué pretendía demostrar Patxi con esta elección?*

.Que la vela la puede........
practicar cuallquire........

■ *¿Por qué crees que se encuentran tantas dificultades para patrocinar este tipo de proyectos?*

~~.........................~~
porque nadie los va a ver.

■ *¿Por qué crees que pasaron una nochevieja inolvidable?*

.Porque esa noche tenian......
mucha dificulta........
....

Deberamos

CONTENIDOS GRAMATICALES

PRETÉRITO PERFECTO

MARCADORES TEMPORALES DE PRETÉRITO PERFECTO

Hoy, a las 4, a las 8 ▪ Esta mañana, esta tarde, esta semana ▪ Este mes, este año ▪ Este invierno, este otoño ▪ Todavía no, aún no, ya ▪ Hasta ahora, últimamente ▪ En mi vida ▪ Nunca ▪ Por fin ▪ Siempre ▪ ¿Alguna vez? ▪ ¿Cuántas veces…?

DIFERENCIAS: PRETÉRITO PERFECTO

1. El hablante está dentro de la unidad de tiempo expresada por el pretérito perfecto.

Ej . ▪ _Esta mañana he tomado_ el sol en el jardín.
▪ _En este siglo_ la medicina _ha avanzado_ mucho.
▪ _Hoy me he levantado_ a las 12.

2. Las acciones expresadas por el pretérito perfecto pueden estar más o menos cerca del presente. Esta "distancia" la establecen los marcadores temporales.

Ej . ▪ _Este año he estado_ en Suecia.
▪ _¿Ya tienes_ el libro sobre Goya?
▸ _Todavía_ no lo _he encontrado._

Cuando no hay marcador temporal, el contexto nos dice en qué unidad de tiempo estamos.

Ej . ▪ El _actual_ Ministro de A.A.E.E. _ha viajado_ a Guatemala.
▪ Mi _primer_ profesor de español _me enseñó_ mucho.
▪ El _Rey Juan Carlos I ha visitado_ muchos países.
▪ _Franco_ no _salió_ prácticamente de España.

3. El pretérito perfecto se prefiere en preguntas o informaciones intemporales.

Ej . ▪ _¿Has esquiado_ alguna vez?
▪ _¿Has probado_ el mojo-picón canario?

4. El pretérito perfecto tiene un uso de pasado inmediato, relacionado con acabo/as/a…de + infinitivo.

Ej . ▪ _¿Y Luis?_
▸ _Acaba de salir. ¿No te has cruzado_ con él?

5. El pretérito perfecto tiene un uso emocional que mantiene vivos los hechos del pasado lejano.

Ej . ▪ Mi compañero _me ha engañado hace mucho_, pero _todavía me acuerdo._

PRETÉRITO INDEFINIDO

MARCADORES TEMPORALES DE PRETÉRITO INDEFINIDO

Ayer, anteayer ▪ El otro día ▪ Anoche, anteanoche ▪ La semana pasada ▪ El mes, el año pasado ▪ Aquel año, aquella primavera ▪ En + año/mes ▪ Hace+cantidad de tiempo+que+indefinido

DIFERENCIAS: PRETÉRITO INDEFINIDO

1. El hablante está fuera de la unidad de tiempo expresada por el pretérito indefinido.

Ej . ▪ _Ayer hizo_ bastante frío.
▪ La electricidad _se descubrió_ en el siglo pasado.
▪ … porque _ayer me acosté_ tarde.

2. Se produce una ruptura entre el presente del hablante y lo que cuenta o narra.

Esta "ruptura" la señalan los marcadores temporales.

Ej . ▪ _Estuve_ en Suecia _en Enero._
▪ _¿Ya tienes_ el libro sobre Goya?
▸ Sí, lo _encontré ayer_ en una librería de segunda mano.

PRACTICAMOS LA GRAMÁTICA

I. Sustituye el infinitivo por el tiempo correcto:
PRETÉRITO PERFECTO o PRETÉRITO INDEFINIDO
Fíjate en los marcadores temporales.

Málaga, 17 de agosto de 1995

Querida profesora:

(Llegar/yo) .... aquí el mes pasado y ya (hacer) .... muchas
cosas: (estudiar/yo) .... español en un curso intensivo, (conocer/yo)
.... un poco a los españoles, pero quiero hacer muchas cosas más.
Anteayer (ver/yo) .... una corrida de toros pero no me (gustar) ....
...demasiado, sobre todo me (impresionar) .... la muerte del toro. No sé
si voy a volver a las otras corridas. En estos días hay feria en Málaga.
¡Es impresionante! veinte horas de cultura y diversión durante nueve días seguidos, (ir/yo) .... todos los días a la feria. El jueves (bailar) ....
sevillanas con un chico que (conocer) .... aquí. El primer día, el viernes por
la noche, (ver/yo) .... los fuegos artificiales, que (durar) 35
minutos, acompañados de música clásica y rayos láser. También (asistir/yo) ...
...a dos conciertos en el Teatro Cervantes y, naturalmente por la noche
(ir/yo) .... a la feria, que está en las afueras, y (escuchar/yo) ....
.... a grupos modernos españoles.

También (visitar/yo) .... algunos monumentos y museos muy interesantes. El día 2 (estar/yo) .... en la Alcazaba, una fortaleza que (construir) .... los árabes en el siglo XI. Y claro está (ir/yo) .... todos
los días a la playa.
El domingo pasado (hacer/nosotros) .... una moraga, que es una fiesta
en la playa por la noche, donde se comen sardinas y se bebe sangría. ¡Qué bien lo
(pasar/nosotros) ....!
Además, este verano (abrir/ellos) .... varias discotecas. El sábado
(ir/yo) .... a una al aire libre y (bailar/yo) .... toda la noche.
Como ve, aquí no se está mal y mi español (mejorar) .... bastante, ¿no
cree?

Muchos recuerdos para todos los compañeros y los otros profesores,
Para usted, un fuerte abrazo

Sabrina

II. SUSTITUYE EL INFINITIVO POR EL TIEMPO CORRECTO: PRETÉRITO PERFECTO o PRETÉRITO INDEFINIDO:

1. ■ ¿(Tú/llamar) .Tu. has. llamado.al fontanero?

► Sí, lo (llamar) . llame . . . ayer, pero todavía no (venir). ha
    venido

2. ■ ¿(Tú/estar) .Tu. estuviste. . . alguna vez en Roma?

► Sí, (yo/estar) yo. estube . . . . el año pasado. ¿Y tú?

■ (Yo/estar) .yo. estube . . . . . varias veces.

3. ■ ¿(Vosotros/hacer) .Vosotros. habeis. hecho el examen?

► Sí, lo (hacer) hemos hecho . . . el jueves, y ayer nos (dar/ellos)

ellos han tado . . . . . las notas.

■ ¿Y qué (sacar) . . han. sacado..?

► Por suerte los dos (aprobar). aprobamos .
    hemos aprobado

4. ■ ¿Cuándo (morir) . . . . Murió Franco?

► Creo que (ser) . . . . fue . . . . en noviembre de 1975.

5. ■ ¿Que tal el viaje?

► No (ser) . ha sido . . . . . . muy pesado.
    Ayer (conducir). he . . . . yo y hoy (conducir). ha . . . . Miguel.
    conducido   conducido o conducido
    condje

6. ■ ¿(Tú/leer) . Tu has leedo. el periódico?

► Sí, lo (leer) . he leedo . . . . . . esta mañana.

■ ¿Y qué dice?

► Nada importante, que ayer (reunirse) .r. . . . . .el Consejo de
    Ministros, y que (aprobar) . . . . .los presupuestos de este año.

7. ■ ¿(Tú/ver) . Has visto . . . . . . mis gafas?

► Ayer las (dejar/tú) . has . . . . . . en el sofá antes de acostarte.
    dejado

8. ■ ¿(Vosotros/ver) . . . . al presidente en TV?

► ¿Cuándo (salir). . . . .?

■ Anoche.

► ¡Ah, no! es que (ir). . . . . .al cine.

9. ■ Oye, Fernando y Aurora ¿(volver) . . . . de Australia?

► ¡Claro que sí! (volver) . . . . hace 20 días.

10. ■ ¿(Tú / leer) . . . . El Quijote ?

► Sí, (yo / tener) . . . . que leerlo a los 16 años, en el bachillerato.

11. ■ ¿Cuándo (dar / ellos). . . . . el Premio Nobel a Camilo José Cela?

► Me parece que (ser). . . . . .en el año 1989.

12. ■ ¿Qué película (poner). . . . . en la 2?

► (Yo no la ver). . . . . pero creo que (ser). . . . . una de Saura.

13. ■ ¿Qué sabes de Germán?

► (Estudiar). . . . . .arquitectura y ahora (terminar). . . . .
el proyecto del Palacio de Congresos.

14. ■ ¿Sabes que Adolfo (abrir) . . . . una tienda de deportes?

► ¡No me digas!

■ Sí, (él / pedir) . . . . un *crédito* al banco y se lo (*conceder*)
. . . .

15. ■ ¿(Ver / tú). . . . . la película *Casablanca*?

► La (ver). . . . . un montón de veces. Es mi película favorita.

→ **PARA ACLARAR LAS COSAS:**

→ CAMILO JOSÉ CELA = *escritor español.*
Sus principales obras:
La familia de Pascual Duarte,
Viaje a la Alcarria, y La Colmena.

→ LA 2 = *segunda cadena de TVE.*

→ SAURA = *director de cine español.*
Algunas de sus películas más representativas son:
La Caza, Carmen, y Sevillanas.

Carlos Saura

Explica las palabras que aparecen en cursiva.

III. PON LOS VERBOS EN PRETÉRITO INDEFINIDO.

1. Lo siento, pero no (poder) . . . . .llamarte.

2. ¿A qué hora (venir/tú) . . . .?

3. ¿Qué (hacer/tú) . . . . el mes pasado?

4. Los **Reyes Magos** le (traer) . . . . muchos regalos a Carlitos.

5. (Yo /ver) . . . . a Luis, pero no me (decir) . . . . nada.

6. Cristina me (pedir) . . . . .tu dirección.

7. Thomas (aprobar) . . . . su examen.

8. Miguel (ser) . . . . periodista durante algún tiempo.

9. Felipe (venir) . . . . .a Cuenca, pero yo no (querer) . . . . .verlo.

10. Mis hijos (dormir) . . . . el domingo hasta las 12.

11. El martes no (haber) . . . . clase.

12. ¿Dónde (estar/ vosotros) . . . . .el verano pasado?

13. Los Reyes Católicos (tener) . . . . .varios hijos.

14. Los romanos (construir) . . . . muchos acueductos.

15. Teresa (oír) . . . . .la noticia por la calle.

16. El viernes (nosotros/ir) . . . . a un concierto de *Paco de Lucía*.

17. La policía (destruir) . . . . .las pruebas.

18. Mi abuelo nunca (querer) . . . . vivir en la ciudad.

19. Javier (caerse) . . . . .por las escaleras, pero no se (hacer) . . . . . . .daño.

20. La presidenta (**dar**) . . . .**la palabra** al señor Ramírez.

PARA ACLARAR LAS COSAS:

→ *PACO DE LUCÍA = guitarrista español.*

A. *Explica las palabras en negrita con ayuda de tu diccionario o preguntando al profesor.*

B. *Contextualiza.*

   ■ Contesta a las preguntas 2, 3 y 12.

   ■ ¿Qué pruebas destruyó la policía? (17).

   ■ ¿Qué le pasó a Javier? (19).

IV. COMPLETA CON LA FORMA VERBAL ADECUADA: PRETÉRITO INDEFINIDO O PRESENTE.

- Hace dos años (estar, yo)................en Perú.
- ▶ ¿Cómo (ir)................ allí, por tu cuenta o en un viaje organizado?
- La verdad es que lo (pensar)................... mucho, pero al final me (decidir)
  .... por un viaje organizado.
- ▶ ¿Y por qué?
- Pues porque (leer)......... el folleto y me (convencer)................ Yendo solo
  (tener)............más independencia, pero (haber)..........cosas que sólo (poder)
  ....conocer si (ir) .... con mucho tiempo o bien si te (llevar).........
- ▶ ¡Ah!, entonces ¿en el programa que (leer)............, (encontrar)................
  visitas interesantes?
- Pues sí, más que las visitas, lo que me (animar).............. a viajar (ser).........
  poder aprender historia "in situ". (Visitar)............ Machu Pichu, Cuzco, Nazca,
  ¡qué sé yo!, la fortaleza de Sacsahuamán, construida con piedras irregulares, enormes.
  (Llegar)........... hasta los Andes, y allí (ver)............*alpacas, llamas y vicuñas*
  que (ser)............. y son todavía importantísimas para la vida de los indios.
- ▶ ¡Qué maravilla! ¿Y no (ir)............. a la selva?
- Sí, claro, quizá ésa (ser)............... la parte más difícil del viaje, pero también la
  que más me (fascinar)................... No puedo resumirte en dos palabras lo que
  (experimentar)...................
- ▶ ¿Y qué te (traer)................. como recuerdo?
- Me (traer)...................... unos huacos.
- ▶ Oye, y eso ¿qué es?
- Pues (ser).................. unos recipientes con formas humanas y a veces (tener)
  .... posturas eróticas. ¡Ah!, también (comprar).............pendientes de
  plata para mis amigas y varios tapices.

PARA ACLARAR LAS COSAS:

→ *ALPACAS, LLAMAS Y VICUÑAS* = *animales mamíferos de América del Sur.*

V. Así aprendemos a preguntar:

1. ¿ ~~Hace cuanto estas vivien...~~ ? *[handwritten]*
Hace cuatro años, cuando terminé *la carrera*.

2. ¿ ~~Porque no me~~ *has llamado* ...? *[handwritten]*
Porque no encontré tu número (de teléfono).

3. ¿ *Porque no tienes dinero.* *[handwritten]*
Es que los bancos no me prestaron el dinero.

4. ¿ ~~Haces los~~ *deberes.* ? *[handwritten]*
Sí, toda la tarde.

5. ¿ *Te gusta ver tele* ? *[handwritten]*
La verdad, *no* me ha gustado *gran cosa*.

6. ¿ *Que dige Pablo viene* ...? *[handwritten]*
Que ha cambiado de opinión y no viene.

7. ¿ *Porque no llegaste a la casa.* *[handwritten]*
Es que no encontré la casa.

8. ¿ *Como sabes tanto de la ciudad?* *[handwritten]*
Porque he vivido aquí mucho tiempo.

9. ¿ *A donde has viajado* ? *[handwritten]*
A San Sebastián, que es una ciudad preciosa.

10. ¿ *Como estaba el concierto* ? *[handwritten]*
Fenomenal, me ha encantado.

→ PARA ACLARAR LAS COSAS:

→ *La carrera* = *estudios universitarios.*

→ *Es que* = *se usa cuando queremos justificar algo.*
Ej.: *Perdón por llegar tarde, es que el autobús ha llegado con retraso.*

→ *No...gran cosa* = *no mucho. Ej.: No come gran cosa. No trabaja gran cosa.*

ACTIVIDADES

I. Nos vamos de viaje.

¿Qué lugar de estos cuatro eliges para pasar tus vacaciones? Danos las razones de tu elección.
Así expresas tus gustos y opiniones.
Puedes usar: *Prefiero...Me gusta(n)...Me encanta(n)...*

II. ¿VIAJAR "A DEDO"?

En parejas: Has planeado hacer un viaje solo/a en auto-stop por España. Se lo cuentas a un amigo y él opina que es una locura. Tú crees que no.

Dad vuestras razones y a ver si conseguís llegar a un acuerdo.

III. ANIMADORES SOCIALES

Os han contratado en el hotel Bellamar Playa como animadores sociales. Dividíos en tres grupos y programad actividades recreativas para:

A) niños   B) adolescentes   C) personas mayores.

IV. VACACIONES A TU MEDIDA

Ahora, en grupos, preparad un folleto anunciando unas vacaciones interesantes. El folleto debe ser atractivo, y vuestra agencia de viajes debe tener un nombre. Hablad del lugar escogido, del horario de salida-llegada, del tipo de alojamiento, de excursiones opcionales, de los medios de transporte, del precio (detallando todo lo que está incluido).

I. COMO LO OYES

VIAJE DEL GIPUZKOA

I. Los tripulantes del *Gipuzkoa* cuentan su viaje. Completa el texto con las palabras que faltan después de oír la grabación. Ayúdate con el dibujo.

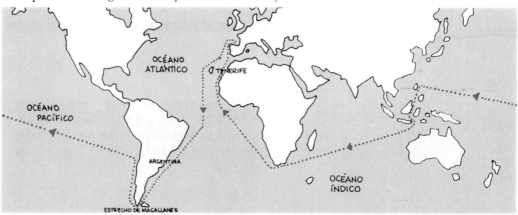

En la segunda etapa de nuestro viaje fuimos hasta Tenerife sin problemas. Después de atravesar el océano Atlántico,. . . . *llegamos* . . . . . a Argentina. Al cruzar el estrecho de Magallanes, encontramos corrientes y . . . *vientos* . . . . . huracanados. Por poco nos . *hundimos.* . Fuimos los primeros en cruzar el estrecho de Magallanes en un barco de vela.

Una noche se .*cayó*........... un tripulante. Pudimos rescatarlo por los pelos.

En Valparaíso, Chile, *descansamos*

El 1 de Mayo empezamos la travesía del Pacífico, y pasamos cuatro días alejados de la costa *sufrimos*...averías, altas temperaturas, de todo.

A mediados del 92, pusimos rumbo a España. Todavía teníamos que .*cruzar*. el océano Índico.

A primeros de Julio, invierno en el hemisferio Sur, .*uvo*.......una tormenta terrible, volcó el barco y nos .*salvamos*.. de milagro.

En la última etapa tuvimos un mar en calma. Llegamos a Guetaria a finales de julio. Allí estaban nuestros amigos. .*esperándonos*

DESCRIBE LO QUE PASA

VOCABULARIO

I. MEDIOS DE TRANSPORTE

Relaciona las dos columnas:
(hay varias posibilidades).

La bicicleta	*(no) contamina.*
El avión	*es un medio muy seguro.*
La caravana	*es muy romántico/a.*
El tren	*me da claustrofobia.*
El coche	*es difícil de aparcar.*
La moto	*es demasiado caro/a.*
El barco	*es bueno/a para la salud.*
El autobús	*hace demasiado ruido.*
El camión	*da libertad de movimientos.*
El tranvía	*no permite ir muy lejos.*

II. EL CAMPING

Unos amigos se van de acampada a la sierra de Gredos. Entre todos reúnen lo necesario para ello. Se han olvidado de varias cosas. ¿Puedes añadirlas? Si no sabes el nombre, explica para qué sirve.

tienda , colchonetas , cerillas , martillo , linternas , sacos de dormir, botiquín , cantimplora , mechero , camping gas , sartén , cuchillas de afeitar.................................

RECUERDA

Algunas frases con carácter impersonal.

■ Cuando el hablante presenta lo que dice como algo impersonal, general, pero al mismo tiempo quiere incluir a la persona con la que está hablando, usa *la segunda persona del singular (Tú)*.

Ej.: ■ *Viajando solo TIENES más independencia y puedes ver más cosas que si VAS en grupo, por eso me decidí a hacer el viaje por mi cuenta.*

■ Cuando el hablante no conoce al sujeto o no le interesa nombrarlo, usa *la tercera persona del plural.*

Ej.: ■ *Me HAN DICHO que van a abrir una discoteca cerca de la playa. Nos HAN INVITADO a ir a una fiesta.*

■ Cuando el hablante quiere hacer una frase de tipo general, en la que puede estar él mismo incluido, entonces se usa *Se + la tercera persona del singular.*

Ej.: ■ *Antes de entrar SE LLAMA A la puerta.*

■ *¿Cuánto SE TARDA DE Santander a Madrid?*

Estas frases pueden referirse al hablante, pero si decimos *llaman, tardan...* automáticamente, el hablante se refiere a los demás, a la gente.

DOS EJERCICIOS GRAMATICALES

I. RELLENA LOS HUECOS:

1. ■ Yo no estoy de acuerdo con estos métodos, pero, si (querer) . . *quieres* . . . conservar el trabajo, (tener) . . . *tienes / tenemos* . . . que aceptarlos.

2. ■ He visto un cartel en un piso de la calle Palmeras, en el que ponía: ("Alquilar") *Se Alquila* Voy a llamar por teléfono.

3. ■ ¿Qué película (poner) *ponen* ..... en el cine Avenida?

   ► No sé, porque la (cambiar). *han cambiado* ... ayer.

4. ■ Hay rumores de que (ir). *van* .... a subir otra vez la gasolina. ¿Sabéis algo?

5. ■ A Rodrigo le (dar) *han dado* ...... dos entradas para el concierto del jueves. ¡Qué suerte!

6. ■ ¿Te vas a acostar ya? Eres un muermo.

   ► Mira, a mí me parece que si (tener) *tienes* que trabajar temprano, (deber) *debes* dormir lo suficiente.

7. ■ ¿Has visto últimamente a José?

   ► No, ¿por qué?

   ■ Porque me parece que está raro.
Creo que está enamorado y, ya (saber) *se sabe* , cuando (enamorarse) *te enamoras* (hacer) *haces* .. muchas tonterías.

8. ■ ¿Es que aquí nadie fuma?

   ► Es que no (poder) *se puede* ., está prohibido.

9. ■ ¿Sabes que en España (reciclar) *se recicla* . más papel que en otros países?

   ► ¿Ah, sí?, ¡*ni idea!*

10. ■ ¿Cómo (hacer) *se hace* .... una buena sangría? ¿Cuál es el secreto?

11. ■ ¿Sabías que en España (almorzar) *se almuerza* bastante tarde?

   ► Sí porque unos amigos míos, que estuvieron el año pasado en Ibiza, me lo comentaron.

12. ■ ¿Cuándo (operar) *se opera* a Juan?

   ► Todavía no (saber) *se sabe* ....; está en lista de espera.

13. ■ ¿A qué hora te acostaste ayer?

   ► A las 6 de la madrugada. Ya sabes lo que pasa: (empezar)............a hablar con los amigos, (tomar)............... unas copas, después (ir).............. a bailar a una discoteca, (mirar).............. el reloj, y ya son las cinco.

14. ■ ¡Chico!, ¿Cuál es tu secreto para mantenerte tan joven?

   ► Si (hacer)............ un poco de deporte, (dormir)............. lo suficiente y no (cometer).................. excesos con la comida y el alcohol, la cosa es fácil.

15. ■ ¿Cómo vas a ir a Menorca?

   ► En avión. Ya sabes, si (viajar)................ en avión, (pagar)............... más dinero, pero resulta más rápido, y sólo tengo una semana de vacaciones.

➜ **PARA ACLARAR LAS COSAS:**

   → ¡NI IDEA! = *expresión coloquial para expresar desconocimiento total.*

II. Rellena los huecos:

1. ■ ¡Qué difícil es entender a los jefes! (Esforzar). . . . . al máximo, (hacer)
. . . . todo lo que (poder). . . . . y nunca están satisfechos.

2. ■ ¿Sabes que (descubrir). . . . . una cueva con pinturas prehistóricas a 7 Km.
de mi pueblo?
▶ ¿(Poder). . . . . visitar ya?
■ No todavía no.

3. ■ Oye, ¿cuándo (abrir). . . . . la estación de Sierra Nevada?
▶ Depende del tiempo, pero creo que a finales de noviembre.

4. ■ ¿Hay que hacer ya la declaración de la renta?
▶ No, hombre, no, (hacer) . . . . alrededor de mayo y (presentar). . . . .
en junio; tienes tiempo todavía.

5. ■ Ayer leí en una revista que en Dinamarca (comer). . . . . mucha carne de cerdo.

6. ■ ¿Cómo (decir). . . . . *tener una cita* en francés?
▶ ¿Y a mí me lo preguntas? Yo he estudiado inglés.

7. ■ ¿Qué tal está Martina? Hace mucho que no la veo.
▶ Muy bien, la (nombrar). . . . . jefa de la sucursal de Cádiz.

8. ■ ¡Fíjate *qué faena*! me (robar). . . . . .la moto.
▶ ¿Has avisado a la policía?
■ No, aún no.

9. ■ (Abrir). un centro comercial enorme con doce salas de cine.
▶ ¿Por qué no vamos hoy?
■ Vale, de acuerdo.

10. ■ Eso que cuentas, ¿lo has visto con tus propios ojos?
▶ No, me lo (contar). . . . .

11. ■ (Pasarse). . . . . la vida trabajando y al final no (ahorrar). . . . .
ni un duro para la vejez.

12. ■ Oiga, ¿(Poder). . . . . lavar en la lavadora este pantalón?

13. ■ (Llamar). . . . . de la oficina para decirte que la reunión es mañana a las diez.

14. ■ ¿Has visto este anuncio? (Necesitar). . . . . *estudiante universitario responsable
para acompañar persona mayor por las tardes, etc.* ¿Por qué no llamas?
▶ No sé...tengo que pensarlo.

15. ■ ¿Te has enterado que a Teresa le (dar). . . . . una beca de investigación?
▶ Me alegro mucho, porque se la *merece*.

➔ PARA ACLARAR LAS COSAS:

➔ *¡Qué faena!* = expresión coloquial para indicar que algo ha salido mal.

➔ *Merecer* = ser justo que a alguien le pase algo.

II. COMO LO OYES

Biografía de Alberto Vázquez-Figueroa.

Vas a oír la biografía de Alberto Vázquez-Figueroa.

Tras la audición contesta poniendo una **V** si la afirmación es verdadera o una **F** si la afirmación es falsa.

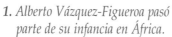

	V	F
1. Alberto Vázquez-Figueroa pasó parte de su infancia en África.		
2. Su primer trabajo fue en Televisión Española.		
3. Estuvo viajando más de 25 años.		
4. Tuvo que dejar de trabajar como enviado especial por problemas de salud.		
5. Algunas de sus novelas han sido llevadas al cine.		
6. En 1978 comenzó la serie "Cienfuegos".		

ESCRIBE

I.

El primer ejercicio gramatical de esta unidad es una carta a una profesora de español, que te puede servir de modelo para que, ahora, tú escribas una carta a tu profesor/a de español, contándole lo que has hecho durante las vacaciones.

II.

Los estudiantes del curso de español habéis organizado una excursión para este fin de semana.

Compartes un piso con un chico español.
Anoche él llegó muy tarde a casa y tú ya estabas dormido/a. Déjale una nota diciendo a dónde has ido, cuándo vuelves, y alguna cosa más, si quieres.

EL CAMINO DE SANTIAGO

El año Jacobeo se repite cada vez que la fiesta de Santiago Apóstol, 25 de Julio, cae en domingo. Si ahora es fácil llegar a Santiago, antiguamente no lo era tanto. Hace mucho tiempo, la ciudad compostelana veía crecer su población con peregrinos *que solían elegir los meses de verano para llegar hasta los pies del apóstol.*

Este peregrinaje dio origen a la primera guía de viajeros de la historia: el Códice Calixtino o "Libro Santo Jacobeo", donde se explicaban las diferentes etapas para llegar a Santiago.

Esta ciudad sonaba ya en el mundo antes que muchas otras. Hay que retroceder al siglo XII, cuando, cruzando llanuras, valles y montañas, no por un camino sólo, sino por varios, llegaban de toda Europa peregrinos jacobeos. Los que conseguían volver a sus hogares traían el "Compostela", un escrito que certificaba que habían cumplido su promesa.

Santiago sigue viviendo en plena Edad Media y cada monumento tiene su tradición. El bello Pórtico de la Gloria, de la espléndida catedral, que es considerado como la obra cumbre del románico, fue, durante siglos, la entrada del templo. En la base de la columna central se pueden observar cinco muescas *por las que pasan sus manos todos los peregrinos porque da suerte, la misma que el golpear con la cabeza en la figura del autor del pórtico: el maestro Mateo, para poder coger algo de sabiduría del escultor.*

En la biblioteca de la catedral está el "botafumeiro", un incensario de hierro, de más de un metro de altura y 80 kilos de peso y que se utiliza sólo en ocasiones especiales.

Al lado de la catedral está el Hostal de los Reyes Católicos, actual Parador Nacional. Los peregrinos que, hoy en día, hacen el camino a pie tienen albergue gratis en este lujoso hotel.

Al atardecer, una vez cumplido el rito, hay que comprar algún recuerdo en los alrededores de la catedral. Luego, es conveniente "perderse" por las calles y bares para tomar vino de Ribeiro, Albariño o el espumoso Rosal, acompañado de las raciones de pulpo, lacón o empanada: o si hace frío, que es muy probable, un buen caldo gallego. Probablemente te encontrarás a jóvenes vestidos de tunos *que, tras cantar alguna de las clásicas canciones estudiantiles, pasarán la pandereta. Al anochecer lo mejor es ir al Ensanche, a la zona nueva o a la calle del Franco, llamada también de los vinos, que durante el* curso *está animadísima, ya que Santiago es una ciudad eminentemente universitaria.*

(Texto adaptado. *Revista Mía*, núm.330, enero de 1993)

En este texto, además del pretérito indefinido, hay otros tiempos del pasado, ¿sabes cómo se llaman? Subráyalos.

Observa que la palabra peregrinaje se escribe con j. En español, las palabras que acaban en -aje se escriben todas con j.
¿Te acuerdas de alguna palabra acabada en -aje?

Contesta a estas preguntas:

■ ¿En qué siglo empezaron las peregrinaciones a Santiago de Compostela?. . . . .
. . . .

■ ¿Qué lugares artísticos hay que visitar? . . . .
. . . .
. . . .
. . . .

■ ¿Qué se puede hacer, además de visitar los lugares artísticos?
. . . .
. . . .
. . . .

■ ¿Habías oído hablar antes de las peregrinaciones a Santiago?
En caso afirmativo, ¿dónde?, ¿cuándo?. . . . .
. . . .
. . . .

■ ¿Existe en tu país algún lugar de peregrinaje?
En caso afirmativo, habla de él a tus compañeros.. . . . .
. . . .

PRETEXTO

LAS TRANSFORMACIONES DE UN PERSONAJE

"El País Semanal" 1-XII-91

PARA ACLARAR LAS COSAS:

→ *A pequeña escala* = con pocos medios.

→ *Asolar* = destruir.

→ *Encoger el corazón* = asustar.

→ *Dejarse de* = olvidar.

→ *Hacer carrera* = tener éxito profesional.

→ *El Ministerio de Hacienda* = se ocupa de la recaudación de impuestos, entre otras cosas.

→ *Corcuera* = era ministro del Interior en esa época.

1. DINOS CON OTRAS PALABRAS:

■ De críá *cuando era pequeño*

■ Hice el cambio *transformó, convertir*

■ Al oír mis pasos *al oírme venir, hal acercarme*

■ Hice carrera *destaque*

2. DANOS SINÓNIMOS DE:

■ Tesón. *perseverancia, esfuerzo continuado*

■ Medios limitados.

■ Empavorecidos. *llenos de miedo, asustados*

3. CONTESTA A ESTAS PREGUNTAS:

■ ¿Qué procedimientos usaba el protagonista, de niño, para asustar? y ¿a quién?

. . . .

. . . .

■ ¿Qué personajes de ficción aparecen en el texto?

. . . .

. . . .

■ De niño/a, ¿qué te daba miedo?

. . . .

. . . .

■ ¿Cómo reacciona la gente cuando hay que pagar impuestos?

. . . .

. . . .

PRETÉRITO PERFECTO/PRETÉRITO INDEFINIDO
PRETÉRITO IMPERFECTO.

Estudiamos aquí, por un lado, los rasgos comunes de *los pasados* que *presentan* la *acción acabada*, que nos *informan de los hechos* y, por otro, *el imperfecto* que *no* nos *informa* del *final de las acciones*, que *habla de las circunstancias*.

PRETÉRITO PERFECTO/PRETÉRITO INDEFINIDO

1. Presentan las acciones acabadas.

Ejs.: ■ ¿Y los deberes?
▶ Ya los *he hecho*.

■ El otro día *fui* al cine y *vi* una película estupenda.

2. Ambos son unidades de tiempo cerradas y expresan **tiempo determinado**.

Ejs.: ■ Esta mañana no *ha venido* el profesor, por eso *nos hemos ido* al bar.

■ La semana pasada *cobré* y *me compré* varios libros.

DURANTE + *CANTIDAD DE TIEMPO* + P. PERFECTO / P. INDEFINIDO

Ejs.: ■ *He trabajado / trabajé* en esto durante un año.

3. Ambos presentan *una sucesión de acciones*. Con ellos "pasa" algo.

Ejs.: ■ *Me he acostado* y, como no podía dormir, *me he levantado, me he tomado* un vaso de leche, *he leído* un poco y *he vuelto* a acostarme.

■ *Me sentí* mal, *me puse* el termómetro, *vi* que tenía fiebre y *llamé* al médico.

PRETÉRITO IMPERFECTO

1. Es un pasado y, por tanto, como todos los pasados, se refiere a cosas acabadas. Pero su manera de presentarlas es distinta. *No nos informa sobre el final*, presenta las cosas como ocurriendo o sin llegar a ocurrir.

Ejs.: A ■ *Pensaba* hacer los deberes.

B ■ Cuando te vi *iba* al cine.

C ■ Ya *iba a comer* cuando llegaste.

En A y B, si queremos saber más, tenemos que preguntar:
Y al final, ¿hiciste los deberes o no?
Por fin, ¿fuiste o no fuiste al cine?
En C no sabemos si la persona comió o no.

2. Sirve para hablar de *las circunstancias* que rodean a las acciones. Por eso no hay movimiento.

Ej.: ■ Aquel día no *me sentía* bien, tenía fiebre, *me dolía* todo el cuerpo, por eso llamé al médico.

3. Como consecuencia de todo lo anterior, sirve para **hablar de costumbres** y para **describir**, es decir, para hacer presente el pasado.

Ej.: ■ En aquella época las mujeres no *llevaban* pantalones, *estaba* mal visto.

4. Un uso no temporal del imperfecto es el llamado **imperfecto de cortesía**.

Ej.: ■ *(En una tienda)*
Dependiente: ¿Qué deseaba?
Cliente: Quería una cartera.

PRACTICAMOS LA GRAMÁTICA

I. PON LOS VERBOS EN IMPERFECTO PARA PRACTICAR LAS FORMAS.

1. Cuando (estar/nosotros) .... de vacaciones, (ir) .... a comer a un chiringuito todos los días.

2. En la fiesta (haber) .... mucha gente y (tener/ellos) .... la música a tope.

3. ¿Dónde (estar/tú) .... ayer cuando te llamé?

4. Antes (ver/ellos) .... demasiado la tele; ahora no tienen.

5. De joven, Vicente (estudiar) .... Medicina por las mañanas y por las noches (trabajar) .... en una discoteca .

6. Mi madre (fumar) .... como una chimenea, ahora lo ha dejado.

7. Cuando tú (tener) .... 5 años, yo ya (estar) .... en la "mili".

8. Como mi abuela no (ver) .... bien, no (leer) .... mucho.

9. Ya (ir/yo) .... a salir, cuando sonó el teléfono.

10. Al principio del curso yo no (comprender) .... *ni jota*.

11. Cuando yo (ser)................... pequeño, mi padre (trabajar) .... en el puerto.

12. El anterior rey de España (llamarse) .... Alfonso XIII.

13. Antes de leer este artículo (parecerme) .... más complicado.

14. ¡Ah!, por fin llegas, te (estar/nosotros) .... esperando.

15. ¡Perdona!, he metido la pata, no (saber/yo) .... que no (poder) .... decirles nada.

PARA ACLARAR LAS COSAS:

→ *CHIRINGUITO = merendero.*

A. *Explica las palabras y frases en cursiva con ayuda de tu diccionario o preguntando a tu profesor.*

B. *Contextualiza estas frases.*

- Contesta a la frase 3.
- ¿Por qué tenía que trabajar Vicente? (5).
- ¿Quién dice esta frase?, ¿a quién se la dice?, ¿en qué circunstancias la dice? (7).
- ¿En qué época vivió Alfonso XIII? Infórmate un poco (12).

II. PON LA FORMA CORRECTA DEL PASADO.

Cuando (ser/yo) ...*yo era*... niño, (vivir) *viví*............ en un pueblo cerca de
Salamanca. Mi casa (estar) ...*estaba*...... junto al río y (tener) ...*tenía*.......un
pequeño jardín. La vida allí (ser) *era*...... muy sencilla.
(Ir/yo) ~~*iba*~~ a la escuela, (aprender) ...*aprendí*... muchas cosas y (jugar)
...*jugaba*... con mis amigos.

iba

Los fines de semana (ser) ~~*eran*~~ diferentes. Mis amigos y yo (ir) *íbamos* al
río y (pasar) *pasábamos* allí todo el día. (Nadar) *Nadando*.., (jugar) *jugando*
(tomar) ...*tomábamos*......el sol y (divertirse) *divertimos*. mucho. A veces
(cruzar) *cruzábamos la frontera* y (tener) *teníamos*. la impresión de estar
muy lejos de casa y de estar haciendo algo prohibido.

En 1972 mi familia y yo (venir) ...*venimos* a Salamanca porque mi padre (tener)
tenía...... negocios aquí. Antes (trabajar/él) *el trabajaba* en el campo,
(cultivar) *cultivaba* patatas, tomates, zanahorias... cosas de la huerta.

Pero un día (decidir) *decidió*..........comprar una tienda en la ciudad. Además
mis hermanos y yo (querer) *queríamos* estudiar en la Universidad, y en el pueblo
no (ser) ...*era*.......... posible.
Un lunes por la mañana (levantarse/nosotros) *nos levantamos* temprano,
(preparar) *preparamos* las maletas y (viajar) *viajamos* a la capital.
Allí (encontrar) *encontramos* un piso en el centro y (instalarse) *instalamos*

Me gusta vivir aquí, pero en el campo la vida (ser).............................más tranquila y
nosotros (estar) .... más en contacto con la naturaleza.

PARA ACLARAR LAS COSAS:

→ *SALAMANCA = está en el noroeste, forma parte de Castilla-León.
Es famosa por su Universidad.*
→ *LA FRONTERA = Salamanca tiene frontera con Portugal.*

III. Pon el infinitivo en imperfecto o indefinido para practicar la diferencia.

1. Cuando (sacarse/ella) .... el carné de conducir, (tener) .... 25 años.

2. En su casa siempre (haber) .... flores en la mesa, es que le (encantar) ....

3. Cuando el enfermo (empezar) .... a mejorar, (tener) .... un ataque cardíaco.

4. Ayer (encontrarme/yo) .... con Estrella y me (decir) .... que (querer/ella) .... verte.

5. En los años 60 (estar) .... de moda los "Beatles".

6. Buenos días, (querer/yo) .... pedirte un pequeño favor.

7. (Pensar/yo) .... comprarme un vestido, (entrar) .... en la tienda, (preguntar) .... el precio y casi *me da un patatús*.

8. (Llamar/yo) .... a casa de Lourdes y su madre me (decir) .... que (estar) .... de vacaciones.

9. Cuando (estar/nosotros) ....llegando a la playa, (haber) ....*un atasco* no sé por qué, y (tardar/nosotros) .... 2 horas en recorrer 15 kms.

10. La directora de la escuela (esquiar) .... todos los años en Sierra Nevada, pero el año pasado no (ir) .... porque (tener) .... un accidente.

11. Antonio (estar) .... en América durante 23 años.

12. (Ir/yo) .... a decirle todo lo que pienso, pero cuando lo (tener) .... delante, me (cortar) ....

13. Por aquellas fechas Carmen no (conocer) .... todavía a su marido.

14. ¿(Saber/vosotros) .... que Garci (obtener) .... un óscar con su película "Volver a empezar"?

15. (Estar/yo) .... viendo una película de suspense y, cuando (ir) .... a saberse quién (ser) .... el asesino (irse) .... la luz.

PARA ACLARAR LAS COSAS:

→ *Sierra Nevada* = está en Granada y hay una estación de esquí muy importante.
→ *José Luis Garci* = director de cine español.

A. *Explica las palabras y frases en cursiva con ayuda de tu diccionario o preguntando a tu profesor.*
Recuerda lo que aprendiste sobre **casi** *(unidad 1).*

B. *Contextualiza estas frases.*

- Imagina qué favor va a pedir la persona que habla (6).
- ¿Qué hizo Antonio en América durante todos estos años? (11).

IV. PON EL INFINITIVO EN EL TIEMPO CORRECTO:

1. ¿Qué sabéis de Nieves?
> Nada en absoluto. La última vez que la (ver/yo) vi....., (ser) fue.....en Diciembre, creo.
- Pues la última vez que me la (encontrar/yo) encontré...., (estar) estaba. de vacaciones.

2. ¿Qué tal el fin de semana?
> Un desastre, (estropearse) se estropía la cisterna y, claro, como (ser) era.....sábado, no (encontrar/yo) encontré.... un solo fontanero. Después (venir) vinieron los vecinos de abajo a quejarse . (Tener/yo) tuve...que pelearme con ellos. Y para colmo, (empezar) empezaron a dolerme las muelas.

3. No sé por qué (aceptar/yo) acepté.... ir a cenar con ellos; (ser) es.......una estupidez porque realmente no me (apetecer) apetece....... nada de nada.

4. ¿Dónde (ir/tú) fuiste.... el otro día a eso de las 4,30 ?
> Al cine.
- Y ¿qué (ver) viste.?
> Al final, nada, porque no (haber) había.entradas y me (ir) fui....a dar una vuelta.

5. El día en que me (nombrar) nombraron.jefe de aquella sucursal, (sentirse) sentí...... muy extraño porque mandar (ser) fue... algo nuevo para mí.

6. ¿(Buscar/vosotros) habéis buscado.....el artículo que os (pedir/yo) pedí...... el viernes?
> Yo, no.
- ¿Y eso?
> Es que (haber) había.... un programa en la tele que todo el mundo (querer) quería........ ver; (haber) había mucho ruido en casa y, como no (poder/yo) podía trabajar en esas condiciones, me (ir) fui............. y luego ya no (tener) tuve........... ganas de seguir trabajando.

7. (Hacer/ellos) hacen.... tantas tonterías cuando (estar) están juntos, que todo el mundo (reírse) se ríe.. de ellos, (ser) es............. casi una costumbre.

8. Todas las mañanas (salir) salía............. de casa muy temprano, pero el día en que su destino (cambiar) cambió........ no (sonar) sonó............... el despertador.

9. ¿Recuerda usted lo que (pasar) pasó.............. ?
> Vagamente, aquella noche (tener/yo) tenía.. un cólico y al día siguiente (levantarme) me levanté............ agotada. Recuerdo que (llamar) llamaron....a la oficina para decir que ese día no (pensar) pensaba.ir.
- ¿Y qué (hacer) hacías.... después?
> (Tratar/yo) traté.. de descansar y (desconectar) desconecté.el teléfono. Por eso , cuando ustedes (llamar) llamaron.no lo (coger/yo) cogí... , pero (estar) estaba.en casa.

10. (Tener/ella) Ella tenía...... una cita con sus hermanos en casa de su madre; ellos (querer) querían. vender la casa que, por derecho, le (corresponder) correspondía.a ella. No (tener) tenía..... esperanzas de convencer a Juan y a Reyes, (ser/ellos) eran. unos auténticos buitres.

PARA ACLARAR LAS COSAS:

→ *QUEJARSE = [1] protestar, decir que algo no nos parece bien; [2] dar gritos, lamentarse para mostrar dolor.*

→ *PARA COLMO = después de una serie de hechos negativos, usamos esta expresión cuando se produce un hecho negativo más, que nos parece que toca el límite.*

*Ej.: El despertador no sonó, me desperté una hora más tarde, perdí el autobús, empezó a llover y, **para colmo**, el coche no funcionaba.*

→ *BUITRES = se usa esta comparación con el ave carroñera para indicar que sólo piensan en su propio beneficio, sin importarles los medios.*

V.   APRENDE A HACER PREGUNTAS:

1. ¿*Porque cambiaste de trabajo*?
Porque necesitaba ganar más dinero.

2. ¿*Hace cuanto vives aca*?
Desde hace 15 días, antes vivía en Madrid.

3. ¿*Todavia estas casada*?
No, lo dejé hace dos años.

4. ¿*Vendiste la casa*?
Sí, el año pasado.

5. ¿*Ibas a ir al cine*?
Sí, pero es que, al final, no pude.

6. ¿*Porque ~~~~ saludaste*?
¡Es que se parecía tanto a Paul Newman...!

7. ¿*Porque lo ayudaste*?
Es que no podía hacerlo él solo y me pidió ayuda.

8. ¿*Porque se divorcio*?
Porque descubrió que le/la **engañaba**.

9. ¿*Porque dejaste a tu novio*?
Porque realmente no le gustaba.

10. ¿*Que dijo ~~~~ Que sabes de Juanita*?
Que le dolían las muelas *e* iba a quedarse en casa.

PARA ACLARAR LAS COSAS:
PARA HACER PREGUNTAS PUEDES USAR:

→ *¿POR QUÉ...?*

→ *¿CÓMO ES QUE...? ¿Y ESO...?= para mostrar extrañeza.*

Ej.: ■ *Tú, tan puntual, ¿cómo es que llegas tarde?*
■ *No, no he hecho el examen.*
▶ *¿Nooo? ¿Y eso?*

→ *ENGAÑAR A ALGUIEN = [1] decirle una cosa y hacer otra, mentir; [2] si tienes una pareja estable, ir con otra persona sin decírselo a él o a ella.*

→ *"e"= se usa "e" en lugar de "y" cuando la palabra siguiente empieza con "i-" o "hi-".*

⌐ACTIVIDADES

I. ¿ERES OBSERVADOR/RA?

Mira estas dos fotos; son abuelo y nieto. Compara su aspecto e imagina sus vidas.

II. DEL SUEÑO A LA REALIDAD.

En parejas o pequeños grupos, completad estas historias. Usad un poco la imaginación.

¿Qué querían ser? ¿Qué son?

CANTANTE DE ROCK

YUPPIE

Cuando era joven, quería ser cantante de rock. Soñaba con la fama, los aplausos y…los millones. En aquella época, yo creía que..............
....
....
....

MISIONERA

VETERINARIA

De niña me entusiasmaba la idea de ser misionera porque..............
....
Después...
Ahora...

MAESTRA
☞
ACTRIZ

A los 15 años soñaba con ser maestra y ....
....
Pero después...
Y ahora..

ASTRONAUTA
☞
FONTANERO

Cuando era pequeñito y veía la televisión quería ser astronauta. Mis amigos y yo jugábamos a que..
....
Después..
Ahora...

III. EL "CAMINO" DEL PASADO.

Aquí os damos una serie de acciones.

En parejas, poned los infinitivos en el tiempo de la acción y añadid las circunstancias.

Comparad con las versiones de vuestros compañeros.

Ej.: Cuando salí *(acción)* de casa, hacía *(circunstancia)* mucho frío.

SALIR TEMPRANO · CARGAR · ARRANCAR · AVANZAR · LLEGAR A TIEMPO · GIRAR · FRENAR · VOLVER A PARAR · DESCARGAR · MANIOBRAR · SEGUIR · SUBIR Y BAJAR · APARCAR · SALIR · IR AL ALMACEN Y VOLVER A EMPEZAR

IV. DEBATE: *CUALQUIER TIEMPO PASADO FUE MEJOR.*

Os sugerimos para la discusión:

- *El ritmo de la vida.*
- *La comida.*
- *Las relaciones humanas.*
- *La ciencia.*

I. COMO LO OYES

ESCUCHA ESTE POEMA DE GLORIA FUERTES
Y COMPLÉTALO:

.....................a muy temprana....................
.....................ser analfabeta a los tres años,
virgen a los dieciocho, mártir a los cincuenta.

.............................montar en bicicleta,
cuando no me..
los pies a los pedales, a besar cuando no
me.................................. los pechos a la
boca.
Muy pronto..............................la madurez.

En el colegio, ...la primera
....................Urbanidad, Historia Sagrada
y Declamación.
Ni el Álgebra ni sor Maripili me..................
Me...........................
..........................sin una peseta. Ahora,
después de cincuenta años..........................
..........................dos.

Autobio.
Del Libro: *Historia de Gloria.*
Ed. Cátedra. Madrid, 1981.

VOCABULARIO

I. COSAS QUE EXISTÍAN HACE 150 AÑOS

Señala con una "**x**" las cosas que *no existían* hace 150 años:

1. ☒ El frigorífico
2. ☐ La escoba
3. ☒ La luz eléctrica
4. ☐ La cuchara
5. ☒ El vídeo

6. ☒ La bicicleta
7. ☒ El barco
8. ☒ La piscina
9. ☒ La televisión
10. ☒ El cine

11. ☒ El martillo
12. ☐ El tractor
13. ☐ La carretera
14. ☒ El avión
15. ☐ El puente

16. ☐ La guitarra
17. ☒ El rascacielos
18. ☐ El tren
19. ☐ El molino
20. ☐ La autopista

II. ANTÓNIMOS

Une el verbo de la primera columna con su contrario de la segunda:

1. Salir
2. Callar
3. Amar
4. Subir
5. Engordar
6. Suspender
7. Aburrirse
8. Empezar
9. Llorar
10. Vestirse

a. Adelgazar
b. Reír
c. Aprobar
d. Hablar
e. Divertirse
f. Entrar
g. Desnudarse
h. Bajar
i. Acabar
j. Odiar

RECUERDA

GUSTAR Y OTROS VERBOS SIMILARES

OBJETO INDIRECTO

me	
te	gusta + una cosa o una persona.
le	gustan + más de una cosa o más de una persona.
nos	
os	
les	

> ¿*Os* **gusta** *el café?*
> *No, no nos* **gusta** *nada.*
>
> ¿*Te* **gustan** *los deportes?*
> *Sí, me* **gustan** *mucho.*

Debes saber que, en los verbos como gustar, los pronombres de OBJETO INDIRECTO representan al sujeto de persona, aunque gramaticalmente el sujeto sean los sustantivos o infinitivos que acompañan a los verbos.

Ejs.: ¿Te ha gustado <u>la película</u>? → (*Te* representa a la persona *Tú*)
         sujeto

¿Os gusta <u>nadar</u>? → (*Os* representa a la persona *vosotros*)
         sujeto

Se usan como GUSTAR los siguientes verbos:

agradar, apetecer, doler, encantar, hacer falta, importar, interesar, molestar, parecer, pasar, sorprender, tocar....

Con todos estos verbos es muy frecuente empezar la frase con

E J E M P L O S

☞ A + nombre   *A **Ramón** no le interesa la política.*
                *A **Concha** le molesta mucho el humo.*

☞ A + pronombre   *A **mí** me encanta leer.*

DOS EJERCICIOS GRAMATICALES

I. COMPLETA CON EL PRONOMBRE Y EL VERBO EN EL TIEMPO CORRECTO:

1. ■ ¿Qué (parecer/a ti) *te parece* la clase de cultura?
► No (gustar) *me gusta* mucho.

2. ■ Niños, ¿(apetecer) *les apetece* un poco de queso?
► ¡Mamá!, si sabes que no (gustar) *nos gusta*

3. ■ ¿Qué (pasar) *le pasaba* ayer a Sara?
► Que (doler) *le dolía* mucho la cabeza.

4. ■ Perdona, he olvidado que (hacer falta/a ti) *te hace falta* un boli rojo.
► No (importar) *me importa*, corregiré con el azul.

5. ■ (Gustar/a vosotros) *os gustó* la película de ayer?
► A mí sí, pero (impresionar) *me impresionó* cuando mataron a la chica.

6. ■ (Importar/a vosotros) *os importa* cerrar la ventana?
► Al contrario, (molestar) *nos molesta* mucho el ruido que hay.

7. ■ (Encantar) *me encanta* tomar el sol.
► A mí también.
■ Pues a mí no.

8. ■ ¿Qué (sorprender/a vosotros) *os sorprendió* más de las declaraciones que hizo ayer el presidente?
► A mí no (sorprender) *me sorprende* nada, (molestar) *me molesta* algunas cosas que dijo.

9. ■ Pepe es muy marchoso, siempre (apetecer) *le apetece* ir de fiesta, ¿no crees?
► Sí, es verdad (encantar/a nosotros) *nos encanta* salir con él.

10. ■ No sé qué (pasar) *les pasa* a mis colegas de trabajo, ¡están más raros...!

II. COMPLETA LAS FRASES CON UNO DE ESTOS VERBOS Y EL PRONOMBRE CORRESPONDIENTE. (PUEDE HABER MÁS DE UNA POSIBILIDAD).
APETECER, ENCANTAR, DOLER, IMPORTAR, HACER FALTA, PARECER, PASAR.

1. ■ Yo creo que debes estudiar más.
► ¿Sabes? A mí no *me hace falta* tus consejos.

2. ■ ¿ *Te parece* bien estos ejercicios?
► Sí, *me parecen* muy útiles.

3. ■ ¿Qué tal si vamos a dar una vueltecita?
► ¡Uy! A mí no *me apetece* nada de nada.

4. ■ ¿Qué *les pasa* a ésos? ¿Por qué lo dices?
► Porque parece que *les duele* el estómago. ¿Has visto la cara que tienen?

5. ■ Señores, ¿ *les importa* salir un momentito, por favor?
► Claro que no, ahora mismo.

6. ■ ¿Sabes *me encantan* las clases de Juan.
► Pues a mí no me gustan nada.

7. ■ ¡Uf! He andado todo el día y *me duelen* los pies una barbaridad.
► Pues descansa un poco ahora.

8. ■ ¿Quieres una cerveza?
► No, gracias.
■ ¿Es que no te gusta?
► Sí *me encanta*, pero ahora no *me apetece*.

9. ■ Tenemos que ir al supermercado.
► ¿Hoy?, ¿por qué?
■ Porque *hace falta* comprar unas cuantas cosas que se han acabado antes de tiempo.

10. ■ ¿Qué *te parece* si nos quedamos hoy en casita?
► Estupendo *nos hace falta* descansar.

II. COMO LO OYES

PUEBLOS ABANDONADOS

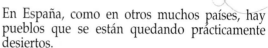

En España, como en otros muchos países, hay pueblos que se están quedando prácticamente desiertos.

Nuestro entrevistador se ha trasladado a un pequeño valle navarro formado por siete pueblos en los que ya no vive nadie, y ha entrevistado a Mario Esparza, agricultor jubilado de 84 años.

Después de escuchar la conversación, responde a las siguientes preguntas:

1. *¿Cuál fue la causa por la cual los jóvenes abandonaron el campo?* ....
....

2. *¿A qué ciudades se marcharon?* ....
....

3. *¿Qué opinaron Mario y su mujer de la ciudad?* ....
....

4. *¿Están contentos los dos viejos en el pueblo?* ....
....

5. *¿Cree Mario que los jóvenes van a volver al pueblo? ¿Por qué?* ....
....

ESCRIBE

I.

RECUERDOS DE TU INFANCIA.

Puedes usar:
- Cuando…
- Antes…
- (Por) entonces…

- Normalmente…
- Un día…
- Aquella vez…

II.

ESCRIBE LA BIOGRAFÍA DE TU PERSONAJE PREFERIDO.

Puedes ayudarte con el modelo de biografía de Alberto Vázquez-Figueroa *(unidad 3).*

EL ENCUENTRO: LAS CULTURAS QUE ENCONTRARON LOS ESPAÑOLES

Cuando los europeos llegaron a América, encontraron unos pueblos que vivían en el Neolítico; sólo algunos estaban en un período más avanzado. Vivían de la agricultura intensiva, no conocían el hierro, y los otros metales los utilizaban para fabricar objetos de adorno.

Éstas eran las llamadas *altas culturas americanas*. Estaban situadas en las tierras templadas y frías de los altiplanos. En el norte, la meseta central de México; en el sur, los valles y llanuras elevadas de los Andes, en los actuales países de Colombia, Perú, Bolivia y Ecuador. En esas regiones se encontraban las mayores concentraciones de población y estaban las dos organizaciones más importantes cuando llegaron los españoles: la confederación azteca y el imperio incaico. Ambas eran herederas de otras culturas: la olmeca, (originaria del Golfo de México), la de Chavín (altiplano de Perú), y, sobre todo, la maya (tierras bajas de Guatemala, Honduras y sur de México).

La cultura maya logró grandes descubrimientos astronómicos y matemáticos; también creó un sistema de escritura jeroglífica perfectamente desarrollado.

Aztecas e incas no llegaron a niveles estéticos tan altos, pero crearon organizaciones estatales amplísimas. A pesar de su desarrollo, no pudieron enfrentarse a la tecnología de la vieja Europa: grandes buques de vela, carros con ruedas y armas de acero y fuego.

EL CALENDARIO AZTECA

Según algunos historiadores *"uno de los acontecimientos más dignos de admiración es la analogía que se nota entre el calendario azteca y el de ciertos pueblos de Asia oriental, como los japoneses, analogía demostrada por Humboldt y que no se puede creer accidental, porque no está fundada en ningún fenómeno natural"*.

Los sacerdotes aztecas se dedicaban al estudio de la esfera celeste y lograron un conocimiento de los astros que les permitió establecer un sistema cronológico bastante exacto. Conocían el movimiento aparente del sol alrededor de la tierra y que éste se realizaba en 365 días y 6 horas menos unos minutos.

COLOMBIA Y SUS FIESTAS

En los tiempos de la Colonia, los días 5 y 6 de Enero, los patrones acomodados de algunos pueblos, como el de Pasto, agasajaban a sus esclavos pintándose la cara de negro y éstos hacían lo mismo al día siguiente, pintándose la cara de blanco. Estas fiestas han perdurado hasta nuestros días y todos los meses de Enero se repite el ritual de blancos y negros.

En agosto se celebra cada año el desfile de "silleteros", en el que se recuerda a los vendedores de flores de Antioquía. La tradición señala que los campesinos de esta región bajan sus flores en "silletas" dispuestas en bellas composiciones.

1. DINOS CON OTRAS PALABRAS:

■ Estas culturas estaban situadas en… *localizadas*

■ En esas regiones se encontraban las mayores concentraciones de población. *partes*

■ Esta analogía no se puede creer accidental… *sin querer*

■ Los patrones acomodados agasajaban a sus esclavos… *le hacían fiestas.*
daban

2. DANOS SINÓNIMOS DE:

■ Período avanzado *adelantado*
■ Elevadas. *altas*
■ Organizaciones amplísimas *grandes*
■ Está fundado *basado*
■ Objetos de adorno *decoración*
■ La cultura maya logró *consiguió*
■ La analogía *comparación (semejantes)*
■ Estas fiestas han perdurado *durado, seguido*

3. CONTESTA A ESTAS PREGUNTAS:

■ ¿De qué vivían los pueblos precolombinos?
. . . .

■ ¿Cómo estaban distribuidas las culturas precolombinas?
. . . .

■ ¿Cuáles eran las culturas más importantes?
. . . .

■ ¿Cuáles fueron los avances más destacados de cada una?
. . . .

■ ¿Qué significó, en tu opinión, el encuentro de Europa con el Nuevo Mundo?
. . . .

■ Cuenta con tus propias palabras lo que has aprendido en los textos que acabas de leer.. . . . .

VAMOS A CONTAR HISTORIAS...

PRETEXTO

HISTORIAS DE MAFALDA

 PARA ACLARAR LAS COSAS:

→ *VOS = forma argentina equivalente a tú.*

→ *ME PRIVÓ DE FRANCO = me quitó el permiso de salida.*

→ *EL BIRRETE = la gorra militar.*

→ *ESTAR DE IMAGINARIA = estar de guardia.*

 PARA ACLARAR LAS COSAS:

→ *Reclamos* = *reclamaciones.*

 PARA ACLARAR LAS COSAS:

→ *El calefón* = *la caldera de la calefacción.*

 **CONTESTA A ESTAS PREGUNTAS:**

■ *¿Por qué no quiere la madre que Mafalda pregunte a su padre sobre la "mili"?*

. . . .

. . . .

■ *Según cuenta la madre de Mafalda, ¿cuál es el origen de la región?*

. . . .

. . . .

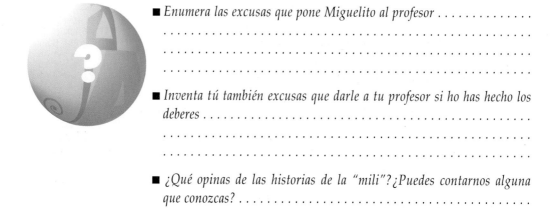

■ *Enumera las excusas que pone Miguelito al profesor* . . . .
. . . .
. . . .
. . . .

■ *Inventa tú también excusas que darle a tu profesor si ho has hecho los
deberes* . . . .
. . . .

■ *¿Qué opinas de las historias de la "mili"?¿Puedes contarnos alguna
que conozcas?* . . . .
. . . .
. . . .

CONTENIDOS GRAMATICALES

EL PLUSCUAMPERFECTO

El PLUSCUAMPERFECTO expresa una acción pasada, anterior a otra también pasada.

Ejemplos: ■ *Fuimos al restaurante navarro, pero ya* HABÍAN CERRADO.
■ *Cuando llegué a la tienda todavía no* HABÍAN ABIERTO.

En la lengua hablada el PLUSCUAMPERFECTO suele sustituirse por el INDEFINIDO, pero sólo cuando el contexto deja clara la idea de anterioridad.

Ejemplos: ■ *Aunque estaba viuda, llevaba el anillo que le* REGALÓ (HABÍA REGALADO)
su marido.
■ *Ayer vimos en la tele una película que ya* PUSIERON (HABÍAN PUESTO)
en el cine el año pasado.

pero:

■ *Cuando llegamos al cine, la película ya* HABÍA EMPEZADO.

no significa lo mismo que:

■ *Cuando llegamos al cine, la película* EMPEZÓ.

PRACTICAMOS LA GRAMÁTICA

I. PON LOS VERBOS EN *PLUSCUAMPERFECTO* O EN *INDEFINIDO*.

1. ■ ¿Sabes si Antonio ha salido al extranjero?
   ► Con 25 años todavía no (viajar) *ha viajado* a ningún país.
   ■ Pues a esa edad yo ya (ver) *había viajado* medio mundo.

2. ■ Antes de trabajar aquí yo ya (trabajar) *había trabajado* en otros sitios.
   ► En cambio yo estoy en paro desde que (terminar) *terminé* mis estudios.

3. ■ Cuando Íñigo regresó de su viaje le (decir/ellos) *dijo a ellos* que su hijo (ganar) *había ganado* un premio de investigación.
   ► No me extraña, *de tal palo tal astilla*.

4. ■ Una vez que todos (hablar) *habían hablado* yo (dar) *di* mi opinión.
   ► Tú siempre tan discreto.

5. ■ Cuando mis padres se casaron yo no (nacer) *había nacido*.
   ► Es lo único que te has perdido.

6. ■ Ayer, a las 12 (terminar/nosotros) *nosotros terminamos* el trabajo.
   ► Te llamé a las 11:45 y (contestar/tú) *no contestaste*.

7. ■ Cuando Jorge fue a comprar el jersey, ya lo (vender/ellos) *habían vendido lo*.
   ► ¡Qué faena! ¡Con lo que le gustaba!

8. ■ A las 9 los niños ya (dormirse) *dormían*.
   ► Es que tus hijos <u>duermen como troncos</u>.

9. ■ Cuando llegamos al aeropuerto el avión ya (salir) *había salido*.
   ► ¡Qué mala pata!

10. ■ Antes de casarse Alfonso siempre (vivir) *había vivido* con sus padres.
    ► Normal, tampoco (terminar) *había terminado* la carrera.

11. ■ Cuando me dormí María y Lisa no (volver) *habían vuelto*.
    ► Es que parece que viven en la discoteca.

12. ■ Cuando el Ministro (entrar) *entró* la reunión ya (terminar) *había terminado*.
    ► Entonces ¿para qué fue?

13. ■ Anteayer a las 11, nosotros aún no (levantarnos) *nos habíamos levantado*.
    ► ¡Menuda *resaca* teníais!

14. ■ Cuando llegó la policía, los ladrones ya (huir) *habían huido* *huyeron*.
    ► Claro, como *llevaba la sirena puesta*...

15. ■ Estábamos en noviembre y ya (florecer) *habían florecido* *los almendros*.
    ► Es que aquel invierno no (hacer) *hizo* nada de frío.

PARA ACLARAR LAS COSAS:

→ *DE TAL PALO, TAL ASTILLA* = *el hijo es igual que el padre.*

→ *TENER RESACA* = *lo que sentimos al día siguiente de haber bebido demasiado.*

→ *LLEVAR LA SIRENA PUESTA* = *la sirena estaba funcionando.*

→ *LOS ALMENDROS* = *normalmente florecen en enero.*

A. *Explica las palabras y frases subrayadas con ayuda de tu diccionario o preguntando a tu profesor/a.*

B. *Contextualiza las siguientes frases:*

- ¿Dónde había ido Íñigo de viaje? (3).
- ¿De qué crees que están hablando? (4).
- ¿Por qué perdieron el avión? (9).

II. PON EL VERBO QUE ESTÁ ENTRE PARÉNTESIS, EN UNA FORMA CORRECTA DEL PASADO:

Cuando (llegar/yo) *yo llegue* a mi casa, me (dar) *di* cuenta de que (robarme) *me habían robado*

La puerta (estar) *estaba* abierta y la casa totalmente revuelta. (Entrar/yo) *Entré* en el salón: (llevarse/ellos) *se habían llevado* el televisor, pero el tocadiscos (permanecer) *permanecía* intacto.

De igual modo, todos mis discos (estar) *estaban* en su sitio. En seguida (mirar/yo) *miré* en el dormitorio. Allí sí que (haber) *había* desorden. (Parecer) *Parecía* que (haber) *había habido* un terremoto: los cajones (estar) *estaban* abiertos y (haber) *había* ropa por el suelo. Seguramente (querer/ellos) *querían* encontrar en esa habitación dinero y joyas. (Comprobar/yo) *Comprobé* si me (faltar) *faltaba* algo y (ver) *vi* que sólo me (quitar/ellos) *quitaron* unos pendientes que (ser) *eran* de bisutería.

A continuación (llamar/yo) *llamé* a la policía, que (venir) *vinieron* en pocos minutos. (Tomar/ellos) *Tomaron* fotos de la casa, (buscar) *buscaron* huellas y me (hacer) *hicieron* algunas preguntas.

III. Subraya la forma verbal correcta.

Después de mucho pensar, (decidimos, decidíamos, habíamos decidido) ir a la casa que nuestros amigos tienen en el campo.

En realidad todos, unos por unas razones, otros por otras, (queríamos, habíamos querido, quisimos) desconectar de las prisas, la contaminación y los ruidos de la ciudad.

Como (quedamos, quedábamos, habíamos quedado) en salir lo antes posible para aprovechar el fin de semana al máximo, **nos (poníamos, pusimos, habíamos puesto) en carretera** el viernes por la tarde.
El viaje no (resultó, resultaba, había resultado) muy agradable porque (llovió, llovía, había llovido) **a cántaros** y se (vio, veía, había visto) muy mal, por lo que (fue, era, había sido) un poco peligroso.

(Tardábamos, tardamos, habíamos tardado) mucho pero (llegábamos, habíamos llegado, llegamos) bien, eso sí, muy cansados. (Tomábamos, tomamos, habíamos tomado) cualquier cosa y nos (íbamos, fuimos, habíamos ido) a dormir en seguida.

Al día siguiente todos nos (habíamos despertado, despertamos, despertábamos) muy temprano. Como casi no (habíamos cenado, cenamos, cenábamos), (estuvimos, estábamos, habíamos estado) muertos de hambre.

Alguien (iba, fue, había ido) a buscar pan recién hecho y (desayunábamos, habíamos desayunado, desayunamos) sin prisa, como (había hecho, hacía, hizo) mucho tiempo que no lo (habíamos hecho, hacíamos, hicimos).

El día (había amanecido, amaneció, amanecía) radiante después de la lluvia del día anterior. El campo (olía, olió, había olido) a campo, por eso (nos pusimos, poníamos, habíamos puesto) de acuerdo y todos (íbamos, fuimos, habíamos ido) a dar un gran paseo.

El camino (olía, olió, había olido) a **tomillo** y a **espliego**. Yo me (quedé, había quedado, quedaba) un rato más entre las **encinas** que me (traían, trajeron, habían traído) recuerdos de mi infancia.

La tarde (había pasado, pasó, pasaba) tranquila. Por la noche (encendimos, encendíamos, habíamos encendido) un gran fuego en la chimenea y entre la carne, las patatas asadas y unos buenos tragos de vino, **nos (daban, dieron, habían dado) las dos de la madrugada** "arreglando" el mundo. De nuevo (dormíamos, habíamos dormido, dormimos) como angelitos.

PARA ACLARAR LAS COSAS:

→ *PONERSE EN CARRETERA = comenzar un viaje.*
→ *LLOVER A CÁNTAROS = llover muchísimo.*
→ *TOMILLO Y ESPLIEGO = hierbas olorosas.*
→ *ENCINA = un tipo de árbol muy común en el centro de España.*
→ *DARLE A ALGUIEN LAS DOS DE LA MADRUGADA = llegar a las dos de la madrugada*
                                        y no darse cuenta del paso del tiempo.

IV. Así aprendemos a preguntar.

1. ¿.................................?
Desde que se divorció, creo.

2. ¿.................................?
Más o menos tres años, pero *no llevo la cuenta*.

3. ¿.................................?
Cuando estábamos de vacaciones.

4. ¿.................................?
La verdad es que *me quedé dormido*.

5. ¿.................................?
¡Puff! Hace *la tira de tiempo*.

6. ¿.................................?
Que era demasiado difícil y que no valía la pena.

7. ¿.................................?
Me enfadé y me fui a casa.

8. ¿.................................?
Porque *no* me apetecía *en absoluto*.

9. ¿.................................?
Claro que me molestó, me puso furioso.

10. ¿.................................?
Me quedé en casa y estuve arreglando papeles y poniendo un poco de orden.

PARA ACLARAR LAS COSAS:

→ *NO LLEVO LA CUENTA* = *no he contado los días exactamente.*

→ *ME QUEDÉ DORMIDO* = *a) no oí el despertador;   b) me entró sueño y me dormí.*

→ *LA TIRA DE TIEMPO* = *mucho tiempo.*

→ *NO...EN ABSOLUTO* = *nada de nada.*

ACTIVIDADES

I. ¿CULPABLE O INOCENTE?

En parejas o en pequeños grupos, elaborad la historia de Eduardo con los siguientes elementos.

1 Eduardo: chófer de un jeque árabe.

2 Situación económica: cómoda: 2 casas, 2 coches, muchos viajes al extranjero.

3 Muy buena relación con la familia del jeque; sobre todo, con la hija mayor.

4 Un día el jeque aparece muerto.

5 Se sospecha de Eduardo.

¿Es culpable o inocente? Justificad vuestras respuestas.

II. ROMPECABEZAS.

En parejas o pequeños grupos, ¿podéis poner un poco de orden en estas frases?

A	1	I
Una anciana que volvía a casa al anochecer...	... se manifestaron por las calles...	... que era necesaria una política de ahorro.
B	2	II
En el transcurso de un mitin, el jefe de la oposición...	... declaró en una entrevista hecha en TV...	... la política del Gobierno.
C	3	III
Los estudiantes de Económicas...	... puso una denuncia a sus vecinos...	... que le robaron el bolso.
D	4	IV
Un ganadero salmantino...	... atacó violentamente...	... para exigir mayor calidad en la enseñanza.
E	5	V
El Ministro de Hacienda...	... fue agredida por dos jóvenes...	... porque le robaron varias ovejas.

III. VAMOS A CONTAR UN CUENTO.

En parejas o pequeños grupos elaborad un relato, cuento o historia, con los siguientes elementos:

- Para empezar: *Érase una vez...*
- Para terminar: ...*Y colorín colorado, este cuento se ha acabado.*

QUIÉN	DÓNDE	CUÁNDO
El/la protagonista	El país/la región etc.	La época/costumbres etc.

QUÉ PASÓ	QUÉ HIZO	¿TUVO AYUDAS?
Dificultades, problemas del/de la protagonista	Cómo resolvió esos problemas	¿De quién? Un hada, un animal una bruja...otros.

EL FINAL

VOCABULARIO

UNA MALA NOCHE

Completa los huecos con las palabras del recuadro.

> *significado, la ventana, una playa, enorme, un teléfono, un mes, la persona, un armario, una habitación, su casa, frutas, un sueño, los ojos.*

Hace más o menos ....tuve ....muy extraño.
Me encontraba en.......................de un sitio que parecía un hotel.
Todo era rarísimo. La cama estaba dentro de ....
empotrado. En el centro del dormitorio había un frigorífico
.... Lo abrí y estaba lleno de ....que
yo no conocía. Había una terraza y me asomé a ....
Vi .... ; la arena era de color azul oscuro y el mar era
marrón. Entré en la habitación y vi .... ; lo descolgué
y pregunté a .... que me respondió: "Por favor,
¿dónde estoy?" "En .... , Sr. Vidal, ¿le ocurre algo?".
Inmediatamente me desperté. Abrí ....y me di
cuenta de que, efectivamente, estaba en mi casa.
Últimamente me he preguntado varias veces qué ....
oculto puede tener este sueño.

VOCABULARIO COTIDIANO

Escoge las palabras del recuadro para completar estas frases:

> *las maletas, a caballo, la mesa, un bolígrafo, anocheciendo, el fregadero, la guitarra, la luz, una percha, el café, la cama, a punto de.*

1. ■ ¿Has hecho ya ....? El avión sale dentro de cuatro horas.

2. ■ ¡Qué desordenado eres! Cuelga tu chaqueta en ....

3. ■ ¿Puedes encender ....? Está .... y no se ve bien.

4. ■ ¿Puedes prestarme ....? El mío ya no escribe.

5. ■ .... quita el sueño a muchas personas.

6. ■ ¿Me ayudas a poner ....? Los invitados están .... llegar.

7. ■ Ayer se atascó .... ; no pude fregar hasta que llegó el fontanero.

8. ■ Λ mi cuñado le encanta montar ....

9. ■ Anoche me quedé tocando .... hasta las cuatro.

10. ■ No me encuentro bien.

    ► Pues vete a .... ahora mismo.

EXPRESAR TIEMPO

1 ▶ Para referirnos *al principio* de un hecho usamos:

$$\textbf{Desde} \quad + \quad \begin{array}{l} \text{día, mes, año.} \\ \text{fecha} \\ \text{sustantivo} \\ \text{que nací} \end{array}$$

Ejs.:
- ■ Estamos aquí *desde* el lunes /marzo /1986.
- ■ El paquete está en Correos *desde* el 21 de junio.
- ■ *Desde* la caída del muro de Berlín, sólo hay una Alemania.

2 ▶ Para referirnos a la *cantidad global* de tiempo usamos:

$$\text{verbo } \textbf{llevar,} \text{ en} \quad \begin{array}{l} \text{presente} \\ \text{imperfecto} \end{array} \quad + \quad \begin{array}{c} \text{cantidad} \\ \text{de} \\ \text{tiempo} \end{array} \quad + \quad \begin{array}{l} \text{lugar} \\ \text{actividades} \\ \text{gerundio} \\ \text{participio / adjetivo} \end{array}$$

Ejs.:
- ■ *Llevo* un año y medio aquí, en Cáceres.
- ■ *Llevo* 20 años de profesora.
- ■ *Llevo* muchos años pensando en dejar de trabajar.
- ■ *Llevo* 6 años divorciado / enfermo.

Para expresar la *forma negativa* usamos:

$$\text{verbo } \textbf{llevar,} \text{ en} \quad \begin{array}{l} \text{presente} \\ \text{imperfecto} \end{array} \quad + \text{ sin } + \text{ infinitivo } + \text{ cantidad de tiempo}$$

Ejs.:
- ■ *Llevo* casi *tres* años *sin fumar*.
- ■ Ya no recuerdo cuánto tiempo *llevo sin ir al teatro*.
- ■ *Llevaba un mes sin verlos* y ayer me los encontré casualmente por la calle.

Desde es enfático, se puede eliminar si la actividad de la que hablamos se está produciendo en el momento de hablar.

> (Desde) hace + cantidad de tiempo.

Ejs.:
- ■ Estoy aquí *(desde)* hace seis meses (todavía estoy).
- ■ No, estas botas no son nuevas, las tengo *(desde)* hace, por lo menos, un año.
- ■ Leí ese libro hace un año*.

  (Aquí no podemos usar "desde", porque no estoy leyendo en el momento de hablar).

En este caso nunca podemos usar **desde**.

> Hace + cantidad de tiempo + que + frase.

Ejs.:
- ■ *Hace seis meses que* estoy aquí.
- ■ *Hace* por lo menos *un año que* tengo estas botas.

Si nos referimos al pasado, usamos **hacía**.

Ejs.:
- ■ *Hacía* 2 *semanas que* había empezado a trabajar cuando quebró la empresa.

3 Para referirnos a una acción futura desde el presente.

　　　　Dentro de + cantidad de tiempo.

Ejs.:　■ Me iré de vacaciones *dentro de 3 días*.
　　　　■ *Dentro de poco v*eremos grandes cambios.

4 Para relacionar dos hechos pasados usamos:

　　　　Al cabo de + cantidad de tiempo.

Ejs.:　■ Llegué a Málaga y, *al cabo de dos meses*, encontré trabajo.
　　　　■ Se conocieron en una fiesta y *al cabo de unas semanas*, montaron un negocio.

　　　　Cantidad de tiempo + después.

Ejs.:　■ Llegué a Málaga en Septiembre y, *tres meses después*, encontré trabajo.
　　　　■ Se conocieron en una fiesta y, *unas semanas después*, montaron un negocio.

　　　　Al día / a la semana / al mes / al año siguiente.

Ejs.:　■ Llegué a Málaga en Septiembre y *al mes siguiente* encontré trabajo.
　　　　■ Nos conocimos por casualidad y volvimos a encontrarnos *al día siguiente*.

TRES EJERCICIOS GRAMATICALES

I. COMPLETA LOS ESPACIOS EN BLANCO:

1. Te estoy esperando .... una hora, no sé por qué no me he ido.
2. Vivimos aquí .... el mes pasado.
3. .... unos días sabremos el resultado de todo esto.
4. ¿Cuánto tiempo .... de camarero?
5. .... demasiado tiempo....................... no sales y te diviertes, eso no es bueno.
6. Lo conocí el domingo en la discoteca y .... me invitó a salir.
7. Me encanta nadar, pero .... ir a la playa más de un mes porque no tengo tiempo.
8. .... más de seis meses .... no los veo.
9. ¿Cuánto tiempo .... dejaste de fumar?
10. .... más de un año buscando trabajo y no lo encuentra.
11. Está lloviendo .... una semana.
12. Este coche es una maravilla, lo compramos ....cinco años y hasta ahora no ha tenido averías.
13. Y vosotros, ¿ .... estáis estudiando español?
14. ....3 meses .... no los veía y me los encontré casualmente por la calle.
15. (Yo) .... un mes escayolada, ¡estoy harta!

II. Haz la pregunta:

1. ¿..? Desde que nací.

2. ¿..? Más o menos quince años.

3. ¿..? Dentro de un mes.

4. ¿..? Desde Mayo del año pasado.

5. ¿..? Hace siete años aproximadamente.

III. Completa con las expresiones de tiempo necesarias:

1. Llegué a esta ciudad sin conocer a nadie y .... ya tenía varios amigos.

2. ....seis meses que había empezado a trabajar cuando la nombraron jefa del equipo.

3. (Nosotros) .... (preparar) varias semanas la fiesta, así que tiene que salir bien.

4. No veo a Meli .... el mes de agosto.

5. Tenemos tiempo todavía para estudiar, el examen será .... dos semanas.

6. Robó 360 millones de pesetas y .... desapareció.

7. ¿Tú sabes cuánto tiempo (yo) .... (esperar)? ¡Eres un informal!

8. .... solamente un mes que hemos terminado de pagar el préstamo.

9. (Ella) .... enferma varias semanas y no puede salir a la calle.

10. Estoy esperando tu llamada .... la semana pasada.

11. .... que te vi supe que eras tú la persona a la que estaba esperando.

12. No sé qué les pasa a estos chicos, ... tres meses .... escribirme, antes lo hacían cada mes.

13. Lo operaron de apendicitis y .... lo enviaron a casa.

14. Vivo aquí .... dos años y hasta ahora nunca te había visto.

15. Me vine a vivir a Málaga .... cuatro años y ya me siento malagueña.

COMO LO OYES

UNA FUGA SINGULAR

Contesta a estas preguntas después de oír la grabación:

1 ¿Cuándo se fugó el preso?...

2 ¿Cómo lo hizo?...

3 ¿Por qué pudo escaparse tan fácilmente?...

4 ¿Qué usó para salir de la cárcel?...

5 ¿Qué ocurrió con la hermana?..

> **PARA ACLARAR LAS COSAS:**
> → Preso preventivo = *preso que no ha sido juzgado todavía.*

₤SCRIBE

IMAGINA...

Era una mañana fría de Diciembre. Juan iba por la calle sin fijarse en nada ni en nadie. Estaba preocupado. Hacía algunos días que había ido a comer con Elisa, su novia, a un restaurante pequeñito y acogedor; lo pasaron estupendamente. Después fueron al apartamento de ella, que era fotógrafo profesional, para ver sus últimas fotos.

Decidieron ir al cine, a la sesión de las 7. A la salida Juan acompañó a Elisa a su casa. Él se marchó directamente a la suya porque al día siguiente tenía que ir más temprano de lo habitual a la oficina.

Aquel día Juan esperó a su novia, como siempre, en el Café Central, pero ella no acudió. La llamó por teléfono pero nadie contestó.

Se dirigió a su casa, tocó el timbre, pero nadie abrió.
Como tenía una copia de la llave, entró en el apartamento. Todo estaba en perfecto orden y no faltaba nada. Volvió a su casa muy preocupado.

Al día siguiente, ya que no conseguía encontrarla, fue a la policía a informar de su desaparición.

Hoy se ha levantado. Hace una mañana fría. Va preocupado al trabajo y se pregunta: ¿qué le ha ocurrido a Elisa?

> **1** *Termina esta historia en 30 o 40 líneas y usando tu imaginación. Elige un final cómico, trágico, policíaco, etc.*
>
> **2** *O bien, imagina el diálogo entre Juan y el policía.*

₤LEE

MIGUEL DE CERVANTES

Lo conoces ¿verdad? Es el autor de "El Quijote", pero no sólo escribió un libro de historias, su propia vida fue una aventura.

Nació en Alcalá de Henares (Madrid) en 1547.
Su padre era cirujano. Vivió en varias ciudades españolas.
Cuando tenía 22 años, marchó a Italia y participó en la batalla de Lepanto, contra los turcos.
Una herida le dejó el brazo inútil. De ahí su famoso sobrenombre: *El manco de Lepanto*.

En 1575, cuando volvía a España con su hermano Rodrigo, su barco fue apresado por piratas turcos, que lo llevaron a Argel, donde pasó 5 años *en cautiverio*.

Lo rescataron unos frailes, que pagaron por él una fuerte suma, y regresó a España.

Una vez en su país, intentó hacerse famoso escribiendo obras de teatro, pero no lo consiguió.

Se casó a los 37 años; su matrimonio no fue feliz.

A causa de una desgraciada operación *financiera*, fue encarcelado en Sevilla.

En 1604
se trasladó a Valladolid
y publicó
"El Quijote"
en 1605.

"El ingenioso hidalgo Don Quijote de la Mancha"

Éste es el título completo de la obra española que se ha editado más veces y que ha sido traducida a todas las lenguas cultas del mundo.

Con esta novela, Cervantes quiso hacer una sátira de los muchos libros de caballería que se leían entonces (eran como nuestras novelas policiacas de ahora). Sin embargo lo que consiguió fue hacer una interpretación de lo humano. O sea, que el resultado superó al pretexto.

Los protagonistas, don Quijote y su *escudero* Sancho Panza, representan respectivamente, el impulso ideal y el *tosco* sentido común, que se reparten en el corazón del ser humano.

Don Quijote no ve la realidad, sino lo que inventa su fantasía. Es un modelo humano dominado por la fe, el amor y el deseo de libertad y justicia. Sancho es lo contrario: tosco y *glotón*, y no entiende las fantasías de su señor, pero lo sigue con ejemplar fidelidad.

Aquí te presentamos uno de los fragmentos más famosos.

LA AVENTURA DE LOS MOLINOS.

En esto, descubrieron treinta o cuarenta molinos de viento que había en aquel campo, y en cuanto D. Quijote los vio, dijo a su escudero:

- Allí, amigo Panza, se descubren treinta o poco más **desaforados** gigantes, con quienes pienso luchar y quitarles las vidas, que ésta es una buena guerra y es gran servicio a Dios.
- ¿Qué gigantes? - dijo Sancho Panza.
- Aquellos que allí ves - respondió su amo- de los largos brazos.
- Mire **vuestra merced** - respondió Sancho - que aquellos que allí aparecen no son gigantes, sino molinos, y lo que en ellos parecen brazos son las aspas.
- Bien parece - respondió D. Quijote - que no estás cursado en esto de las aventuras, ellos son gigantes; y si tienes miedo, quítate de ahí, que yo voy a entrar con ellos en fiera y desigual batalla.

Y diciendo esto, espoleó a su caballo, sin atender a las voces que su escudero Sancho le daba, advirtiéndole que, sin duda alguna, eran molinos de viento y no gigantes aquellos que iba a atacar. Pero él estaba tan seguro de que eran gigantes, que ni oía las voces de su escudero ni veía, aunque estaba ya cerca, lo que eran.

Se levantó en esto un poco de viento y las grandes aspas comenzaron a moverse; viendo esto, se encomendó a su señora Dulcinea, arremetió a todo galope de Rocinante y embistió en el primer molino que estaba delante y, cuando dio una lanzada en el aspa, la volvió el viento con tal fuerza , que hizo pedazos la lanza y lanzó al caballo y al caballero rodando por el campo.

Acudió Sancho Panza a socorrerle a todo correr de su asno y, cuando llegó, encontró que no se podía mover.

- ¡Válgame Dios! - dijo Sancho - ¿no le dije yo que no eran sino molinos de viento?
- Calla, amigo Sancho, que las cosas de la guerra están, más que otras, sujetas a continuo cambio. Más pienso yo que aquel sabio Frestón, que me robó los libros, ha cambiado estos gigantes en molinos, para quitarme la gloria de vencerlos.

Y, ayudándole a levantarse, volvió a subir sobre Rocinante que medio deshecho estaba; y siguieron el camino de Puerto Lápice, porque allí, decía D. Quijote que era posible encontrar muchas y diversas aventuras. *(Texto adaptado).*

" *Don Quijote de la Mancha* "
Miguel de Cervantes Saavedra.

PARA ACLARAR LAS COSAS:

→ *CAUTIVERIO = la prisión, la cárcel.*

→ *FINANCIERO/RA = relativo al dinero.*

→ *LIBROS DE CABALLERÍA = libros que contaban las aventuras de los caballeros valientes y atractivos; eran muy leídos en la época.*

→ *ESCUDERO = ayudante del caballero.*

→ *TOSCO = vulgar, ordinario.*

→ *GLOTÓN = que come mucho.*

→ *DESAFORADOS = que actúan sin ley, sin control.*

→ *VUESTRA MERCED = es el origen del actual "usted".*

1. DINOS CON OTRAS PALABRAS:

■ *Una herida le dejó el brazo inútil, de ahí su famoso sobrenombre.*
  Quedo Manco de una batalla

■ *El resultado superó al pretexto.*

■ *Sancho sigue a su señor con ejemplar fidelidad.*

■ *En esto, descubrieron 30 o 40 molinos de viento.*
  encontraron muchos molinos

■ *Bien parece, Sancho, que no estás cursado en esto de las aventuras.*

2. DANOS SINÓNIMOS DE:

■ *Rescatar* . . . . . Salvar
■ *Fuerte suma.* mucho dinero
■ *Hacer una sátira.* Burlarse
■ *Arremeter.* . . Caer
■ *Hacer pedazos.* romper
■ *Socorrer.* . . . .

3. CONTESTA A ESTAS PREGUNTAS:

■ *¿Qué aventuras sufrió Don Quijote?*

■ *¿Qué diferencia hay entre Don Quijote y Sancho?*

■ *¿Cómo identifica Don Quijote a los gigantes?*

■ *¿Cómo se desarrolla el encuentro entre Don Quijote y los "gigantes"?*

■ *¿De qué manera justifica el caballero su derrota?*

VAMOS A HABLAR DEL FUTURO...

PRETEXTO

¿POR QUÉ DEJARLO?

Hay muchas y muy diferentes razones para dejar el tabaco. Algunas de las más importantes están incluidas en esta lista. Léela detenidamente y, a continuación, numéralas según la importancia que des a cada motivación.

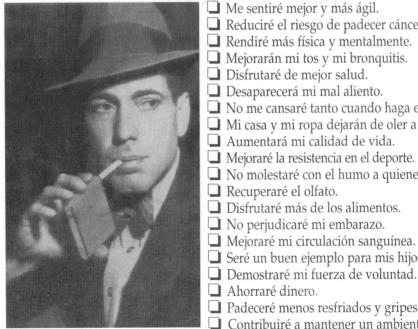

- ❑ Me sentiré mejor y más ágil.
- ❑ Reduciré el riesgo de padecer cáncer de pulmón.
- ❑ Rendiré más física y mentalmente.
- ❑ Mejorarán mi tos y mi bronquitis.
- ❑ Disfrutaré de mejor salud.
- ❑ Desaparecerá mi mal aliento.
- ❑ No me cansaré tanto cuando haga esfuerzo físico.
- ❑ Mi casa y mi ropa dejarán de oler a tabaco.
- ❑ Aumentará mi calidad de vida.
- ❑ Mejoraré la resistencia en el deporte.
- ❑ No molestaré con el humo a quienes me rodean.
- ❑ Recuperaré el olfato.
- ❑ Disfrutaré más de los alimentos.
- ❑ No perjudicaré mi embarazo.
- ❑ Mejoraré mi circulación sanguínea.
- ❑ Seré un buen ejemplo para mis hijos.
- ❑ Demostraré mi fuerza de voluntad.
- ❑ Ahorraré dinero.
- ❑ Padeceré menos resfriados y gripes.
- ❑ Contribuiré a mantener un ambiente más limpio.

LA VOLUNTAD PUEDE AL TABAQUISMO

En la subida de los precios del tabaco los fumadores encontrarán un aliciente más para dejar de fumar. Sin embargo, muchos de ellos continuarán con tan insano *vicio*, a pesar de desear en más de una ocasión, normalmente cuando su organismo se resiente de los varios *efectos nocivos* del tabaquismo, no haber contraído semejante hábito.

Muchos fumadores realizan intentos para desintoxicarse, pero, ¿cómo pueden dejar de fumar si la ansiedad nos inquieta -dicen- y nos inclina a reincidir en el vicio?

Es sabido que los psicólogos han propuesto miles de recetas para hacer que millones de fumadores dejen de serlo, aunque los resultados positivos han sido insignificantes y, en todo caso, costosos económicamente para aquellos pacientes que deciden someterse a las terapias.

Por mi parte, propongo el método que me ha hecho desistir definitivamente del tabaco: la voluntad.

En la actualidad tengo 22 años, y fumé asiduamente desde los 11. Hará más de un mes que decidí no fumar nunca más, y en ese rotundo juicio mío influyeron: el malestar de mi cuerpo, la traqueotomía que hace varios años le realizaron a mi padre. Y la decisión de mi voluntad.

¿No pueden hacer lo mismo millones de humanos, hombres y mujeres fumadores?

Martín Ruiz Calvente
(Granada)
El País 28-01-1993.

PARA ACLARAR LAS COSAS:

→ VICIO = *hábito, costumbre poco saludable.*

→ EFECTOS NOCIVOS = *efectos que hacen daño, que perjudican.*

1. DANOS SINÓNIMOS DE:

■ *Rendir*...............................
■ *Recuperar*..........................
■ *Padecer*.............................
■ *Reducir*..............................
■ *Perjudicar*..........................
■ *Contribuir*..........................

2. CONTESTA A ESTAS PREGUNTAS:

Tanto si eres fumador como si no, haz lo que dice la cabecera.

■ *¿Cuándo quieren dejar de fumar los fumadores?* ....
....

■ *¿Por qué no funcionan sus intentos?* ....
....

■ *Fumador: enumera una serie de razones para seguir fumando.* ....
....

■ *No fumador: ¿qué te molesta de los fumadores?* ....
....

CONTENIDOS GRAMATICALES

LAS EXPRESIONES DEL FUTURO

¿Recuerdas?

En la Unidad 1 vimos que el presente nos sirve para expresar el futuro:

A presente **+** marcadores de tiempo
- mañana / pasado mañana ....
- dentro de ....
- la semana / el mes / el año ... que viene.
- luego / después / más tarde
- ¿a qué hora...?
- ¿cuándo...?
- En Navidades.../ en Semana Santa...

También podemos usar:

B presente de *ir* **+** a **+** infinitivo

Ejs.: ■ *Este fin de semana voy a ordenar mis papeles.*
■ *¿Qué vas a hacer de comida?*
■ *Aquí no va a pasar nada.*

C presente de *pensar* **+** infinitivo

Ejs.: ■ *¿Vas a ir a cenar con ellos? Yo, sí.*
■ *Pues yo no pienso ir.*
■ *A partir de ahora pienso cambiar de actitud.*
■ *¿Cómo piensas evitar las críticas de tus enemigos?*

Cada una de estas posibilidades da un matiz diferente a las frases:

Ir a **+** infinitivo
Se prefiere para lo que tenemos planeado, organizado.
Para el hablante parece más inmediato.

Pensar **+** infinitivo
Insiste en la intención de hacer o no las cosas.

D Y en esta unidad aprendemos que hay una forma propiamente de futuro.

EL FUTURO SE USA

1 PARA PREDICCIONES

Ejs.:
■ *El próximo fin de semana bajarán las temperaturas y nevará por encima de los 1.000 m.*
■ *A finales de año cambiará radicalmente su vida.*

2 PARA HECHOS QUE CREEMOS TENER MUY CLAROS

Ejs.:
■ *Yo nunca subiré en avión.*
■ *Siempre estaré a tu lado.*

Observa que en la publicidad se usa el futuro para asegurar que ocurrirá lo que dice el anuncio.

Ejs.: ■ Con nuestros cursos *aprenderás* en tu propia casa.
Te *bastará* con una sola hora diaria. Tú *marcarás* los horarios.

■ Si usa nuestros productos, no *sentirá* habernos elegido.

E   L   F   U   T   U   R   O   S   E   U   S   A

3 PARA POSPONER COSAS QUE NO DESEAMOS
REALIZAR EN ESE MOMENTO,
O PARA INDICAR DISGUSTO

Ejs.:
■ *Mamá, ¿vas a comprarme el ordenador?*
Ya veremos hijo, ya veremos.
■ *¿Cuándo iremos al circo?*
Un día de estos iremos.
■ *¿Puedes llevarme el abrigo a la tintorería?*
¡Vaaaale!, esta tarde lo llevaré, ¡qué pesada!

4 PARA PREGUNTAR Y RESPONDER CUANDO QUEREMOS
TRANSMITIR INSEGURIDAD.
POR ESO SUELE IR DETRÁS DE:
No sé si /Creo que/Supongo que/Seguramente.

Ejs.:
■ *¿Cuándo volverás a tu país?*
No sé cuándo volveré. / No sé si volveré. /
Seguramente volveré en diciembre.
■ *Supongo que ya sabrás la noticia, ¿no?*

Observa que si preguntamos : *¿Qué vas a hacer después de clase?*, creemos que la persona tiene planes. Pero si preguntamos : *¿Qué harás después de clase?*, imaginamos que no los tiene.

E   L   F   U   T   U   R   O   S   E   U   S   A

5 PARA EXPRESAR **DUDA, PROBABILIDAD, INEXACTITUD**, REFERIDAS AL PRESENTE

Ejs.:
■ *¿Cómo será el nuevo jefe?*   ■ *¿Cuántos años tiene?* ▶ *No sé, tendrá 40.*

Compara:

■ ¿Qué hora *es*?
Son las cinco.

■ ¿Cómo *es* el nuevo jefe?
Es como todos.

■ ¿Dónde *está* mi pluma?
Está en tu bolso.

■ ¿Qué hora *será*?
Serán las cinco.

■ ¿Cómo *será* el nuevo jefe?
Será como todos.

■ ¿Dónde *estará* mi pluma?
Estará en tu bolso.

G **I**

I . TRANSFORMA EL INFINITIVO EN UNA FORMA CORRECTA DEL FUTURO:

1. ■ ¿Qué (hacer/tú) ....*harás*........ con el dinero que te ha tocado a la lotería?
  ► No lo sé todavía, supongo que (pagar/yo) .....*pagaré*........ algunas deudas y (meter)
  ....*meteré*............... el resto en el banco.

2. ■ ¿Es cierto que vais a casaros?
  ► Sí, nos (casar) ...*casamos*...en agosto y (tener) ...*tendremos*...un hijo en seguida.

3. ■ Juan no sabe lo de la reunión.
  ► No te preocupes. Yo se lo (decir).....*diré*...............

4. ■ ¿Cuándo (poder) ....*puedo*..........cenar?
  ► Lo (tener/yo) ....*tendré*........ todo listo dentro de 20 minutos.

5. ■ Han invitado a Alberto a la fiesta?
  ► Es igual, seguro que no (querer/él) .....*querrá*..... venir, es un muermo.

6. ■ Oye, ¿dónde está mi agenda?
  ► (Estar) ......*estará*.... en cualquier parte, ¡eres tan desordenado...!

7. ■ ¿Han terminado ya el Palacio de Congresos?
  ► Sí, y (venir) ....*vendrá*.......... la Ministra de Transportes a inaugurarlo.

8. ■ ¿Tienes el último libro de *Juan José Millás*?
  ► No, ayer fue la presentación, pero no (salir) .....*saldrá*.....hasta dentro de un mes.

9. ■ Esta noche vamos a un concierto, *¿te apuntas?*
  ► No sé si (poder/yo) ......*puedo*..........., tengo mucho que hacer.

10. ■ ¡Es impresionante el número de *parados* que hay!
  ► Desde luego, y con esta política económica cada día (haber) .... más.

11. ■ ¡No te vayas!
  ► (Volver/yo) ....pronto.

12. ■ ¿Me (hacer/tú) .... ese favor?
  ► Yo (intentar) .... hacer todo lo posible.

13. ■ No (querer/tú) .... hacerme creer que no sabías nada, ¿verdad?
  ► Pues no, no sabía nada.

14. ■ ¿Me (ayudar/tú) .... o no?
  ► No, (tener) ....que resolverlo tú solito.

15. ■ No (pensar/tú) .... que voy a hacerte yo los deberes.
  ► ¡Anda, por favor! Sólo un poquito.

→ **PARA ACLARAR LAS COSAS:**

→ *J. J. MILLÁS = famoso novelista actual.*

→ *¿TE APUNTAS? = ¿quieres venir con nosotros?*

→ *PARADOS = personas que no tienen trabajo.*

II. TRANSFORMA EL INFINITIVO EN UNA FORMA CORRECTA DEL FUTURO

Muchos escritores , hoy día, tratan el género de la ciencia ficción. La mayoría de ellos presenta una visión bastante pesimista para el futuro de la humanidad y de nuestro planeta.

Los rasgos comunes que solemos encontrar son que, *de aquí a unos años* , nuestro planeta (convertirse) *se convertirá* en un caos. (Haber) *Habrá* cambios climáticos que (hacer) *hará* inhabitable la tierra. La crisis energética y monetaria (ser) *será* tremenda.

Debido a las deficiencias en los sistemas de transportes y a la circulación automovilística (volver/nosotros) *volveremos* a utilizar caballos y otros animales, que (encargarse) *encargarán* también de los trabajos agrícolas.

(Surgir) *surgirán* nuevos tipos de enfermedades a las que los científicos no (poder) *podrán* encontrar soluciones rápidas.

Para algunos de estos autores , las soluciones a estos problemas las (aportar) *aportarán* los extraterrestres, que nos (transportar) *transportarán* en naves espaciales a otras galaxias.

Para otros (haber) *habrán* un gran cataclismo en la tierra y, únicamente, (salvarse) *se salvarán* los más fuertes, que (tener) *tendrán* que crear un mundo nuevo, *partiendo de cero*.

En cuanto a la alimentación, las píldoras (sustituir) *se sustituirán* la comida , con lo que (desaparecer) *desaparecerá* el placer de comer, que (reducirse) *reducirán* a una *mera necesidad*. Los niños (nacer) *nacerán* en laboratorios, de padres-probeta, y (salir) *saldrán* más inteligentes; por otro lado, se (desechar) *desechará* de la sociedad a los "inútiles": personas de avanzada edad o con alguna minusvalía.

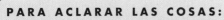

¿(Ser) *será* un mundo feliz?

→ **PARA ACLARAR LAS COSAS:**

→ *DE AQUÍ A UNOS AÑOS* = *dentro de unos años.*

→ *DEBIDO A* = *a causa de.*

→ *PARTIR DE CERO* = *empezar desde el principio.*

→ *MERA NECESIDAD* = *simple necesidad.*

III. CONTESTA A LAS PREGUNTAS; NO ESTÁS SEGURO/-A DE LA INFORMACIÓN

1. ¿Por qué tiene esa cara?
Tal vez no habrá dormido

2. ¿Está lejos esa ciudad?
Estara a 20 millas

3. ¿Por qué no viene a clase?
Estara enfermo

4. ¿Has visto mis llaves?
Estaran en la mesa

5. ¿Por qué están en huelga?
No les estaran pagando

6. ¿Por qué va tan abrigado?
Tendra frio

7. ¿Quién es ese tipo tan raro?
Sera el vecino

8. ¿Por qué lleva paraguas si no llueve?
Podra lluvar por la tarde.

9. Carlos, tienes un regalo encima de la mesa.
¿*De quien sera*?

10. ¡Qué raro! El autobús todavía no ha llegado.
Estaran en trafico

11. ¿Cuántos años tiene tu profesor?
Tendra 40

12. ¿Has visto a Julio? ¿Dónde está?
Estara dormiendo

13. ¿Cuánto gana el presidente del Gobierno?
Ganara 1 millon

14. ¿Sabes cuánto cuesta un *Mercedes*?
Costara 5 mill$

15. Me voy a Australia.
¿Tú sabes cuánto se tarda de Madrid a Sidney?
Tardara unos dias

IV. APRENDE A HACER PREGUNTAS

1. ¿.......................................?
Me ha dicho que llegará sobre las 7.

2. ¿.......................................?
Yo no pienso pedirle perdón.

3. ¿.......................................?
Haré una tortilla de patatas y,
de segundo, un pescado a la plancha.

4. ¿.......................................?
Bueno, vale, te ayudaré.

5. ¿.......................................?
Creo que irán a Palma de Mallorca.

6. ¿.......................................?
Porque mañana *tenemos examen*.

7. ¿.......................................?
Claro que sí, ahora mismo lo hago.

8. ¿.......................................?
Tendrá 25 años.

9. ¿.......................................?
No, porque han dicho que va a llover.

10. ¿.......................................?
Estará listo la semana que viene.

→ PARA ACLARAR LAS COSAS:

→ DE SEGUNDO= *recuerda que para pedir la comida en un restaurante se dice "de primero",*
"de segundo", "de postre".

→ TENEMOS EXAMEN = *hacemos, tenemos exámenes, no "tomamos exámenes".*

→ ESTAR LISTO = *estar preparado. Ser listo = ser inteligente.*

ꟼACTIVIDADES

I. FUTUROS PUBLICISTAS

En parejas o pequeños grupos, leed estos anuncios. Siguiendo más o menos el modelo elaborad
vosotros mismos la publicidad de: un colador, un matamoscas, un detergente, una almohada...

CADA VIERNES CAERÁS EN LA TENTACIÓN

TENDRÁN UNA CASA
PARA TODA LA VIDA

En el futuro no estará todo por las nubes.

II. ¿EL MUNDO PROGRESA?

Comenta con tus compañeros lo que te sugiere esta información:

III. Debate

En parejas o pequeños grupos, leed la entrevista con el científico y comentad si estáis de acuerdo o no con sus opiniones.

Pregunta: A su juicio, ¿la historia enseña que cualquier cosa que se puede hacer se acaba haciendo?

Respuesta: Sí, creo en eso. Rotundamente, sí. Hay que crear conciencia, hay que culturizar, pero todo lo que se puede hacer, se hace...

P.:   Se refiere usted a que las abuelas puedan tener hijos o a que los padres puedan elegir el sexo de sus hijos...

R.:   Eso está ahí, hará falta una nueva ética , pero eso está ahí. Y está ahí a pesar de que hay jueces que niegan a una mujer poder elegir el sexo de su hijo aunque tenga ya cuatro varones. Pero, ¡hombre! ¿por qué no va a poder elegir esa mujer el sexo de su quinto hijo?, ¿qué tiene eso de falta de ética?
Por lógica todo eso irá desapareciendo poco a poco. Claro que será necesaria una nueva ética, pero deberá ir unida a la culturización, a un mayor conocimiento de la ciencia.

P.:   Pero hasta ahora los científicos no han hablado de moral, parecía que sólo estaban preocupados por sus logros, sus descubrimientos, sin preocuparse de las consecuencias que podían tener.

R.:   Es cierto. Pero cada vez hablamos más de ética los científicos.
Dentro de poco tenemos una reunión internacional que organiza la Academia Europea de Ciencias y Letras, de la que soy miembro, una entre muchas de las que tenemos en las que hablamos de ética.

P.:   ¿Qué opina de la píldora de la felicidad? ¿Cree usted que podremos predeterminar químicamente nuestros estados de ánimo?

R.:   Creo que, en el futuro, podremos ser felices gracias a las píldoras, ¿por qué no? Hoy día sabemos que la memoria tiene un fundamento químico, ¿por qué no va a tenerlo la felicidad?
En cuanto a la segunda parte de su pregunta, pues sí, creo que se podrá y me parece que no hay nada malo en ello.

⌐VOCABULARIO

I. EXPLICA QUÉ ES

Ej.: **Probeta**: *frasco de cristal que se utiliza en los laboratorios.*

1. Vegetación : ....

2. Capa de ozono : ....

3. Laboratorio : ....

4. Extraterrestre : ....

5. O.V.N.I. : ....

II. AÑADE 3 PALABRAS A CADA GRUPO

	1	2	3
A fútbol, montañismo…	....	....	....
B cama, silla, mesa…	....	....	....
C vaso, plato, cuchara…	....	....	....
D guitarra, saxofón…	....	....	....
E matemáticas, geografía…	....	....	....
F pescado, verdura…	....	....	....
G ojos, corazón…	....	....	....
H jersey, chaqueta…	....	....	....
I coche, avión, barco…	....	....	....
J margarita, clavel…	....	....	....

⌐RECUERDA

LOS COMPARATIVOS

1. Más ....que Ejs.: José es *más* alto *que* Luis.
José tiene *más* dinero *que* Luis.

2. Menos ....que Ejs.: José es *menos* alto *que* Luis.
José tiene *menos* dinero *que* Luis.

3.

tan +	adjetivo + como adverbio

Ejs.: José es *tan* alto *como* Luis.

José vive *tan* lejos *como* Luis.

tanto/-a/-os/-as + sustantivo + como

Ejs.: José tiene *tanto* dinero *como* Luis.

José trabaja *tantas* horas *como* Luis.

verbo + tanto + como

Ejs.: José estudia *tanto como* Luis.

José no come *tanto como* Luis.

COMPARATIVOS IRREGULARES

4.

Más Menos	de + cantidad

Ejs.: ■ ¿Cuántos ministros forman el Gobierno?

▶ No sé, pero *más* de 10.

■ No los he contado nunca, pero seguro que tengo *más* de 1.000 libros.

■ No se admite la entrada a los que tengan *menos* de 18 años.

5.

Más/mejor Menos/peor *cuando comparamos algo con una idea, una suposición, una afirmación*	de lo que

Ejs.: ■ Ese chico es *más* guapo *de lo que* creía.

■ Todo ha salido *mejor de lo que* imaginábamos.

■ Usar el ordenador es *menos* difícil *de lo que* me habían dicho.

OBSERVA:

No tengo *más de* 1.000 ptas. *No* tengo *más que* 1.000 pesetas.		1.000 ptas. *como máximo.* *Sólo* tengo 1.000 ptas.

DOS EJERCICIOS GRAMATICALES

I. COMPLETA CON LA FORMA COMPARATIVA MÁS ADECUADA:

1. ■ El año pasado vinieron seis millones de turistas. Se calcula que este año vendrán ..._más alumnos que_... el año pasado.

2. ■ En España hay unos 133.000 bares, una cantidad .._mayor que_.. la de todos los bares del resto de la UE juntos. _peor_

3. ■ En Salamanca no hay ..._menos_.. tráfico ._que_... en Málaga.

4. ■ ¿Por qué las lavadoras *Balay* cuestan más?
► Porque son ..._más grandes que_.. las otras.

5. ■ Estas frases son ..._menos_...complicadas _de lo que_... yo pensaba.

6. ■ Yo creo que no hay idiomas._más_...difíciles _que_... otros.
► Pues yo creo que sí, a mí me parece que el español es _más_ complicado._que_... el inglés.

7. ■ En mi país hay .._menos_...niños._que_... antes.
► Pues yo he leído que, dentro de unos años, en España habrá.._más_... hombres .._que_... mujeres. _menos de que_

8. ■ No hay que preocuparse, las cosas van .... tú crees.

9. ■ Eres un exagerado, yo creo que no hay.._más_...delincuencia._de lo que_...tú dices.

10. ■ Es .._más_...fácil educar a los hijos de los demás.._que_... a los propios.

11. ■ Si son prácticamente iguales, ¿por qué este ordenador cuesta._más_...el otro?

12. ■ Actualmente se leen..._menor_..libros ._que_... antes.

13. ■ ¿Ha venido mucha gente? No, no hay.._más que_..50 personas.

14. ■ Oye, ¿me prestas 2.000 ptas? Lo siento, no tengo.._más que_... 500 ptas.

15. ■ Ayer conocí a Lourdes y es .._mejor de lo_... suponía. _que yo_

II. HAZ LAS FRASES CON LAS PALABRAS QUE TE DAMOS, COMPARANDO EL AÑO 2057 CON EL AÑO EN QUE ESTAMOS:

1. Habitantes en el mundo (haber).
En el año 2057 _habrá más habitantes en el mundo_

2. El agujero de la capa de ozono (ser).
será mayor

3. Los niños (ver) la televisión.
verán la televisión

4. La gente (trabajar).
trabajará menos que ahora.

5. Competitividad (existir).
existirá menos que ahora.

6. Las personas (vivir).
vivirán más que ahora.

7. Los mares (estar) limpios.
estarán más limpios

8. Drogadictos (haber).
habrán

9. La humanidad (ser) feliz.

....

10. Guerras (haber).

....

11. Tiempo libre (tener).

....

12. La gente (fumar).

....

13. Carne y pescado (comer).

....

14. El cerebro humano (desarrollarse).

....

15. Contactos con otros mundos (haber).

....

CÓMO LO OYES

ENTREVISTA CON GLORIA MAYO

Después de oír la entrevista, di si estas afirmaciones son verdaderas o falsas:

	V	F
1. *Gloria Mayo no tiene muchas esperanzas en la recuperación del cine español.*		
2. *G.M. tiene una bola de cristal.*		
3. *G.M. confía en los sindicatos para mejorar la situación del cine.*		
4. *Según G.M. la tierra será un lugar en el que no se podrá vivir.*		
5. *G.M. se va de vacaciones y va a recorrer toda España.*		
6. *G.M. se casa con alguien que tiene mucho dinero.*		

ESCRIBE

I. IMAGINA CÓMO SERÁ TU COMPAÑERO/-A DENTRO DE **20** AÑOS

....

....

....

....

....

....

II. ESCRIBE UNA CARTA

COLEGIO LA ROSALEDA

Pamplona, 13 de mayo de 1995

Queridos padres:

Me pongo en contacto con ustedes para comunicarles que la semana que viene haremos una excursión a Estella. A continuación paso a detallarles el programa previsto.

Saldremos del colegio a las 9:30h. y llegaremos a Estella a eso de las 11. Visitaremos el barrio de la judería acompañados por un guía local. Sobre las 2h. comeremos en un parque, junto al río. Después de comer, subiremos a la ermita de Nuestra Señora del Puy, y a las 4:30h. saldremos hacia Pamplona. Llegaremos al colegio más o menos a las 6 de la tarde.

Los niños deberán traer la comida y algo de dinero para la bebida, así como 1.000 pts. para pagar el autobús y al guía.
Deberán firmar la autorización adjunta, sin la cual no se admitirá a ningún niño.

Sin otro particular, aprovecho la ocasión para saludarles atentamente.

Firmado:

Alfonso Salvatierra,
tutor de 5º de Primaria.

AHORA TE TOCA A TI:

Eres el encargado/a de las actividades sociales de la asociación de estudiantes.
Escribe a tus compañeros una carta comunicándoles que dentro de 7 días habrá una excursión a

....

Dales el mayor número de detalles, por ejemplo la hora de salida, el precio, y los requisitos exigidos.

LEE

LA BASURA Y EL RECICLADO

BASURA: DIVIDE Y VENCERÁS

El mundo en el que vivimos, basado en el consumo de cuanto más mejor, conlleva una cantidad de desechos que es difícil controlar.
Un modo de hacerlo es la recogida selectiva de basuras, una experiencia piloto en España que pronto será una práctica generalizada.

Se calcula que en Madrid y Barcelona se producen alrededor de 8.000 toneladas de basura diarias, y que la media por habitante es de 700 grs a 1 kg al día. Estos desechos pueden provocar peligros sanitarios, contaminación del suelo y aguas subterráneas y superficiales, riesgos de incendios, etc.

Pero, ¿de qué están compuestas nuestras basuras domésticas? Aunque esto depende del nivel de vida de la población, del día de la semana, la estación del año, etc., en general se considera el siguiente esquema :

PAPEL 20%
PLÁSTICOS 5%
METALES 5%
RESTOS ORGÁNICOS 20%
OTROS 15%

Como remedio para paliar el problema de las basuras, surge el reciclado.
Es una técnica por la cual el producto desechado se puede utilizar de nuevo. Esto conlleva dos beneficios fundamentales: evita el deterioro del medio ambiente porque los residuos se vuelven a emplear, y ahorra

energía, por un mayor aprovechamiento de los productos. Por ejemplo, en el caso del papel, se consume tres veces menos energía reciclándolo que fabricándolo, y se evita también la tala masiva e indiscriminada de árboles.

Uno de los problemas que ha surgido debido al reciclaje es la selección del material, ya que esto supone un coste económico bastante elevado. Por ello, en algunos países se está realizando la recogida selectiva de basuras. El ayuntamiento de Madrid está llevando a cabo una experiencia piloto en este sentido en el barrio de la Ciudad de los Periodistas. Para ello, la empresa Verdegaia, S. L., ha estado realizando desde el año 1990, una campaña con el eslógan :
La basura no tiene desperdicio.
Un cubo de color verde ha sido repartido entre todo el vecindario y se le ha explicado a cada uno de los usuarios que deben emplearlo sólo y exclusivamente para la materia orgánica, es decir para los restos de alimentos. Los demás desechos (tanto los plásticos como el papel, el cristal, el metal, etc.) se seguirán depositando en el recipiente habitual.

¿Sabía usted que estos restos de comida que deja son un abono de excelente calidad?

Los demás desechos útiles, por ejemplo el papel, se convierten en masa para papel y cartones; el plástico se transforma en tubos y cables; el cristal se convierte en vidrios de baja calidad, pero excelente uso, y el metal se vuelve a emplear a través de la siderurgia.

Todo el material de desecho es útil, pero de usted depende que realmente lo sea. El proyecto piloto puesto en marcha en Madrid es todo un éxito, así que ¡prepárese!, porque dentro de poco le puede tocar a usted.

Mónica Pérez
ELLE núm. 62, noviembre 1991.

1. DINOS CON OTRAS PALABRAS:

■ *El mundo, basado en el consumo de "cuanto más mejor..."*

solo pensamos en comprar y tener

■ *La media de basura por habitante es de 700 grs a 1kg al día.*

cada ~~ciudadano~~ consume 700 grs a 1kg
al día o mas.

■ *Se evita la tala masiva e indiscriminada de árboles.*

no se cortan ~~~~ arboles sin necesida

■ *Uno de los problemas que ha surgido debido al reciclaje es la selección del material.*

si queremos ~~~~ reciclar la basura
tenemos que organizarla.

■ *Como remedio para paliar el problema de las basuras, surge el reciclado.*

. . . .

2. DANOS SINÓNIMOS DE:

■ *Conllevar* . . . .
■ *Experiencia piloto* . experimento
■ *Desechos* . restos
■ *Coste* . valor . precio
■ *Depositar* . dejar . guardar
■ *Llevar a cabo* . hacerla

3. CONTESTA A ESTAS PREGUNTAS:

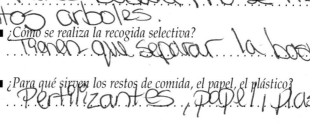

■ *¿Qué pueden provocar los desechos de nuestro consumo?*

Contaminacion de aguas, hincendios

■ *¿Cuáles son los beneficios del reciclado?*

menos basura, no se tiene que cortar
tantos arboles.

■ *¿Cómo se realiza la recogida selectiva?*

Tienen que separar la basura.

■ *¿Para qué sirven los restos de comida, el papel, el plástico?*

. Fertilizantes , papel , plastico

■ *¿Es la ecología una moda?*

¿Te parece que hay problemas más urgentes sin resolver?

no, es una necesidad.

PRETEXTO

LÉAME LA MANO

■ Aquí veo que tiene usted un carácter muy abierto, inquieto y sincero, pero también muy impulsivo. También veo que, últimamente, ha tenido problemas en su vida profesional.

▶ Sí, es cierto, la empresa donde trabajaba está *en suspensión de pagos* por culpa de la crisis y ahora estoy en paro.

■ Bueno, la cosa no es tan grave como usted cree. Dentro de poco le llamarán para un trabajo. Pero, ¡atención!, cuando vaya a la entrevista tiene que ser más prudente, menos impulsivo. Cuando conteste a las preguntas, deberá mostrarse más tranquilo de lo habitual.

▶ Ése es un buen consejo. ¿Puede decirme ahora algo sobre mi vida sentimental?

■ Pues sí, aquí dice que usted tiene mucho éxito con el otro sexo. ¿Es cierto?

▶ Pueees, la verdad... sí, no me puedo quejar, ligo mucho. Pero eso ya lo sabía. Yo quería saber más cosas sobre el futuro.

■ ¡Ay, qué impaciente es usted! Va a encontrar muy pronto a la persona de su vida, alguien que va a hacerle *sentar la cabeza*; con esta persona usted querrá formar una familia, y cuando se case, todo cambiará para usted.

▶ ¡Cuando me case! ¡*Si yo no tenía* planes de boda! Oiga, ¿y ahí dice cuándo me casaré?

■ Sí, cuando encuentre a su media naranja.

▶ ¡Pues vaya una respuesta!

→ PARA ACLARAR LAS COSAS:

→ *En suspensión de pagos* = *la empresa no puede pagar los salarios.*

→ *Sentar la cabeza* = *llevar una vida más organizada, más ordenada.*

→ *¡Si yo no tenía...!* = *este "si" es exclamativo, se puede eliminar.*
Sirve para enfatizar la exclamación.

MENOS MATRIMONIOS

Las españolas en edad fértil deberían tener 2,1 niños cada una para garantizar la estabilidad de la población. Este porcentaje se perdió hace algunos años. Según algunos sociólogos este descenso se debe a que hoy día la gente se casa menos.

La vida en pareja, sin pasar por la iglesia o el juzgado, ya no está mal vista y, normalmente, los que eligen esta forma de convivencia no se plantean la posibilidad de tener hijos. Además, los que se casan lo hacen más tarde y ponen medios para controlar la natalidad.

Otra de las causas para el menor número de hijos es la incorporación de la mujer al trabajo. Las españolas de hoy prefieren realizarse fuera del hogar y no seguir el ejemplo de sus madres y abuelas, dedicadas al cuidado de la casa, del marido y de sus hijos. Ahora tienen más oportunidad de ir a la universidad y luego, naturalmente, quieren ejercer su profesión. Un hijo entorpecería su carrera.

En algunos ambientes políticos se habla de un plan para luchar contra la baja natalidad. Por ejemplo, se pretende crear más y mejores guarderías. En segundo lugar, crear un plan de asistencia domiciliaria para las madres. Y, por último, poner un sueldo de unas 50 o 60.000 ptas. al mes para las mujeres que decidan tener un tercer hijo.

1. DINOS CON OTRAS PALABRAS:

■ *Aquí dice que tiene usted mucho éxito con el otro sexo.*

Veo en su mano que usted tiene suerte con mujeres

■ *¡Vaya respuesta!*

¿Qué contestación me has dado?

■ *Las españolas en edad fértil...*

Las mujeres de España que pueden tener hijos

■ *No seguir el ejemplo de sus madres y abuelas.*

No hacer como sus antepasados

2. DANOS SINÓNIMOS DE:

- *Últimamente* . . . . . *recientemente* . . . .
- *Formar una familia.* . . . .
- *Planes de boda.* . . . .
- *Media naranja.* . . . . *tu pareja* . . . .
- *Plantearse.* . . . .
- *Ejercer su profesión* . . . *practicar* . . . .
- *Asistencia domiciliaria.* . . . .

3. CONTESTA A ESTAS PREGUNTAS:

- *¿Qué consejos da la vidente a nuestro amigo?*
  . . . *Que sea más* . . . .
  . . . . *tranquilo* . . . .

- *¿Qué rasgos tiene su carácter?*
  . . . *Impulsivo* . . . .
  . . . .

- *Y ahora, lee tú también la mano a tu compañero/a.*
  . . . .
  . . . .

- *¿Por qué tienen los españoles menos hijos?*
  . . . *Es un obstáculo* . . . .
  . . . .

- *¿De qué planes se habla contra la baja natalidad?*
  . . . .
  . . . .

CONTENIDOS GRAMATICALES

EL SUBJUNTIVO: FRASES TEMPORALES

En esta unidad vamos a empezar a conocer el subjuntivo.

Antes de nada tienes que aprender esta regla, que te va a ayudar mucho:

LAS INTERROGATIVAS DIRECTAS E INDIRECTAS **NO** LLEVAN SUBJUNTIVO	
■ DIRECTAS	■ INDIRECTAS

- ¿*Dónde vive* Antonio?
- ¿*Cómo terminó* la película?
- ¿*Quién descubrió* la penicilina?
- ¿*Qué le pasa* a Pepe? Está raro.

- ¿*Cuánto cuesta*?
- ¿*Cuándo te vas*?
- ¿*Cuál es mejor*?

▶ Yo no sé *dónde vive* Antonio.
▶ A mí no me gustó *cómo terminó* la película.
▶ No recuerdo *quién descubrió* la penicilina.
▶ Él me ha contado *qué le pasa*, pero no puedo decírtelo, es un secreto.
▶ No nos ha dicho *cuánto cuesta*.
▶ Todavía no estoy seguro de *cuándo me voy*.
▶ No puedo aconsejarte sobre *cuál es mejor*.

SI LA PREGUNTA NO LLEVA ADVERBIO INTERROGATIVO, EN LA PREGUNTA INDIRECTA USAMOS **SI**, QUE NO ES CONDICIONAL SINO INTERROGATIVO Y TAMPOCO LLEVA SUBJUNTIVO	
■ DIRECTAS	■ INDIRECTAS

- ¿Hay clase la semana que viene?
- ¿Busca algún regalo especial?

▶ No han dicho *si hay clase* o no.
▶ Todavía no sé *si voy a comprar* algo o no.

FRASES TEMPORALES

PRESENTE	+	*CUANDO*	+	PRESENTE
IMPERATIVO AFIRMATIVO NEGATIVO	+	*CUANDO*	+	PRESENTE

(En estos casos el imperativo tiene un valor habitual)

- *Apago* la tele *cuando empiezan* los concursos.
- *Cuando* la gente *bebe* demasiado, *se pone* pesada.

(No hay que olvidar que el presente tiene también valor de pasado, ver la unidad 1)

- *Cuando* el hombre *llega* a la luna, *comienza* la era espacial.
- *No entres* en la cocina *cuando cocino*.
- ¡*Escúchame cuando te hablo*!

PASADOS	+	*CUANDO*	+	PASADOS

- *Nos conocimos cuando* los dos *trabajábamos* de guías en la costa.
- Pedro *llegó cuando* todo lo importante *había terminado*.

- *Se fue* al cine *cuando salió* del trabajo.
- *Cuando he ido* a buscar el coche, *he visto* que la rueda estaba pinchada.

PERO:

FUTURO/IMPERATIVO ✚	*CUANDO*	✚	PRESENTE/
			PRETÉRITO PERFECTO
			DE SUBJUNTIVO

(En estos casos el imperativo se refiere al futuro)

- Te *pagaré* lo que te debo *cuando* **cobre**.

- *Van a pintar* toda la casa *cuando* **venga** el buen tiempo.

- *Pienso decirle* toda la verdad *cuando* lo **vea**.

- *Me voy* de vacaciones mañana, *cuando* **salga** de la oficina.

- *Devuélveme* el libro *cuando* lo **hayas terminado**.

- *Llámame cuando* **sepas** algo.

FUNCIONAN IGUAL QUE CUANDO:

TAN PRONTO COMO
EN CUANTO
HASTA QUE
DESPUÉS DE QUE
SIEMPRE QUE
MIENTRAS

¿FUTURO?

PERO:

Antes de que + siempre subjuntivo.

Si la frase tiene dos sujetos.

- Tienes que terminar este informe *antes de que* **llegue** el jefe.
- *Vámonos* de aquí *antes de que* **empiecen** los problemas.

Antes de + infinitivo.

Con el mismo sujeto.

- Todos los días saco (yo) a la perra *antes de irme* a trabajar (yo).

No: **Futuro + cuando + futuro.**

PERO SÍ: Cuándo + futuro

en interrogativas directas e indirectas.

- ¿Cuándo te casarás? *(interrogativa directa)*.
- No sé cuándo me casaré *(interrogativa indirecta)*.

I. TRANSFORMA EL INFINITIVO EN UNA FORMA CORRECTA
DEL INDICATIVO O DEL SUBJUNTIVO

1. Volverán cuando tú no (estar) ....estes......................, eres un aguafiestas.

2. Cuando (llegar/nosotros) nosotros .... al hotel, pienso meterme en la bañera y
quedarme allí tres horas. llegamos

3. Me encanta pasear cuando (llover)......llueve.....................

4. Vamos a cambiarnos de casa en cuanto nos (dar/ellos) ....den....las llaves del
piso nuevo.

5. No grites cuando (hablar/tú) ....hables.... , no tienes más razón por ello.

6. Te lo contaré cuando (prometer/tú) ....prometes.. guardar el secreto.

7. Todos solemos ponernos a dieta siempre que (llegar) ......llega...,............ la primavera.

8. Pienso comprarme el libro de *Carmen Martín Gaite* en cuanto lo (ver/yo)..........veo.....
en las librerías.

9. Cuando me (aburrir/yo) ....aburro......., hago solitarios.

10. Todo tiene que estar preparado para cuando (llegar) .....lleguen.... los invitados.

11. ¿Qué vas a hacer en cuanto (terminar/tú) ....termines.... este ejercicio?

12. En cuanto (empezar/él) ...empiezen.. a hablar, comprendí que era extranjero.

13. No recuerdo cuánto (costarme) ..me costaron.... los zapatos.

14. Me pondré a estudiar en cuanto me (sentir/yo) .... mejor.
sienta

15. Cuando (hablar/yo) .....hable.......... con Belén, estaba nerviosa.

→ **PARA ACLARAR LAS COSAS:**

→ *CARMEN MARTÍN GAITE = escritora española de la generación de postguerra, es una realista.*

A *Explica las palabras y frases subrayadas con ayuda de tu diccionario o preguntando
a tu profesor.*

B *Contextualiza estas frases:*

■ ¿Por qué la persona que habla quiere estar tanto tiempo en la bañera? (2)

■ ¿Por qué quiere irse de donde está? (6)

■ Contesta la frase (11).

II. Transforma el infinitivo en una forma correcta del indicativo o del subjuntivo

1. ■ No me encuentro bien.
   ▶ Te sentirás mejor cuando (volver/nosotros) *volvamos* a casa.

2. ■ Estoy leyendo *"El arte de amar"*.
   ▶ Pues yo lo leí cuando (tener) *tenía* 18 años.

3. ■ ¿No notó usted nada raro al entrar?
   ▶ No, la verdad, cuando yo (entrar) *entré* todo parecía estar en orden.

4. ■ Francisco, ¿has estudiado esta tarde?
   ▶ No, mamá.
   ■ ¡Hijo!, nunca estudias cuando te (quedar) *quedas* solo.

5. ■ ¿Para cuándo me tendrán el coche?
   ▶ En cuanto (estar) *esté* arreglado, le llamaremos.

6. ■ ¡Qué bonito es ese anillo!
   ▶ ¿Verdad que sí?, lo compré cuando (estar) *estaba* en Grecia.

7. ■ ¿Cuándo pensáis casaros?
   ▶ En cuanto (encontrar/nosotros) *encontremos* piso.

8. ■ Perdone, ¿va a tardar mucho?
   ▶ No, señora, en cuanto (terminar/yo) *termine* esto, la atiendo.

9. ■ ¿Te has enterado de que Ernesto se ha divorciado?
   ▶ Sí, cuando me (enterar/yo) *enteré* *me quedé helado*.

10. ■ No quiero ir a ninguna parte, ¿está claro?
    ▶ Siempre que te (poner/tú) *pones* así, me recuerdas a tu tío Alberto.

11. ■ ¿Sabes que hoy es el cumpleaños de Juan?
    ▶ Sí, tan pronto como me (acordar) *he acordado* lo he llamado para felicitarlo.

12. ■ ¡Me encanta la lluvia!
    ▶ Pues a mí, cuando (llover) *llueve*, *me entra* una gran sensación de *nostalgia*.

→ PARA ACLARAR LAS COSAS:

→ *EL ARTE DE AMAR* = *libro de Eric Fromm.*

→ *QUEDARSE HELADO/A* = A) *quedarse muy frío/a.* B) *muy sorprendido/a.*

→ *ME ENTRA NOSTALGIA* = me *"llega" la nostalgia. También se dice "me entra hambre, sueño, sed," etc.*

III. Termina las frases

1. En cuanto *termine los deberes*, me iré a dar una vuelta.
2. Cuando *llegue el verano*, pienso pasarme todo el mes sin hacer nada.
3. Oye, antes de que (tú) *te vayas*, tenemos que hablar seriamente.
4. Cuando *fui de tiendas*, me compré unas botas de cuero baratísimas.
5. Te esperaré aquí hasta que *regreses*.
6. Después de que (vosotros) *os fuisteis*, las cosas se aclararon.

7. No pienso salir hasta que *pare la lluvia* ....

8. En cuanto (vosotros) *lleguéis* ...., se acaba la paz.

9. La clase no empieza hasta que *llegue el profesor* ....

10. Cierra bien el grifo cuando *termines de lucha* ....

11. Tan pronto como *me gradúe* ...., me iré de casa.

12. Tan pronto como *llegué* .... , os llamé, pero no estabais.

IV. REACCIONA:

1. ■ Mamá, ¿cuándo vas a comprarme los pantalones vaqueros?
   ► Cuando...

2. ■ Yo nunca tomo aspirinas.
   ► Pues yo las tomo cuando..

3. ■ ¿Cuándo *sueles* estudiar?
   ► Cuando...

4. ■ ¿Cuándo vais a iros de vacaciones?
   ► No sé, nos iremos cuando..

5. ■ ¿Vais a venir a comer a casa?
   ► Sí, en cuanto..

6. ■ ¿Hasta cuándo estarás aquí?
   ► Hasta que...

7. ■ ¿Puedo *pasarme por tu casa*?
   ► Claro que sí, cuando...

8. ■ ¿A qué hora volviste a casa?
   ► Cuando...

9. ■ ¿Cuándo me llamarás con el resultado?
   ► En cuanto..

10. ■ ¿Cuándo *te lo encontraste*?
   ► Cuando...

→ **PARA ACLARAR LAS COSAS:**

→ *SOLER* = *sólo se usa en presente e imperfecto.*

→ *PASARME POR TU CASA* = *ir a tu casa.*

→ *ENCONTRARSE ALGO O A ALGUIEN* = *encontrar sin haber buscado, por casualidad.*

I. ¿VERDADERO O FALSO?

Pon una **V** si estas costumbres te parecen verdaderas y una **F** si te parecen falsas. Justifica tu respuesta y contrasta con las respuestas de tus compañeros. También podéis comentar las costumbres de vuestros países.

	V	F
1. A la salida del Juzgado o la Iglesia, los invitados echan arroz a los novios.		
2. El novio deberá llevar en el bolsillo tres garbanzos, símbolo de que es él el encargado de traer "la comida" a casa.		
3. En el banquete se corta la corbata del novio, y los invitados dan una cantidad de dinero a cambio de uno de los trozos.		
4. El novio no podrá ver el traje de la novia hasta el momento de la boda.		
5. Los novios deberán iniciar el baile con el típico pasodoble español.		
6. La tarta se decorará en rosa si los recién casados desean tener una hija, o en azul, si prefieren un niño.		
7. La novia, de espaldas, echará el ramo a sus amigas solteras; la que lo coja, se casará en poco tiempo.		
8. La novia repartirá sus alfileres blancos entre las solteras; éstas deberán dejarlos en su ropa. Si se caen, se casarán pronto; si no, se quedarán *para vestir santos*.		
9. La mujer no adquiere el apellido del marido, conserva los suyos.		
10. La noche anterior sale el novio con sus amigos y la novia con sus amigas. Esto se llama *la despedida de soltero/a*.		

II. TEST DEL BUEN ESPOSO

Cuando te cases ¿serás un buen marido?
Contesta a estas preguntas y te enterarás.
Comenta con tu pareja el resultado del test.

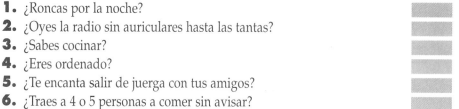

	SI	**NO**
1. ¿Roncas por la noche?		
2. ¿Oyes la radio sin auriculares hasta las tantas?		
3. ¿Sabes cocinar?		
4. ¿Eres ordenado?		
5. ¿Te encanta salir de juerga con tus amigos?		
6. ¿Traes a 4 o 5 personas a comer sin avisar?		
7. ¿Eres capaz de ver todas las retransmisiones deportivas en televisión?		
8. ¿Te pasas la vida hablando del trabajo?		
9. ¿Te crees el centro del mundo?		
10. ¿Te molesta oír hablar de cosas que para ti no son interesantes?		

solución: 1: no ■ 2: no ■ 3: sí ■ 4: sí ■ 5: sí/no ■ 6: no ■ 7: no ■ 8: no ■ 9: no ■ 10: sí/no

10 a 8 resultados correctos: serás el marido ideal.

7 a 6 correctos: serás un buen marido.

5 a 4: un marido normalito.

4 o menos...: ¡mejor no te cases!

III. TEST DE LA BUENA ESPOSA

Cuando te cases ¿serás una buena esposa?
Responde a estas preguntas y lo sabrás.
Comenta con tu pareja el resultado del test.

ring ring ring

	SI	NO
1. ¿Escuchas la radio hasta las tantas sin auriculares?		
2. ¿Te pasas la vida colgada del teléfono?		
3. ¿Tardas horas en arreglarte?		
4. ¿Sabes cocinar?		
5. ¿Eres ordenada?		
6. ¿Te molesta que te hablen de cosas que no son interesantes para ti?		
7. ¿Sales de compras con las amigas y vuelves sin un duro?		
8. ¿Te pasas la vida hablando del trabajo?		
9. ¿Sueles acostarte con la cara llena de cremas?		
10. ¿Te pone nerviosa oír a los comentaristas deportivos?		

solución: 1: no ■ **2:** no ■ **3:** no ■ **4:** sí ■ **5:** sí ■ **6:** sí/no ■ **7:** no ■ **8:** no ■ **9:** no ■ **10:** sí/no

10 a 8 resultados correctos: serás la esposa ideal. ✌✌✌✌✌

7 a 6 serás una buena esposa. ✌✌✌

5 a 4: una esposa normal. ✌

4 o menos... : ¡mejor no te cases! ↓

IV. Un caso posible

Tu padre/madre decide volver a casarse.

A) Te pide tu opinión; dásela argumentando tu respuesta.

....

....

B) Te presenta a su novio/a. Entablad una conversación de lo más natural.

(Decidid con el profesor/ra y con el resto de la clase los detalles de esta historia).

COMO LO OYES

Después de escuchar atentamente este poema de Mario Benedetti, complétalo con las palabras que faltan.

Ustedes cuando...............
exigen........................
una....................de cedro
y un...................especial.

Nosotros cuando.............
es como...................
y si............. ....
no lo............. ....

Ustedes cuando............
consultan........ ....
porque el tiempo............
............medio millón.

Nosotros cuando............
....cortedad,
el subconsciente piola*
....disfrutar.

Nosotros cuando............
es fácil............ ....
con sábanas ¡qué bueno!
sin sábanas...............

Ustedes cuando.............
....otra magnitud
hay......., ..., ...
y el........ ....un boom.

Nosotros cuando............
........prisa y.......fervor,
gozamos y....... ....
............la función.

Ustedes cuando............
exigen............
una...........de cedro
y un...........especial.

Ustedes cuando ....
calculan....................
y cuando........... ....
calculan........... ....

Nosotros cuando............
es........... ....común,
tan............ y tan...........
como..................salud.

Ustedes cuando............
al analista............
él es............dictamina
si lo............bien o mal.

Nosotros cuando............
es fácil............ ....
con sábanas ¡qué bueno!
sin sábanas............

*piola: golfo, pillo.

Ustedes y Nosotros del libro **Inventario,** Ed. Visor de Poesía, Madrid, 1983.

VOCABULARIO

I. REGALOS DE BODA

Aquí tienes una lista de regalos de boda. Sin querer, hemos puesto cosas que no suelen regalarse. ¿Sabes cuáles son?

a una vajilla	**b** una cubertería	**c** un agujero
d un antifaz	**e** un juego de café	**f** una batería de cocina
g una botella de lejía	**h** una cristalería	**i** un marco para fotos
j una cafetera	**k** un juego de bandejas	**l** bolsas de basura
ll un álbum de fotos	**m** un florero	**n** un ramo de perejil
ñ unos ceniceros	**o** una sartén	**p** un diccionario
q una impresora	**r** un balcón con vistas al mar.	

II. PONERSE, VOLVERSE, QUEDARSE...

Relaciona los verbos de cambio que te damos a la izquierda con las palabras que te damos a la derecha. Haz frases usándolos correctamente.

1	PONERSE	**a**	viudo/a, soltero/a, helado/a
2	QUEDARSE	**b**	triste, nervioso/a, como un tomate
3	VOLVERSE	**c**	un hombre, español/a, monja/cura
4	CONVERTIRSE EN	**d**	tacaño/a, desconfiado/a, agresivo/a
5	HACERSE	**e**	alguien importante, una autoridad

RECUERDA

PREPOSICIONES QUE INDICAN TIEMPO

A Se usa para determinar cuándo ocurre un hecho, y pone este hecho en relación con una hora, una fecha o un momento concreto.

1. A + horas/expresiones de tiempo.

2. Frases fijas: *al amanecer, al atardecer, al anochecer.*
              estamos a + día.
              al día/mes/año…siguiente = pasado un día/un mes/un año.

Ejs.:   Salimos de clase *a la una*.
          A mediodía como muy poco.
          Hoy me he levantado *al amanecer*.
          Estamos a 31 de enero.
          Llegué a su casa el lunes y *al día siguiente* me fui.
          Se conocieron en verano y *a los tres meses* se casaron.

DE **1.** **Expresa una etapa de la vida.**

    de niño/-a = cuando era niño/-a.   *de joven* = cuando era joven.

    de mayor = cuando era/sea mayor. *de casado/-a* = cuando estaba/esté casado/-a.

2. **Frases fijas:** *de día, de noche, de madrugada.*

DESDE **(Ver "expresiones de tiempo", pág. 81).**

EN **1.** En + años, períodos largos, temporadas.

Ejs.:   Empezó a trabajar *en enero*.
          Los socialistas subieron al poder *en 1982*.
          En aquella época las casas no tenían agua corriente.

2. En = *durante.*

Ejs.:   *En vacaciones* la ciudad se queda vacía.
          No salió de su habitación *en toda la tarde*.

3. Estamos en + año, mes, estación, siglo.

Ejs.:   Ya *estamos en 1996* ¡cómo pasa el tiempo!
          Por el tiempo que hace parece que *estamos en verano.*
          Estamos en el siglo en el que se han producido más cambios sociales.

HASTA Expresa límite.

Ejs.:   *Hasta mañana* , que descanses.
          Puedes salir *hasta las 11.*
          Hasta las 12 o la 1 no empieza a haber gente en los bares y discotecas.

PARA Expresa el límite antes del cual debe ocurrir algo.

Ejs.: No llegaste *para mi cumpleaños.*
Necesito el coche *para la semana próxima.*
Francisco vendrá *para Navidad.*

POR

1. Tiempo aproximado.
   Nunca se usa con horas.

Ejs.: *Por Navidades* suele llover.
Por esos días yo estaba viviendo con mis abuelos.

2. Frases fijas:*por la mañana, por la tarde, por la noche.*

Ejs.: Tengo clase *por la tarde.*
Le cuesta trabajo levantarse *por las mañanas.*

ENTRE HACIA SOBRE Expresan tiempo aproximado.

Ejs.: Llegaré *entre las 9 y las 10.*
Salió de casa *hacia las 3* y no sabemos qué le ha pasado.
Fue *sobre las 7* cuando empezó la manifestación.

PARA EXPRESAR EL PRINCIPIO Y EL FIN DE UN PERÍODO:

1. DE...A   (Las horas y los días de la semana no llevan artículo.)

Ejs.: Estará aquí *de enero a marzo.*
Trabaja *de 9 a 5.*
¿Qué piensas de la semana laboral *de lunes a jueves?*

2. DESDE...HASTA   (Ahora sí llevan artículo.)

Ejs.: Estará aquí *desde enero hasta marzo.*
Trabaja *desde las 9 hasta las 5.*
Se encerraron a preparar los exámenes *desde el lunes hasta el jueves.*

CONTRASTE "POR" Y "PARA":

Ejs.: Vendré *por Navidad.*
Vendré *para Navidad.*

Con POR puedo venir el 23, el 24, el 25 o el 26.
Con PARA puedo venir el 23 o el 24, pero tengo que estar aquí el 25.

DOS EJERCICIOS GRAMATICALES

I. COMPLETA CON LA PREPOSICIÓN ADECUADA:

1. Empezaron las negociaciones un 24 de Marzo y........*a*..............los dos meses ya habían firmado el contrato de fusión.

2. ....*En*.............. otoño aumentan las depresiones en las zonas del interior y, al contrario, ...*desde*.............. primavera en las zonas costeras.

3. La conferencia terminó ....*a*.............. las 2 de la madrugada.

4. No me gusta trabajar ......*por*........ la noche.

5. El español medio ha cambiado mucho ....*en*.............. pocos años.

6. Tengo demasiados deberes ....*para*.............. mañana.

7. No volverá a hablar con él .....*en*................. la vida.

8. Tengo cita con el médico ....*para*.............. el jueves.

9. Siempre me despierto ....*de*........... madrugada y ya no puedo volver a dormirme.

10. Alonso llegará .....*a*........ las 10.

11. Trabaja ......*de*.....lunes ......*a*...... sábado, ...*desde*....las 9....*hasta*....las 8 con una pausa para comer.

12. Fernando nunca va a casa ......*al*............ el mediodía.

13. Mi hermano se sacó el carné de conducir ....*a*..........los 35 años.

14. Es policía, trabaja ....*de*........ noche y duerme ...*de*........ día, es un poco desquiciante.

15. .....*De*........ niño era bastante feo, ...*de*........ mayor está bastante bien, ¿no te parece?

II. COMPLETA EL TEXTO CON LA PREPOSICIÓN ADECUADA, EN CASO NECESARIO:

Ramón es para mí un hombre especial. Vive en el campo ....que nació y su vida es muy normal. .... niño fue a la escuela, donde aprendió a leer y a escribir y poco más. .... joven trabajaba en el campo .... día y,................ la noche, leía periódicos atrasados porque no quería olvidar lo que había aprendido
......*En*......1934 conoció a Carmen. Se veían................ algunas tardes y los domingos. Eran felices, pero .... los dos años estalló la Guerra Civil y Ramón tuvo que irse al frente .....*desde*....enero del 37 ....*hasta*....mayo del 39.
...*Para*......... su cumpleaños escribió a Carmen una carta muy concisa : "Esto no va a durar mucho, ...*de*....... casados seremos felices. Te quiero "......*al*.........el poco tiempo se acabó la guerra. Se casaron, él ......*a*...... los 27 años y ella ....los 22.
Tuvieron 2 hijas. Las dos nacieron ......*en*...... verano , una ....*en*...... el 41 y la otra .... el 45.
.... 1960 y 1966 se construyó su propia casa al tiempo que................... lunes ....
sábado cuidaba un cortijo.
Los problemas empezaron a surgir cuando las hijas querían salir:
"................... las 9 en casa". "Papá; estamos .... 1967 ".

ESCRIBE

A tu amigo David y a ti os han invitado a la boda de vuestro mejor amigo. David no ha podido asistir porque está trabajando en un congreso en Ginebra. La boda fue ayer y lo pasaste estupendamente.

Escribe a David y cuéntale todo sobre la boda: cómo iban vestidos los novios, los invitados; cómo fue la ceremonia, el banquete y todo lo que se te ocurra.

LEE

TRÁMITES Y PAPELEOS PARA CASARSE

Hoy, en los albores del sigloXXI, para algunas culturas la mujer sigue siendo objeto de una transacción económica en la que el amor es lo que menos importa.

En algunas culturas la mujer es venerada como una diosa, en otras, humillada, vendida o comprada mediante pactos sociales o económicos. Por una razón u otra , casi todas las sociedades conceden una gran importancia al matrimonio. El significado de esta institución, sus ritos y símbolos, varían de una cultura a otra, pero hay una constante que la caracteriza: son los hombres los que entregan a las mujeres y no a la inversa, cuando se trata de pactar un matrimonio.

La boda va siempre acompañada de una transferencia de objetos de valor por parte del novio o de la novia que se conoce con el nombre de "precio de la novia".

Carmen Sarmiento.
(Texto adaptado.)
Revista *Mía,* julio 1994.

Ahora te damos un poco de información sobre las bodas en España.

RÉGIMEN JURÍDICO:

Edad:

Para contraer matrimonio la edad autorizada es la que corresponde a la mayoría legal, o sea, 18 años, tanto para el hombre como para la mujer. Es requisito previo (consentimiento) de los padres cuando los novios son menores de edad y no emancipados.

Régimen Económico:

El régimen económico matrimonial es el que define la propiedad y la administración de los bienes personales o comunes de los cónyuges, o sea, qué bienes son de cada uno, cómo se administran, quién dispone de ellos, etc.

Pactos:

En ambos casos, antes o después de la boda, los cónyuges pueden pactar ante Notario un régimen de conveniencia diferente al común, siempre que no sea contrario a la Ley.

Gananciales:

Los Artículos del Código Civil referentes a la sociedad de gananciales van desde el 1.392 al 1.431 (ambos inclusive) y en el caso en que la administración corresponda a la mujer, desde el 1.432 al 1.444 (ambos inclusive).

TRÁMITES:

Ceremonia Civil:

En el plazo mínimo de un mes antes de la boda, deberán presentar en el Juzgado correspondiente al domicilio de la novia una instancia acompañada de los siguientes documentos:

1. certificado literal de nacimiento de cada uno de los novios expedido por los Juzgados en que estén inscritos.
2. certificado de fe de vida y estado civil expedidos por las correspondientes Tenencias de Alcaldía o Ayuntamientos, y legalizados por los Juzgados.
3. certificados de empadronamiento expedidos por la Tenencia de Alcaldía o el Ayuntamiento.

Ceremonia Religiosa:

Los novios pueden elegir para la ceremonia una de las dos parroquias a las que pertenecen por su lugar de residencia. Sin embargo, las amonestaciones se publican en las dos parroquias con tres meses de antelación.

En el mismo plazo de tres meses, pero al principio de cada trimestre natural del año, iniciarán un cursillo preparatorio con asistencia de un día a la semana. Unos diez días antes de la boda se presentarán las partidas de bautismo (plazo de validez: seis meses), y un expediente de la iglesia ante dos testigos, para certificar el estado civil de los novios: en caso de que la ceremonia se celebrara fuera de la provincia donde esté inscrito uno de los novios, la partida de bautismo deberá ser legalizada.

Pedir y grabar las alianzas:

A menos de que las ofrezca el padrino, le incumbe al novio la compra de las alianzas. Deberán tener en cuenta el plazo necesario para grabarlas y en su caso, ponerlas a la medida.

Una pequeña precaución: antes de ir a la Iglesia o al Juzgado, el novio comprobará que lleva las alianzas en el bolsillo.

Convivencia sin papeles:

Muchas parejas no quieren firmar su amor y fidelidad y se deciden por la simple convivencia sin papeles. La ley los ampara en algunos puntos:
hijos, Seguridad Social, pero en otros no: pensión de viudedad, herencias, separaciones, etc.

Tú decides: boda por la iglesia, matrimonio civil o la simple convivencia.

1. DINOS CON OTRAS PALABRAS:

■ *En los albores del siglo XXI...*

. . . .

■ *...hay una constante que caracteriza a la institución del matrimonio.*

. . . .

■ *La boda va siempre acompañada de una transferencia de objetos de valor.*

. . . .

■ *Es requisito previo la licencia de los padres.*

. . . .

■ *...con tres meses de antelación.*

. . . .

2. DANOS SINÓNIMOS DE:

■ *Venerada.* . . . .
■ Conceden *gran importancia* . . . .
■ *Emancipados* . . . .
■ *Le* incumbe *al novio* . . . .

3. CONTESTA A ESTAS PREGUNTAS:

■ *¿Cómo introduce Carmen Sarmiento el tema del matrimonio?*

. . . .
. . . .

■ *¿A qué edad puede casarse un español?*

. . . .
. . . .

■ *¿Cuál es la función del notario?*

. . . .
. . . .

■ *¿Qué documentos deben presentar los novios para las ceremonias civil y religiosa?*

. . . .
. . . .
. . . .

■ *¿En qué puntos ampara la ley a las parejas que viven sin casarse?*

. . . .
. . . .
. . . .

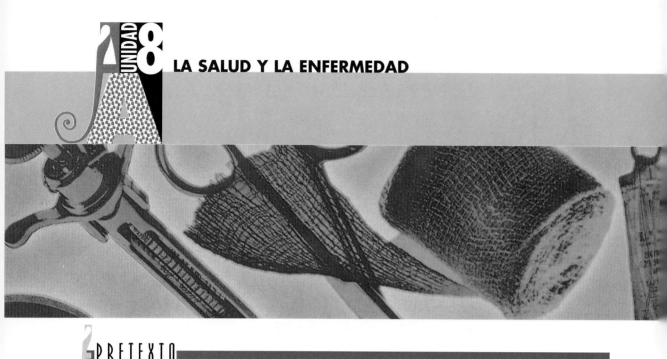

PRETEXTO

LA VALERIANA

■ ¿Qué te pasa, hombre? Tienes mala cara.

▶ Chico, estoy para el arrastre. Creo que me va a dar algo. Mi jefe está histérico, no me deja que realice ningún proyecto de los que presento, un cliente me ha pedido que le haga un informe de 500 páginas, mi mujer quiere que nos vayamos el puente a la playa, y mi madre insiste en que la llevemos. Por la noche no puedo pegar ojo. Cualquier ruido me impide descansar, y mi mujer se niega a que durmamos con la ventana cerrada. En fin, que estoy hecho un asco.

■ ¿Y no has ido al médico?

▶ ¿Para qué? Me va a prohibir que fume y que beba, y entonces sí que me da un ataque.

■ Mira, te aconsejo que tomes valeriana, yo tuve un periodo de estrés como el tuyo y me puse nuevo.

▶ Pero eso, ¿cuándo se toma? ¿Se necesita receta?

■ Pues, mira, precisamente tengo aquí una caja de valeriana. Toma el prospecto y así te enteras de todo.

Propiedades:
Constituye una terapéutica natural que resulta eficaz en casos de nerviosismo, ansiedad, intranquilidad producida por desequilibrios hormonales e insomnio. La experiencia clínica ha demostrado que el consumo de VALERIANA acorta el tiempo necesario para conciliar el sueño, reduce los despertares nocturnos y mejora la calidad del sueño.

Dosificación:
Adultos: 1-2 grageas, 3 veces al día, entre las comidas.
Al acostarse pueden administrarse nuevamente 2 grageas.
Niños: A partir de los 6 años, 1 gragea, 3 veces al día, entre las comidas.

Contraindicaciones:
No se han descrito.

Presentación:
Envase con 30 y 60 grageas.
NO SE NECESITA RECETA MÉDICA.

Subraya los presentes de subjuntivo que encuentres en el texto

1. LOCALIZA EN EL TEXTO:

■ *Estar hecho polvo*

. . . .

■ *Pasar la noche en blanco*

. . . .

■ *Mi superior está muy nervioso*

. . . .

■ *Me da un patatús*

. . . .

2. DANOS SINÓNIMOS DE:

■ *Tener mala cara.* . . . .
■ *Se niega a que.* . . . .
■ *Me puso nuevo.* . . . .

3. CONTESTA A ESTAS PREGUNTAS:

■ *¿En qué casos está indicada la valeriana?*

. . . .
. . . .

■ *¿Cuál es la dosis recomendada?*

. . . .
. . . .

■ *¿Puede administrarse a los niños?*

. . . .
. . . .
. . . .

■ *¿Cuántas pastillas trae cada envase?*

. . . .
. . . .
. . . .

■ *¿Se necesita receta médica?*

. . . .
. . . .

CONTENIDOS GRAMATICALES

SUBJUNTIVO O INDICATIVO
VERBOS DE INFLUENCIA ■ VERBOS DE SENTIMIENTO ■ VERBOS "DE LA CABEZA"

1 VERBOS DE INFLUENCIA

Como su nombre indica, expresan la influencia de un sujeto (sea una persona o no) sobre otro. Cuando estos verbos tienen *distinto sujeto*, en la *segunda frase* el *verbo va en subjuntivo*. Con el *mismo sujeto*, el *segundo verbo es* un *infinitivo*.

Pertenecen a este grupo: QUERER, NECESITAR, LOGRAR/CONSEGUIR, HACER, ACONSEJAR/RECOMENDAR, PERMITIR/DEJAR, PROHIBIR, PEDIR, CAUSAR, ETC.

Ejemplos:
- ***Necesito*** *que me compres* un ordenador.
- ***Necesito*** *comprarme* un ordenador.

- ***Quiero*** *que aprendáis* español.
- ***Quiero*** *aprender* español.

- El calor ***hace*** que la gente *sude*.
- El calor ***hace*** *sudar* a la gente.

Los verbos PERMITIR, DEJAR y PROHIBIR admiten la construcción con infinitivo cuando el segundo sujeto queda expresado con un pronombre personal.

Ejemplos:
- ***Te permito*** *fumar*.
- ***Te permito*** *que fumes*.

- ***Mis padres me dejan*** *salir* hasta las 11 de la noche.
- ***Mis padres me dejan*** *que salga* hasta las 11 de la noche.

2 VERBOS DE SENTIMIENTO

Estos verbos funcionan exactamente igual que el grupo anterior.

CON EL MISMO SUJETO: **VERBO + INFINITIVO.**
CON DISTINTO SUJETO: **VERBO + QUE + SUBJUNTIVO.**

Pertenecen a este grupo: GUSTAR, ENCANTAR, MOLESTAR, FASTIDIAR, TEMER, SORPRENDER, DAR IGUAL, DUDAR, AGRADECER, SENTIR, LAMENTAR, SOPORTAR, ETC.

Ejemplos:
- ***No soporto*** *trabajar* por la noche.
- ***No soporto*** que siempre *llegues* tarde.

- ***Le encanta*** *nadar*.
- ***Le encanta*** *que le digan* cosas agradables.

3 VERBOS "DE LA CABEZA"

Llamamos, para simplificar, verbos "de la cabeza" a los que tradicionalmente se consideran verbos de entendimiento, lengua y percepción.

Pertenecen a este grupo: SABER, CREER, SUPONER, SOSPECHAR, IMAGINAR, PARECER, ETC...

VER, OÍR, SENTIR, DARSE CUENTA, ETC...

DECIR, CONTAR, OPINAR, ETC...

SE CONSTRUYEN CON **INDICATIVO:**

 Cuando el verbo principal va en forma afirmativa.

Ejemplos: ■ **Supongo** que *vendrá* más tarde.
■ Ya **he visto** que *habéis pintado* la casa.
■ **Dice** que *mañana habrá* clase.

 Cuando el que habla se refiere en forma negativa a lo que otro no ve, no oye, no percibe.

Ejemplos: ■ **Nadie se da cuenta** *de que las cosas no pueden seguir así.*
(Yo sí).
■ **Los fumadores no comprenden** *que el humo molesta a los demás.*

 Cuando el verbo principal es un imperativo en forma negativa.

Ejemplos: ■ **No creas** que *estoy enfadado.*
■ **No digáis** que *es difícil.*

Hay verbos como *sentir* y *decir* que tienen dos significados:

SENTIR: lamentar (2)/darse cuenta (3).

DECIR: aconsejar (1)/comunicar verbalmente (3).

PRACTICAMOS LA GRAMÁTICA

I. COMPLETA CON UNA FORMA VERBAL CORRECTA:

1. ■ Imagino que ya (saber/tú)........................
las últimas noticias.
  ▶ Pues sí, me (enterar)........................... ayer.

2. ■ ¿Habéis oído que se (ir).............................
a adelantar las elecciones?
  ▶ No, no lo (saber) .... , pero
es normal, ¿no?

3. ■ <u>Me huelo que</u> el sábado próximo *me (tocar)*
.... trabajar a mí.

4. ■ Me han contado que te (ir/tú)....................
a vivir fuera, ¿es cierto?
  ▶ Sí, me (marchar) ....
dentro de 2 meses.

5. ■ Supongo que te (quedar)..............................
a cenar.
  ▶ <u>Si no hay inconveniente…</u>

6. ■ Me parece que a los políticos no les
(interesar) .... la gente normal.

7. ■ Ya os he explicado que no (poder/vosotros)
.... quedaros aquí,
porque estamos de obras.

8. ■ ¿No creéis que (ser) ....mejor
leer que ver la tele?
  ▶ Pues ..., eso depende de los momentos.

9. ■ Hemos pensado que (ser) ....
más prudente quedarse en casa; este fin de
semana (haber)................... muchos coches
en la carretera.

10. ■ ¿Ya te he contado que *me (tocar)*.............
200.000 pesetas en la lotería?
  ▶ No, no lo sabía. ¡Qué suerte!

11. ■ Opino que (ser/ella) .... la
mujer más guapa del mundo.
  ▶ *No es para tanto*, tampoco hay que
exagerar.

12. ■ He visto que los precios en "Hiper"(ser)
.... más altos que en otros sitios.
  ▶ Entonces ¿por qué compras allí?

13. ■ Creo que mi padre sospecha que (fumar/yo)
....

14. ■ ¿Sabía usted que los restos de la comida
(ser) .... un abono excelente?

15. ■ Me parece que no (llegar/ellos)...............
....todavía.
  ▶ Bueno, pues los (esperar/nosotros)........
....

PARA ACLARAR LAS COSAS:

→ *ME TOCA TRABAJAR = es mi turno de trabajar.*
→ *ME HA TOCADO LA LOTERÍA = he ganado un premio en la lotería.*
→ *NO ES PARA TANTO = lo usamos cuando la reacción de alguien nos parece exagerada.*

A *Explica las expresiones subrayadas.*

B *Contextualiza estas frases :*
  ■ ¿Por qué crees que se marcha esa persona a vivir fuera? (4)
  ■ Y ¿tú?, ¿crees que es mejor leer que ver la tele? (8)
  ■ ¿Por qué cree ese chico/a que su padre sabe que fuma? (13)

II. COMPLETA CON UNA FORMA VERBAL CORRECTA:

1. ■ No me gusta que me (empujar)................. .... por la calle.

2. ■ Lo que más me molesta de esta ciudad es el ruido.
▶ Pues a mí que la gente (tirar) .... todo al suelo.

3. ■ ¡Cuánto me alegro de que (estar/tú)......... .... aquí!
▶ Y yo de veros a todos.

4. ■ <u>Me da igual</u> que (irse/él) .... o (quedarse) ....

5. ■ <u>Me da rabia</u> que nadie (hacer) .... nada por *lo de la droga*.
▶ ¡Hombre! Hay gente que sí hace cosas, pero es verdad que hay que hacer más.

6. ■ Me encanta que la gente me (escribir)...... ....
▶ Y luego tú, ¿contestas o no?

7. ■ Siento mucho que no (poder/vosotros)... .... venir.
▶ Bueno, *otra vez será*.

8. ■ ¿A ti no te molesta que Alfredo te (interrumpir) .... todo el rato?
▶ Pues... sí, un poco, pero no lo hace con mala intención.

9. ■ <u>Me pone negro</u> que (protestar) .... sólo cuando el jefe no está.
▶ Y a mí, pero es que Ignacio *es un pelota*.

10. ■ No me importa que (quedarse/él)......... .... en mi casa, pero sí que lo (dejar) .... todo *patas arriba*.

11. ■ ¡Qué alegría que (poder/tú).................... pasar unos días con nosotros!

12. ■ A mi perra le encanta que (ir/nosotros) .... a la playa a correr.

13. ■ ¿Le importa que (cerrar/yo) .... la ventana? Es que tengo frío.
▶ Por supuesto que no.

14. ■ Han dicho en la radio que (ir) .... a bajar las temperaturas.
▶ ¿Sí? Hombre, a ver si nieva de una vez, a mí me encanta que (nevar) ....

15. ■ ¿Les molesta que (sentarme/yo) ....aquí?
▶ No es molestia, pero es que estamos esperando a unos amigos.

➔ PARA ACLARAR LAS COSAS:

→ *LO DE LA DROGA* =
   el problema, el asunto de la droga.

→ *OTRA VEZ SERÁ* =
   frase que se dice como consuelo cuando algo no ha salido como queríamos.

→ *SER UN PELOTA* =
   ser amable para conseguir un beneficio.

→ *PATAS ARRIBA* =
   en desorden total.

A *Explica las expresiones subrayadas.*

B *Contextualiza estas frases :*
■ ¿Por qué le da igual a esa persona que se vaya o se quede? (4)
■ ¿Por qué no pueden ir ellos? (7)

III. COMPLETA CON UNA FORMA CORRECTA DE INDICATIVO O SUBJUNTIVO:

1. ■ ¿Crees que (venir)..............................Lali?
▶ Que sí, hombre, que sí, ha dicho que (venir)......................... y Lali es muy formal.

2. ■ Imagino que, a estas horas, todo (estar) .... cerrado ¿verdad?
▶ No sé. A ver si tenemos suerte.

3. ■ Esto te lo digo a ti, pero no quiero que se lo (contar) ....a nadie.
▶ No te preocupes *soy una tumba*.

4. ■ No me ha gustado nada la conferencia.
▶ Pues, a mí me parece que (estar)...............
.... muy bien.

5. ■ Luis me ha pedido que le (ayudar)...........
.... a hacer unos presupuestos.
▶ ¡Ah!, ¿sí? ¿Y vas a hacerlo? Porque Luis siempre pide a todo el mundo que le (hacer) ....el trabajo, *es un caradura*.

6. ■ Mis padres son unos pesados, no me dejan que (llegar) .... después de las 2 los viernes por la noche.
▶ Los míos tampoco.

7. ■ Lo siento, no puedo hacértelo, no tengo tiempo.
▶ Oye, no te pido que lo (hacer)...................
...................tú, sólo quiero que me (explicar) .... dos o tres cosas.
■ ¡Ah! Entonces, bueno.

8. ■ Quiero *cortar con* Enrique y no sé qué decirle. ¿Qué me aconsejas?
▶ Que le (decir).............. claramente la verdad.

9. ■ He oído que (ir/vosotros)........................a cerrar la tienda ¿es verdad?
▶ Pues sí. No hemos logrado que el banco nos (dar)................................un crédito y, sin dinero, no podemos seguir.

10. ■ Supongo que estas Navidades (tener/tú)......................... que hacer algún regalo ¿no?
▶ ¡Claro!
■ Pues te recomiendo que (aprovechar) .... las rebajas de la tienda del tío de Ramón. Tiene cosas muy bonitas.

11. ■ Perdona, no te he oído, ¿qué has dicho?
▶ Que (irme/yo)...................................., que ya (ser)................................ muy tarde.

12. ■ ¿Qué habéis pensado sobre el asunto del otro día?
▶ Que (ser).................. una buena idea pero que nosotros no (tener)................................. un duro para invertir.

13. ■ Bueno, ¡ya está bien! me parece que (comer/vosotros) ....demasiado.
▶ Pero, papá, todavía no hemos probado todo lo que hay.

14. ■ Necesitamos que nos (enviar)..................
más ejemplares del libro.
▶ Pues, pide que nos los (mandar)...............
............................urgentemente.

15. ■ Te digo que este tío (ser) ....
insoportable.
▶ ¡Qué exagerado! Yo creo que (poder).......
....resultar simpático.

IV. REACCIONA:

1. ■ Me duele un montón la cabeza y no tengo
aspirinas.
▶ ¿Quieres que......................................?

2. ■ ¿Cómo ha salido Ernesto de la operación?
▶ No lo sé, pero espero que...........................
....

3. ■ ¿Vamos al cine?
▶ No, prefiero que.......................................
....

4. ■ ¡Déjame en paz de una vez!
▶ No me gusta que......................................
....

5. ■ ¿Qué te parece Paloma?
▶ Creo que...
....

6. ■ ¿Dónde hemos quedado?
▶ Supongo que..
....

7. ■ ¿Qué haces tú con ese niño?
▶ Es que su madre me ha pedido que............
....

8. ■ ¿Te molesta el humo?
▶ No, no me importa que..............................
....

9. ■ ¿Qué le ha dicho el médico de la úlcera?
▶ Le ha aconsejado que...............................
....

10. ■ Mañana me viene mal la reunión.
▶ ¿Prefieres...
....?

ACTIVIDADES

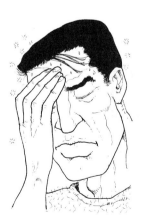

I. EN CASO DE ENFERMEDAD...

Un amigo extranjero se pone enfermo en tu país.
Explícale lo que debe hacer para que le atienda el médico.
Compara con tus compañeros para ver las diferencias del sistema
sanitario en los distintos países.

....
....
....
....
....

II. Consejos prácticos

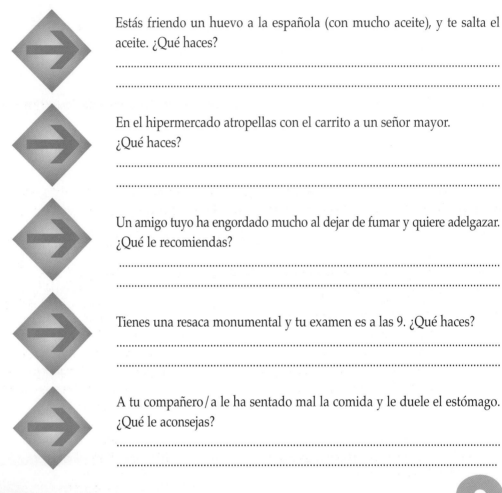

Estás friendo un huevo a la española (con mucho aceite), y te salta el aceite. ¿Qué haces?

....

....

En el hipermercado atropellas con el carrito a un señor mayor. ¿Qué haces?

....

....

Un amigo tuyo ha engordado mucho al dejar de fumar y quiere adelgazar. ¿Qué le recomiendas?

....

....

Tienes una resaca monumental y tu examen es a las 9. ¿Qué haces?

....

....

A tu compañero/a le ha sentado mal la comida y le duele el estómago. ¿Qué le aconsejas?

....

....

III. Vamos a pensar

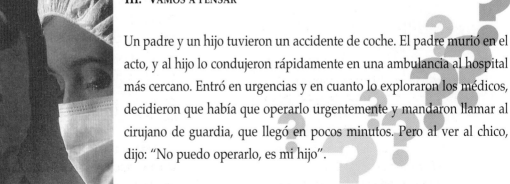

Un padre y un hijo tuvieron un accidente de coche. El padre murió en el acto, y al hijo lo condujeron rápidamente en una ambulancia al hospital más cercano. Entró en urgencias y en cuanto lo exploraron los médicos, decidieron que había que operarlo urgentemente y mandaron llamar al cirujano de guardia, que llegó en pocos minutos. Pero al ver al chico, dijo: "No puedo operarlo, es mi hijo".

Haz todas las preguntas posibles a tu profesor. Él tiene la respuesta.

IV. DEBATE

Preparad entre todos un debate desarrollando esta idea: *"Más vale prevenir que curar"*.

¿CÓMO LO OYES

UNA VISITA AL MÉDICO

Vas a oír una conversación en la consulta de un médico. Lee el texto y escucha la grabación. Rellena los huecos con las palabras del recuadro. Hay 9 huecos y 11 palabras, luego 2 no son válidas.

> *analgésico, enfermera, farmacia, doctor, cama, gripe, análisis, espalda, fiebre, radiografía, siesta*

Enfermera: ¡El siguiente!

Don Ramón: Sí, soy yo.

Médico: Buenos días, Don Ramón, ¿qué le trae por aquí?

D.R.: Pues verá…, ...: hace días que no me encuentro bien. Me duele un poco la cabeza, me canso por cualquier cosa y me molesta la................................ por las tardes.

M.: ¿Se ha puesto el termómetro?

D.R.: Sí, pero no tengo............................ ....

M.: ¿Qué tal duerme?

D.R.: Bien, quizá demasiado, hay días que me tengo que echar la ....porque me caigo.

M.: ¿Y cómo anda de apetito?

D.R.: Pues la verdad es que estoy comiendo algo menos.

M.: Vamos a tomarle la tensión. ...., por favor!

E.: Sí, doctor. A ver ... 8-12.

M.: Tiene usted una tensión de libro.

D.R.: Entonces ¿qué tengo?

M.: Bueno, no creo que haya motivos para preocuparse, pero le voy a mandar unos análisis y una ....

D.R.: ¿Qué sospecha usted, doctor?

M.: Nada, son pruebas de rutina, y además hace tiempo que no le hago un control. De todos modos le voy a recetar una pomada para la espalda y un................................ para ese dolor de cabeza. ¡Ah! no debe tomarlo con el estómago vacío.

D.R.: De acuerdo, doctor. Ahora mismo voy a la...................

M.: Dentro de una semana deberá volver. Cuando venga ya estarán listas las pruebas y podremos hacer un diagnóstico más exacto. Aunque pienso que puede tratarse de una simple................................ que este año está manifestándose sin fiebre.

D.R.: Muchas gracias, doctor, hasta la semana que viene.

M.: ¡Hasta entonces D. Ramón!

M.: ¡El siguiente!

VOCABULARIO

PRODUCTOS FARMACÉUTICOS

I. Aquí tienes algunas palabras útiles:

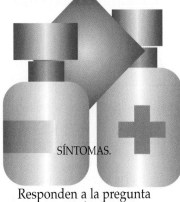

SÍNTOMAS.

PRESENTACIÓN
DE MEDICAMENTOS.

PRODUCTOS PARA
DESINFECCIÓN DE HERIDAS.

Responden a la pregunta
"¿Qué le/te pasa?"

Pastillas
jarabe
gotas
supositorios.

Algodón

alcohol

agua oxigenada

Dolor de cabeza
espalda
muelas
oído.

Pomada o crema
para uso externo
o
tópico.

tiritas

y
mercromina.

Tos, estornudos, mucosidad,
naúsea, vómitos, mareos.

Rellena los huecos con las palabras del recuadro.Tienes que hacer algún cambio gramatical.

1 **TOSER, GARGANTA, LA NARIZ, RESFRIARSE, FIEBRE.**

Cuando (yo) .... lo primero que me ocurre es que se me tapona .... Despues comienza el picor de .... A veces tengo .... y por la noche .... mucho.

2 **ALCOHOL, DESINFECTAR, ALGODÓN, LAVAR, MERCROMINA, UNA HERIDA.**

Cuando me hago ...., primero me la ...., luego me la .... con .... y ...., finalmente me pongo ....

3 **LA DOSIS, UNA RECETA, EL MÉDICO, ENCONTRARSE BIEN.**

Algunas veces, cuando yo no........................., me pongo el termómetro. Si tengo fiebre voy a....................y él, después de examinarme, me hace ....y me explica............................que debo tomar.

REPASO LÉXICO

Termina estas frases con la palabra apropiada.

1. Nos lavamos las manos con agua y con ....

2. Los huevos se fríen en.....................................

3. A mucha gente le gusta el té solo, otros lo prefieren con limón, y a otros les gusta con ....

4. Cuando no conoces el....................................... de una palabra, lo buscas en el diccionario.

5. Enciende la................................. porque está oscureciendo.

6. En verano hay que tener........................ con los alimentos, porque se estropean rápidamente.

7. La mujer de mi hermano es mi................... ....

8. Para coser se necesita hilo y.....................

9. La comida se lleva a la mesa servida en una...

10. Cuando sales de la ducha te secas con una...

RECUERDA

LOS INDEFINIDOS

A ADJETIVOS INDEFINIDOS *(acompañan al sustantivo)*

ALGÚN (-A, -OS, -AS)	TODO (-A, -OS, -AS)	MUCHO (-A, -OS, -AS)	CUALQUIER (-A)
NINGÚN (-A)		POCO (-A, -OS, -AS)	OTRO (-A, -OS, -AS)
TANTO (-A, -OS -AS)		VARIOS (-AS)	CADA

Los adjetivos indefinidos, si no van acompañando al sustantivo, actúan como pronombres. **Ningún/-o/-a**, por su carácter negativo, se emplean casi siempre en singular. Utilizamos el plural de esta forma para aquellas palabras que van normalmente en plural.

Ejs.: No hay *ningunos* pantalones rojos en el armario.

No tengo *ningunas* ganas de discutir.

B PRONOMBRES INDEFINIDOS

ALGUIEN	NADIE	ALGO	NADA

Nadie, nada, ningún/-a/-os/-as, llevan "no" cuando van detrás del verbo.

Ejs.: ■ *No* había *nadie* en casa de Luis.   ► Hoy *no* he podido hacer *nada*.

■ ¿Me puedes prestar una baraja?   ► Lo siento, *no* tengo *ninguna*.

DOS EJERCICIOS GRAMATICALES

I. RELLENA LOS HUECOS CON LOS INDEFINIDOS APROPIADOS:

1. ■ ¡Cuántos discos tienes! ¿Tienes .... de Chavela Vargas?
 ► Sí, creo que tengo .... por aquí.

2. ■ El otro día estuve en el mercadillo y me compré una chaqueta de cuero baratísima.
 ► ¿Y por qué no me compraste una a mí?
 ■ Porque no quedaba .... más.

3. ■ .... personas creen que se va a curar el cáncer dentro de poco.
 ► Ojalá, pero yo no soy tan optimista.

4. ■ Me prometió arreglarlo .... y no fue así.
 ► Ya lo conoces. Siempre está prometiendo cosas y luego no hace nunca ....

5. ■ ¿.. de vosotros ha visto mi mechero?
 ► No. Te lo habrás dejado en .... parte, como siempre.

6. ■ ¿Había .... conocido en casa de Juan?
 ► ¡Qué va! Yo, por lo menos, no conocía a ....

7. ■ No tengo .... de hambre.
 ► No me extraña. Te has comido un bocadillo enorme hace un rato.

8. ■ ¿Ya han vuelto de Italia Emilio y Miguel?
 ► Sí, anteayer.
 ■ ¿Cuántas ciudades han visitado?
 ► .... : Siena, Pisa, Roma, Florencia, Venecia y Verona.

9. ■ ¿Sabes que se han reunido .... expertos en derecho para hablar de la legalización de las drogas?
 ► Sí, leí .... de eso ayer en el periódico, pero no presté mucha atención.

10. ■ Oye, ¿podrías prestarme .... revista de decoración?
 ► Lo siento, no tengo ....

11. ■ .... niños hacen diariamente sus deberes, pero muy................................. los hacen totalmente perfectos.

12. ■ ¿Es que .... va a ayudarme a poner los adornos de Navidad?
 ► Sí, yo. Es que no me había enterado de que necesitabas ayuda.

13. ■ ¿Es que .... de vosotros piensa ayudarme?

14. ■ ¿Sabes si Elena está saliendo últimamente con .... ?
 ► No sé... pero, la verdad es que yo también he notado que se arregla .... más y siempre está contenta.

15. ■ .... persona mínimamente inteligente te diría que eso es imposible.
 ► Pues yo debo de ser tonto porque me lo creo.

II. RELLENA LOS HUECOS CON LOS INDEFINIDOS APROPIADOS:

■ ¿Sabes que Paco ha abierto ya su galería de arte?

▶ No lo sabía.

■ Pues sí. Anteayer fue la inauguración e invitó a .... amigos y a mí también, claro.

▶ ¿Y qué tal?

■ Bien. Cuando yo llegué ya habían llegado .... invitados. A .... los conocía, a .... no, pero enseguida podías darte cuenta de que eran artistas. ....llevaban .... cosa rara: sombreros, capas, gorras extrañísimas. En fin, que .... podía dudar de que eran pintores y escultores.

▶ ¿Y cómo es la galería?

■ Preciosa y la exposición no estaba mal. Exponían..................... .... pintores jóvenes de la ciudad que ya empiezan a ser conocidos y .... a los que todavía no conoce.................. ....

▶ ¿Y había................................. de comer?

■ Sí, de comer y de beber.............. ....estaba muy rico.

▶ ¿Estuviste .... rato?

■ Al cabo de dos horas .... personas empezaron a marcharse, y .... como yo, nos quedamos un rato más.

▶ Lo pasamos bien, pero el pobre Paco no vendió .... obra.

ESCRIBE

I.   A la salida del médico, D. Ramón (Como lo oyes) va a la farmacia. Hay una persona delante de él. Imagina un diálogo entre esa persona y el farmacéutico.

....
....
....

II.   Luego le toca a D. Ramón. Escribe otro diálogo entre éste y el farmacéutico.

....
....
....

EL SISTEMA SANITARIO ESPAÑOL

Seguridad Social

Todos los españoles tienen derecho a una asistencia sanitaria gratuita, gracias a la Seguridad Social. Introducida en España en 1908 con la creación del Instituto Nacional de Previsión, la Seguridad Social es un organismo del Estado que consiste en una protección basada en el principio del seguro: esta protección queda garantizada a cambio de una cotización.

Apoyada en el concepto de solidaridad nacional, pretende:

conservar la salud.
recuperarla en caso de enfermedad o accidente.
superar las dificultades que suponen la vejez, el desempleo, etc.

Así, atiende económicamente las necesidades del embarazo, del parto y de la hospitalización; concede pensiones a los jubilados o presta ayudas familiares.

Cuando un ciudadano español necesita que lo vea un médico, deberá dirigirse a su Centro de Salud donde lo atenderá, *previa cita*, su médico de familia; éste lo

explorará y, si lo cree conveniente, le dará un pase para el especialista: cardiólogo, oftalmólogo, traumatólogo, otorrino...

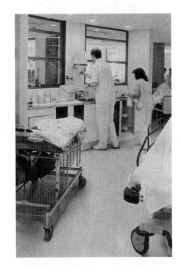

Si el facultativo lo considera preciso, le aconsejará que tome algún medicamento. Para ello extenderá una receta de la Seguridad Social que indica el nombre de la medicina, la duración del tratamiento y la dosis que debe tomar. El paciente se quedará con una copia de la misma. Los pensionistas no tienen que pagar nada por las medicinas; el resto paga un porcentaje.

Debemos decir que hay algunas prestaciones que están excluidas de la Seguridad Social: la cirugía estética no reparadora o la fecundación "in vitro"; la odontología sólo incluye la extracción.

Cuando se requiere una hospitalización, el paciente ingresa en uno de los diversos hospitales que existen en España. En ellos tiene todo cubierto: pruebas, intervención, estancia en UCI (Unidad de Cuidados Intensivos), alimentación, medicación etc.

Si no hay camas suficientes, la Seguridad Social concierta con clínicas privadas para intentar disminuir las *listas de espera* que, de todos modos, siguen suponiendo un grave problema.

Pero hay gente que no está contenta con los servicios que presta la Seguridad Social, sobre todo en la *asistencia primaria*.

Por ello estas personas pagan un seguro médico, gracias al que pueden acudir a las consultas privadas de los médicos y recibir asistencia hospitalaria en las clínicas privadas.

Hoy por hoy, España es uno de los primeros países en cobertura sanitaria; por eso se entiende en parte la masificación existente.

Por otro lado, es el primer país en donación de órganos y también el primero del mundo en transplantes de riñón.

DESCRIBE LO QUE PASA

→ PARA ACLARAR LAS COSAS:

→ PREVIA CITA = *cita pedida anteriormente.*

→ LISTA DE ESPERA = *debido a la masificación, la gente tiene que esperar un turno para acceder, por ejemplo, a intervenciones quirúrgicas no urgentes, o a ciertos estudios radiológicos.*

→ ASISTENCIA PRIMARIA = *la que se recibe en los centros de salud.*

1. DANOS SINÓNIMOS DE:

■ *Cotización..* . . . .

■ *Vejez.* . . . .

■ *Dar un pase* . . . .

■ *Porcentaje.* . . . .

■ *Apoyada en* . . . .

2. CONTESTA A ESTAS PREGUNTAS:

■ *¿Cómo se financia La Seguridad Social?*

■ *¿Qué cubre la Seguridad Social en general?*

■ *¿Todos los ciudadanos tienen que pagar por las medicinas?*
   Explica tu respuesta.

■ *En el texto se nombran algunas especialidades médicas. ¿Puedes enumerar alguna más?*

■ *Compara el sistema sanitario español con el de tu país.*

PRETEXTO

OPINIÓN DE ARTURO PÉREZ-REVERTE SOBRE LA LOGSE

No recuerdo quién fue el ministro que, con la complicidad de sus colegas y su presidente de gobierno, puso en marcha la reforma educativa que en este país se llama LOGSE.

Ya es molesto que, en este tipo de asuntos, los ministros o los gobiernos, con sus presidentes a la cabeza, te lo pongan todo patas arriba, pero más grave, aún es que luego se jubilen, dimitan o cesen sin que nadie les exija responsabilidades por algunas de sus "geniales" ideas.
En fin, *vamos al grano*. Les estaba hablando de la LOGSE.

Resulta que si uno piensa bien en ella, cae en la cuenta de que, con la actual política educativa respecto a las Humanidades, un alumno puede terminar su carrera sin haber estudiado nunca – insisto: nunca – ni Historia de la Literatura, ni Filosofía, ni Latín, ni por supuesto Griego.

Dicho en otras palabras: sin saber quién fue Cervantes, ni Platón, ni de dónde viene la mayor parte de las palabras y conceptos que manejamos a diario. Claro, es posible que tropiece con profesores que tengan iniciativa pero, si no es así, los chicos de un futuro no muy lejano, pueden salir al mundo convertidos en una calculadora ambulante, sin espíritu crítico, sin corazón y sin memoria.
Vivimos en el siglo XX, a merced de quienes controlan los medios de comunicación de masas. Somos cada vez más víctimas del primero que llega con recursos suficientes para convencernos. Frente a eso, la Cultura con mayúscula, la Literatura, la Historia, las Humanidades en general son la única arma defensiva.

De ellas sacamos ideas, certezas, coraje para defendernos y sobrevivir. Las Humanidades nos cuentan de dónde venimos y cómo hemos llegado a ser lo que somos; hacen que nos comprendamos a nosotros mismos y a los demás. Nos hacen más fuertes, más sabios.

En definitiva, más libres.

En la mente de quienes han ideado esto hay buena voluntad: pretenden proporcionar a los jóvenes una especialización que les permita abrirse paso en un mundo técnico donde la palabra "Humanidades" suena a *sarcasmo*.

El asunto de la reforma educativa no nos habla de maldad sino de estupidez. Buscando la igualdad, han *bajado* tanto *el listón* que nos han dejado a ras de suelo.

(Diario *El Sur* 5-6-94)

PARA ACLARAR LAS COSAS:

→ *IR AL GRANO = ir directamente al asunto importante.*

→ *LOGSE = Ley Orgánica General del Sistema Educativo.*

→ *SARCASMO = ironía.*

→ *BAJAR EL LISTÓN = exigir muy poco.*

1. DANOS SINÓNIMOS DE:

■ *Dimitir.* . . . .

■ *Cesar.* . . . .

■ *Manejamos.* . . . .

■ *Coraje.* . . . .

■ *Estar a la cabeza de.* . . . .

2. DI DE OTRA MANERA:

■ *Puso en marcha la reforma educativa.* . . . .

. . . .

. . . .

■ *Vivimos a merced de quienes controlan los medios de comunicación.* . . . . . .

. . . .

. . . .

A Subraya los presentes de subjuntivo que encuentres en el texto, y fíjate cómo algunos de ellos llevan un adjetivo delante.

B Contesta a estas preguntas:

¿Qué expresa el autor de este artículo: acuerdo con las personas que han puesto en marcha la reforma educativa o desacuerdo? ¿Por qué?

¿Por qué crees que el autor dice que los jóvenes de un futuro próximo pueden convertirse en calculadoras ambulantes?

¿Estás de acuerdo con el autor cuando dice que la única arma para defendernos contra el primero que llega con recursos suficientes para convencernos es la Cultura? Justifica tu respuesta.

¿Qué opinas sobre la afirmación del autor de que las Humanidades nos hacen más libres?

¿Crees que esta reforma educativa es positiva o negativa? ¿Por qué?

CONTENIDOS GRAMATICALES

VERBOS "DE LA CABEZA" EN FORMA NEGATIVA

Cuando estos verbos (ver unidad 9) van en forma negativa, llevan subjuntivo en la oración subordinada.

Ejs.: ■ *No creo* que este jarrón sea antiguo.
■ *No veo* que haya nada nuevo en esta casa.
■ *No ha dicho* que sea difícil, sólo que a él no le gusta.

CONSTRUCCIONES CON SER, PARECER Y ESTAR

SER
PARECER + ADJETIVOS O SUSTANTIVOS + QUE

SER
ESTAR + ADJETIVOS O ADVERBIOS + QUE
PARECER

Se construyen con INDICATIVO:	Se construyen con SUBJUNTIVO:
verdad, evidente, seguro	suficiente, necesario, lógico, natural, normal, interesante, importante, difícil, bueno, malo, mejor, peor, posible, etc…
y sus sinónimos:	
cierto, obvio, claro, indudable etc…	*Verdad, evidente, etc. en forma negativa.*

Ejs.:

- Es verdad que Eduardo *ha cambiado* mucho.
- Está claro que ellos *no son* felices.
- Es evidente que *ha hecho* un gran esfuerzo.
- Parece obvio que *no le caes bien*.

- Es natural que *se sienta* deprimido.
- Es imposible que *llegue* a las tres.
- Es necesario *que entrenes* más.
- No es cierto que *yo tenga manía a* la presidenta de la comunidad.
- No es verdad que ellos *sean millonarios*.

TRUCO

Podemos daros el siguiente truco ante una palabra nueva: ¿Es sinónimo de verdad, evidente, seguro? ¿No? Entonces se construye con SUBJUNTIVO.

Hay algunas expresiones que significan lo mismo y por tanto van en SUBJUNTIVO:

Más vale que = es mejor que *Conviene que* = es bueno que
Basta con que = es suficiente con que *Puede que* = es posible que

O R A C I O N E S   R E L A T I V A S

Antecedente conocido	→	verbo en indicativo.
Antecedente desconocido	→	verbo en subjuntivo.
En forma negativa	→	verbo en subjuntivo.

Ejs.:
- Vivo en una casa *que tiene* dos dormitorios.
- Busco una casa *que tenga* tres dormitorios.
- No conozco a nadie *que fume* tanto como tú.

O R A C I O N E S   M O D A L E S

Entendemos *como* igual a *de la manera que* y aplicamos la regla de las frases de relativo.

Ejs.:
- He colocado los discos *como me dijiste*.
- Me ha dicho que coloque los discos *como yo quiera*.

PRACTICAMOS LA GRAMÁTICA

I. PON EL INFINITIVO EN INDICATIVO O EN SUBJUNTIVO:

1. ■ Es posible que el año que viene (hacer/yo) ....un viaje por Sudamérica.

▶ Jo, chico ¡*qué potra tienes*! Siempre estás viajando.

2. ■ Voy a hablar con Joaquín porque no sé qué le pasa conmigo.

▶ Es mejor que no le (hablar/tú) .... cuando está enfadado.

3. ■ ¿Es cierto que (repetir/ellos) ....el combate de boxeo?

▶ Eso creo.

4. ■ Dicen que muchos jóvenes pasan de estudiar.

▶ Es lógico que no (tener/ellos) .... ninguna ilusión, el futuro no se les presenta precisamente de color de rosa.

5. ■ He llamado cinco veces a Rosa para salir y nada, estoy harta.

▶ Está claro que no (querer/ella) .... nada con nosotros.

6. ■ Todo lo que estás diciendo son estupideces.

▶ Mira, es mejor que (dejar/nosotros) .... esta conversación para otro momento.

7. ■ ¿Es necesario que (rellenar/yo).....................................todos esos papeles?

▶ Sí, ya sabes cómo es la burocracia.

8. ■ ¿Te has enterado de lo de Bankispán?

▶ Sí, es indudable que el problema (ser) ....grave.

9. ■ Conviene que (comprar/nosotros) ....las entradas con tiempo *de sobra*.

▶ Sí, ya se sabe, cuando juega la selección…

10. ■ No es lógico que ahora no te (dejar)................................fumar en los aviones.

▶ Chico, una hora todo el mundo puede aguantarse.

11. ■ Los vecinos de arriba se pelean continuamente.

▶ Más vale que te (dedicar/tú) ....a tus problemas, que ya tienes bastantes.

12. ■ Me ha tocado otra vez la lotería.

▶ Es normal que (estar/tú) ....tan eufórico. ¡Qué *racha* llevas!

13. ■ Siento mucho lo de ayer.

▶ No basta con que me (pedir/tú)............................perdón, porque sé que no sirve de nada.

14. ■ Puede que Sol (estudiar) .... Oceanografía.

▶ Y eso, ¿*tiene salidas*?

15. ■ Es justo que le (condenar/ellos) .... a *cadena perpetua*.

▶ Eso son decisiones de los jueces.

➜ PARA ACLARAR LAS COSAS:

→ POTRA = *buena suerte.*

→ DE SOBRA = *más que suficiente.*

→ RACHA = *buena racha: período de buena suerte. Mala racha: periodo de mala suerte.*

→ TENER SALIDAS = *posibilidad de encontrar trabajo fácilmente al acabar los estudios.*

→ CADENA PERPETUA = *la pena máxima en España: 30 años de cárcel.*

☞ **Explica las expresiones subrayadas.**

II. Haz las frases siguiendo el modelo. Puedes usar los verbos: DAR, TRATAR, SABER, ETC.

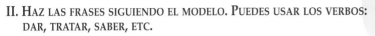

Estoy buscando una casa grande.
Estoy buscando una casa que sea grande.

1. Necesitan una secretaria con mucha experiencia.

....

2. Mi padre tiene un amigo actor.

....

3. Es difícil encontrar personas comprensivas.

....

4. Quiero ver una película de miedo.

....

5. No tengo ningún libro sobre este tema.

....

6. He estado en un bar con música sudamericana en directo.

....

7. Quiero comprarme un coche para muchos años.

....

8. ¿Sabes de algún interesado en compartir piso?

....

9. Busco un buen taller para arreglar mi moto.

....

10. He leído un artículo sobre la clonación.

....

11. Hay muchos animales muertos por la contaminación.

....

12. Tengo un amigo experto en astrología.

....

13. Me han regalado un despertador con radio.

....

14. Creo que conozco una persona ideal para ti.
(Convenir) ....

15. Me gustan los hombres con traje y corbata.

....

III. Pon el verbo entre paréntesis en la forma correcta de indicativo o subjuntivo:

- Me han dicho que usted quiere verme.
- ► Sí, es importante que (hablar/nosotros) .... Tú eres el mejor alumno que (tener/yo) .... en COU y quiero saber qué carrera (ir a hacer/tú) ....
- Pues he decidido estudiar literatura.
- ► Pero es una carrera que no (tener) .... salidas. Es muy difícil que (encontrar/tú) .... un trabajo, pues ya sabes que las *oposiciones* están **congeladas**, y además, si lo consigues no tendrás un sueldo que (*valer la pena*) ....
- Ya, pero usted sabe que lo que más me (gustar) .... es leer. A mí no me interesa una carrera que sólo (me asegurar) .... el futuro. Creo que lo más importante es encontrar un trabajo que te (hacer) .... sentirte feliz.
- ► Bueno, tú haz lo que (querer/tú) .... pero es muy posible que después (arrepentirse/tú) .... Piensa en lo que te (decir/yo) ....
- Lo pensaré, pero no creo que (cambiar/yo) .... de opinión. De todos modos, gracias por su interés.

➜ **PARA ACLARAR LAS COSAS:**

→ *Oposiciones congeladas* = *exámenes para ser Funcionario (profesor, médico) que el Estado no convoca.*

→ *Valer la pena* = *merecer el esfuerzo que lleva hacer algo.*

IV. Reacciona:

1. ■ Creo que va a llover mañana.
► *Anda, chico, yo no creo que* ....

2. ■ ¿Cuándo son los exámenes finales?
► *Lo más lógico es que* ....

3. ■ Este vestido me queda fatal.
► *Pues yo no veo que* ....

4. ■ ¿Por qué no quieres vivir en el campo?
► *Yo no he dicho que* ....

5. ■ ¿Cómo has hecho esta sopa tan rica?
► *Como* ....

6. ■ ¿Qué tipo de disco le compramos a Julia?
► *Uno que no* ....

7. ■ ¿Qué te dijo Alberto?
► *No puedo contarte lo que* ....

8. ■ ¿Cuántos enchufes necesitas?
► *Basta con que* ....

9. ■ ¿Cómo empiezo la tesis?
► *Como tú*...

10. ■ ¿Cuál es el novio de Soledad?
► *El que* ....

ACTIVIDADES

I. PERFIL DE UN ESTUDIANTE

■ En grupo, elaborad el perfil de un estudiante de la carrera que más os guste. Aquí os damos dos modelos.

PERFIL DE UN ESTUDIANTE DE MAGISTERIO	PERFIL DE UN ESTUDIANTE DE TELECOMUNICACIONES
✓ Intereses muy variados.	✓ Facilidad para las matemáticas, física y química.
✓ Receptivo y observador.	✓ Interés por la electrónica.
✓ Sociable, aunque no necesariamente extravertido.	✓ Mente analítica.
✓ Le gustan los niños y adolescentes y "se enrolla" bien con ellos.	✓ Capacidad intelectual elevada.

II. SITUACIONES COMPROMETIDAS

¿Qué haces si tu hijo/a o tu hermano/a pequeño/a vuelve del colegio y te dice que no quiere volver porque:

???

A ■ *sus compañeros se ríen de él/ella.*
B ■ *el/la profesora le tiene manía y lo/la pone en ridículo delante de los demás alumnos.*
C ■ *le da igual estudiar o no porque no va a poder encontrar trabajo*

Elige una de las tres posibilidades y escribe un diálogo.

III. BECAS Y AYUDAS

■ En parejas, elegid una de estas tres actividades.
■ Dad las razones de vuestra elección..

1 La Dirección General de la Juventud de la Rioja convoca a grupos de jóvenes, de entre 15 y 26 años, que quieran relacionarse con otros grupos europeos en un proyecto común. La ayuda económica podrá alcanzar hasta un 50% del costo de dichos proyectos. La realización de los mismos tendrá lugar entre el 1 de junio y el 30 de agosto del año en curso.

Dirección General de la Juventud de la Rioja. Portales, 1. 26001 Logroño.

2 La Asociación Cultural YFO-RUM convoca ayudas económicas dirigidas a estudiantes con buen nivel académico para pasar un año escolar en Estados Unidos o en Europa en régimen de intercambio. Los requisitos para poder optar a estas ayudas son ser estudiante de BUP o COU, haber nacido entre el 1 de marzo de 1976 y el 15 de julio de 1979 y tener unos ingresos familiares por persona y año inferiores a 800.000 pesetas.

YFORUM. Moreto, 5. 28014 Madrid.

3 El Ministerio de Educación y Ciencia convoca ayudas para los alumnos de Centros de Enseñanzas Medias, estudiantes de Universidad y colectivos de profesores, para participar en la actividad de la recuperación y utilización de pueblos abandonados en Granadilla (Cáceres), Búbal (Huesca) y Umbralejo (Guadalajara). Direcciones Provinciales de Educación y Ciencia.

(Revista de Muface, enero de 1994, núm.152)

I. Por fin ya sólo queda una semana para fin de curso. No me gusta nada el *cole*. La *profe* de *mates* siempre igual: 2 x 1 = 2, 2 x 2 = 4...
Para mí, lo más <u>guay</u> es el deporte, bueno, tampoco soy malo para el dibujo. Pero la lengua, eso sí que no me interesa nada.

Juanito, <u>el empollón</u>, siempre me fastidia. No es más inteligente que yo, es que siempre <u>está haciendo la pelota</u> a la *seño*. Por su culpa me van a dejar las *mates*, y a lo mejor la lengua para septiembre. Todo por llevar una <u>chuleta</u> pequeña, pequeña al examen. La *seño* no se dio cuenta, seguro, pero Juanito <u>se chivó</u>.

Bueno, es mejor estar en casa con los <u>cates</u> que en el cole con la *profe* ésa. Me apetece ir a la playa, acostarme más tarde, y despertarme también más tarde que ahora. Para mí, todo es mejor que en el *cole*.

 **A** ¿Sabes a qué palabras corresponden estas abreviaturas?

> *La profe:*..
> *Las mates:*..
> *La seño:*...
> *El cole:*...

B Explica el significado de las siguientes palabras y expresiones.

> *guay:*...
> *empollón:*..
> *hacer la pelota:*...
> *chivarse:*...
> *chuleta:*...
> *cates:*...

II. Une la palabra apropiada de una columna con la otra:

UN BOTE DE	CLAVELES
UNA CAJA DE	PAN
UNA BOTELLA DE	PERFUME
UNA TABLETA DE	TOMATE FRITO
UNA BARRA DE	CERILLAS
UNA DOCENA DE	VINO
UN TUBO DE	CHOCOLATE
UN PAQUETE DE	PASTA DE DIENTES
UN KILO DE	CIGARRILLOS
UN FRASCO DE	FRESAS

PRONOMBRES PERSONALES

SUJETO	OBJETO DIRECTO	OBJETO INDIRECTO
Yo	ME	ME
Tú	TE	TE
Usted	LO (LE)/LA	LE (SE)
Él/ella	LO (LE)/LA	LE (SE)
Nosotros/-as	NOS	NOS
Vosotros/-as	OS	OS
Ustedes	LOS (LES), LAS	LES (SE)
Ellos/ellas	LOS (LES)/LAS	LES (SE)

Le
Les   +   lo/la/los/las   =   SE + lo, la, los, las.

NORMAS

1. Los pronombres van delante del verbo.
   Ejs.: ■ ¿Conoces a Juan?   ■ ¿Dónde está el libro?
   ▶ Sí, **lo** conozco.   ▶ No **lo** sé.

2. Cuando tenemos verbo + infinitivo o verbo + gerundio, los pronombres pueden ir o delante del verbo o detrás del infinitivo o gerundio.
   Ejs.: **Lo** quiero comprar ahora mismo. / Quiero comprar**lo** ahora mismo.
   Lo llevo pensando un año. / Llevo pensándo**lo** un año.

3. Cuando tenemos dos pronombres, primero se coloca el O.I. y después el O.D.
   Ejs.: Quiero decír**selo**.   **Me lo** voy a comprar.

4. Cuando los objetos directo e indirecto están delante del verbo, es obligatorio repetirlos con un pronombre.
   Ejs.: Ese libro ya lo he leído.   Creo que la mesa no la han traído.
   O.D.   R.   O.D.   R.
   A mi hermano le escribí la semana pasada.
   O.I.
   Esto no sucede cuando el objeto directo es *algo* o *nada*.
   Ejs.: **Nada** sé de ese asunto.   **Algo** he oído sobre esa historia.

5. Si el objeto directo está detrás del verbo, no debe repetirse, excepto cuando el O.D. es la palabra **todo**.
   Ejs.: Ya he visto esa película.   Me **lo** han contado todo.
   O.D.   O.D.

6. Si el objeto indirecto va detrás del verbo, la repetición es libre. Aunque es muy frecuente en la lengua hablada, lo correcto sería evitarla.

Ejs.: (*Le*) escribí **a mi hermano** la semana pasada.

O.I.

Ya (*les*) he dado tu recado **a tus padres.**

O.I.

7. Los pronombres van detrás del imperativo afirmativo y delante del imperativo negativo.

Ejs.: *Pon el libro en la mesa.* → *Pon**lo** en la mesa.*
*Escríbe**le** una postal a Ramón.*
*No **lo** pongas en la mesa.*
*No **le** escribas una postal.*

TRES EJERCICIOS GRAMATICALES

I. COMPLETA CON UN PRONOMBRE DONDE SEA NECESARIO:

1. ■ Lidia................................contó que tú....................................ayudaste cuando se quedó sola.

2. ■ Todo lo demás ya ....sabes, no tengo que volver a contar.....................¿verdad?

3. ■ ¿Has pensado en lo que .... dije?

4. ■ ¿Quieres que friegue los platos?

▶ No, ya .... haré yo.

5. ■ ¿Puede decir ....lo que piensa sobre este asunto?

6. ■ ¿................................has enseñado a tu madre el regalo?

▶ Pues claro .... enseñé ayer.

7. ■ ....he pedido a mis amigos que................................. envíen más información

sobre ese asunto, y creo que...................................enviarán la semana próxima.

8. ■ ¡Pero, hombre!, los libros..............................he regalado para leer.........................., no para

poner..............................de adorno.

9. ■ Cuando veas a Candela, ...dices, por favor que ....llame.

10. ■ A mucha gente ....molesta que los perros anden sueltos por la playa; a ti,

¿qué......................parece?

▶ A mí...................................da igual,................................gustan los perros.

II. En estas frases hay muchas repeticiones, ¿puedes eliminarlas sustituyéndolas por pronombres?

1. Han llamado a la puerta pero no quiero abrir la puerta porque tengo mucho miedo de que sea algún ladrón. Cuando me quedo solo en casa nunca abro la puerta.

2. No hemos encontrado un tesoro pero he conseguido un crédito; si invertimos bien el crédito, podremos salir de esta situación y superar esta situación mejor de lo que pensábamos.

3. Hay mucha gente que quería a Gregorio, y llamaba a Gregorio para pedir a Gregorio pequeños servicios y poder dar, así, a Gregorio, sin ofender a Gregorio, una propina por sus trabajos.

4. Pidieron ayuda a Olga, diciendo a Olga que era para rellenar unos papeles y que necesitaban los papeles para solicitar un trabajo. Ella miró a sus amigos y dijo a sus amigos que no tenía tiempo pero que ayudaría a sus amigos si se daban prisa.

5. Tiene muchos problemas y no es capaz de resolver sus problemas sin ayuda de sus padres o hermanos y tiene a sus padres y hermanos pendientes de todo lo que hace; unas veces pide a sus padres o hermanos dinero y si no consigue el dinero, amenaza a sus padres y hermanos con ponerse a robar para chantajear a sus padres y hermanos.

III. Contesta usando un pronombre:

1. ■ ¿Alguien ha visto mi libro?

▶ ....

2. ■ ¿Sabes?, ayer me encontré con Piedad.

▶ ....

3. ■ Oye, ¿tú no tenías un coche blanco?

▶ ....

4. ■ ¿Y el vino que estaba aquí?

▶ ....

5. ■ El otro día te vi con un "chico nuevo".

▶ ....

6. ■ Dentro de poco es el cumpleaños de Francisco ¿verdad?

▶ ....

7. ■ Estoy buscando mi paraguas.

▶ ....

8. ■ ¿Por qué está Ana en paro?

▶ ....

9. ■ ¿Qué piensa tu padre de lo que estás haciendo?

▶ ....

10. ■ He puesto en tu mesa las cartas que había.

▶ ....

11. ■ ¿Desde cuándo no ves a tu abuela?

▶ ....

12. ■ ¿Hay que poner la mesa?

▶ ....

13. ■ ¿Ya has hablado con Carmen?

▶ ....

14. ■ ¿Qué dice el periódico?

▶ ....

15. ■ ¿Por qué te has puesto la cazadora?

▶ ....

COMO LO OYES

OPINIÓN DE LOS PROFESORES SOBRE EL ALUMNADO

Vas a oír el resultado de una encuesta realizada a 1.500 profesores sobre el alumnado. Tras la audición, contesta si son verdaderas (**V**) o falsas (**F**) las siguientes afirmaciones

	V	F
1. *Los alumnos actuales son, en general, más trabajadores que los de antes.*		
2. *Un 78% de los docentes cree que los alumnos más pasivos son los de FP.*		
3. *Los alumnos no necesitan fuerte disciplina por parte del profesor.*		
4. *El mejor método para que el estudiante trabaje es premiar y castigar.*		

ESCRIBE

I. RECUERDOS DE TUS AÑOS ESCOLARES

II. ESCRIBE UNA CARTA

Eres el director de un colegio y has recibido el folleto de la página siguiente sobre la granja-escuela *Las Lagunas de Ruidera*. Te ha convencido la información.

Ahora escribe una carta diciendo:
■ Que quieres llevar a 31 alumnos. ■ Días 10, 11, 12, 13, 14, 15 de febrero.

Y pregunta:
■ Qué ropa tienen que llevar. ■ Si hay calefacción y agua caliente. ■ Y todo lo que te interese saber.

La granja
está situada en la provincia de Albacete
en las Lagunas de Ruidera,
donde nace el río Guadiana,
en un entorno natural precioso.

Tenemos animales, así es que los niños podrán darles de comer, ordeñar las vacas y recoger los huevos frescos, y también podrán trabajar en nuestro huerto y recolectar frutos.

Nuestra granja tiene instalaciones deportivas y todo lo necesario para que no les falte el ejercicio físico.

Pero además, los niños podrán participar en muchas y variadas actividades: cocina, telares, expresión corporal, etc.

Durante la estancia en nuestra granja un experimentado equipo de monitores acompañará a los niños.

Para total seguridad, contamos las 24 horas del día con personal sanitario cualificado, un botiquín perfectamente equipado y un vehículo a nuestra disposición.

LEE

EL SISTEMA EDUCATIVO ESPAÑOL

Artículo 27 de la Constitución Española.

1. Todos los españoles tienen el derecho a la educación. Se reconoce la libertad de la enseñanza.

2. La educación tendrá por objeto el pleno desarrollo de la personalidad humana en el respeto a los principios democráticos de convivencia y a los derechos y libertades fundamentales.

3. Los poderes públicos garantizan el derecho que asiste a los padres para que sus hijos reciban la formación religiosa y moral que esté de acuerdo con sus propias convicciones.

4. La enseñanza básica es obligatoria y gratuita.

7. Los profesores, los padres y, en su caso, los alumnos intervendrán en el control y en la gestión de todos los centros sostenidos por la Administración con fondos públicos, en los términos que la ley establezca.

10. Se reconoce la autonomía de las Universidades en los términos que la ley establezca.

ÉXITO Y FRACASO EN LA ESCUELA

Pautas, sugerencias, recomendaciones...

En muchas ocasiones, detrás de un fracaso escolar existe una indiferencia o un rechazo frontal a la lectura. Para algunos pedagogos, el bajo rendimiento en la escuela está asociado a la falta de métodos que permitan a los alumnos aprender a leer con rigor y al mismo tiempo de forma divertida disfrutando.

Ante una conducta inadecuada y repetitiva, es necesario desarrollar la comunicación entre profesores y padres. No es extraño que el alumno que no atienda a las normas de clase suela tener también problemas similares en su ámbito familiar. La búsqueda de soluciones en común es otro medio para favorecer la educación.

Es necesario que los padres ayuden a organizar el trabajo de sus hijos y "negocien" con ellos unos horarios de estudio razonables.

Un programa de deberes espartano o los castigos deben ser conductas a evitar.

La orientación puede ser un elemento determinante en la eduación y en la conducta de un alumno.

A través de ella se pueden establecer medidas para prevenir dificultades de aprendizaje, así como pedagogías específicas que vayan acompañadas de métodos de evaluación adaptados.

Causas

Éxito:

El seguimiento de ciertas pautas de estudio puede ser suficiente para superar un curso.

Los padres cuyos hijos rinden satisfactoriamente en la escuela participan más en la vida del centro.

La ayuda familiar es importante, pero también que el niño adquiera hábitos propios de trabajo.

Fracaso:

La falta de detección precoz de determinados problemas de aprendizaje.

La excesiva presión por parte de los padres puede resultar contraproducente.

La "teleadicción" lleva muchas veces a la pasividad. ¿Cómo va a afrontar un alumno un problema de matemáticas, después de horas de televisión?

Alumnos que abandonan la educación sin diploma según países.
(Fuente: Roots, Gra Ham)

Consecuencias

Éxito:

Un adecuado rendimiento es considerado por muchos psicólogos como un signo de salud mental.

Posibilidad de promocionar de un ciclo a otro y tener acceso a otras opciones de estudio.

Los hábitos de trabajo adoptados en las primeras etapas escolares perduran con el paso del tiempo.

Fracaso:

Estados emocionales anormales o problemas de salud física.

Situaciones de pasividad, pasotismo, frustración y a veces de inclinación al suicidio.

"Huida" de la presión del entorno familiar y refugio en el alcohol, drogas o delincuencia.

Abandono del sistema educativo.

ESTRUCTURA DEL SISTEMA EDUCATIVO ESPAÑOL

EDUCACIÓN INFANTIL	EDUCACIÓN PRIMARIA	EDUCACIÓN SECUNDARIA	TÍTULO EDUCACIÓN SECUNDARIA	
(de 0 a 6 años)	(de 7 a 12 años)	(de 13 a 16 años)		BACHILLER
VOLUNTARIA	OBLIGATORIA Y GRATUITA	OBLIGATORIA Y GRATUITA		F.P. GRADO MEDIO
				MUNDO DEL TRABAJO

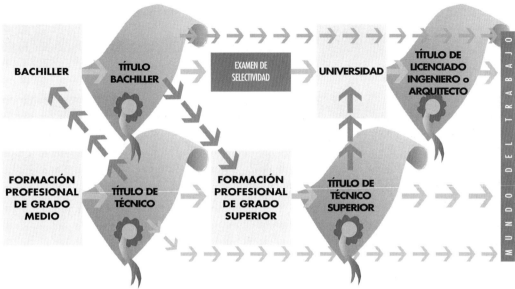

BACHILLER → TÍTULO BACHILLER → EXAMEN DE SELECTIVIDAD → UNIVERSIDAD → TÍTULO DE LICENCIADO INGENIERO o ARQUITECTO

FORMACIÓN PROFESIONAL DE GRADO MEDIO → TÍTULO DE TÉCNICO → FORMACIÓN PROFESIONAL DE GRADO SUPERIOR → TÍTULO DE TÉCNICO SUPERIOR

MUNDO DEL TRABAJO

1. DINOS CON OTRAS PALABRAS:

■ *Detrás de un fracaso escolar existe un rechazo frontal a la lectura.*

....

■ *Los padres cuyos hijos rinden satisfactoriamente participan más de la vida del centro.*

....

■ *Los hábitos de trabajo adoptados en las primeras etapas escolares perduran con el paso del tiempo.*

....

2. DANOS SINÓNIMOS DE:

■ *Leer <u>con rigor</u>* ....
■ *Conductas* ....
■ *Pautas* ....
■ *Contraproducente* ....
■ *Tener acceso* ....
■ *<u>Entorno</u> familiar* ....

3. CONTESTA A ESTAS PREGUNTAS:

■ *Señala en el texto las estructuras de subjuntivo estudiadas hasta ahora.*
■ *Cuando se observan problemas escolares en los estudiantes ¿qué se debe hacer?*
■ *¿Cómo pueden los padres ayudar a sus hijos?*
■ *¿Estás de acuerdo con las causas y las consecuencias del fracaso escolar que aparecen en la lectura? ¿Puedes dar tus propias ideas?*
■ *Compara el sistema educativo español con el de tu país. Señala las diferencias.*

UNIDAD 10 LA PUBLICIDAD

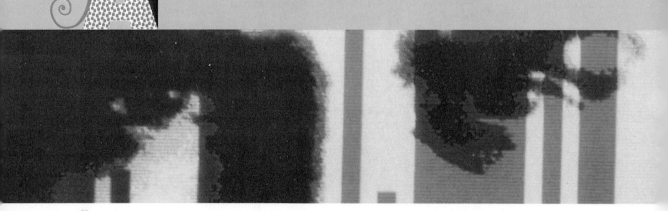

PRETEXTO

ANUNCIOS PUBLICITARIOS

Tengo algo para ti. **NO.** Venga, hombre. **NO.** Prueba un poco. **NO.** Te gustará **NO.** Vamos, tío. **NO.** ¿Por qué? **NO.** Vas a alucinar. **NO.** No te cortes. **NO.** ¿Tienes miedo? **NO.** No seas gallina. **NO.** Sólo una vez **NO.** Te sentará bien. **NO.** Venga, vamos. **NO.** Tienes que probar. **NO.** Hazlo ahora. **NO.** No pasa nada. **NO.** Lo estás deseando. **NO.** Di que sí. **NO.**

En el tema de la droga tú tienes la última palabra.

Fundación de Ayuda contra la drogadicción

¡Unete para hacer el bien!

Un poco de tu generosidad puede
aliviar muchas vidas.

Participe en la labor
humanitaria de la
FUNDACION PRODEIN

**19 DE MARZO,
SAN JOSÉ, DÍA DEL PADRE**

¡Díselo con un regalo!

El Corte Inglés

ESPECIALISTAS EN TI.

1. EXPLICA CON PALABRAS Y EXPRESIONES:

■ *Tío.*

....

■ *Vas a alucinar.*

....

■ *No te cortes.*

....

■ *No seas gallina.*

....

2. CONTESTA A ESTAS PREGUNTAS:

■ *¿En qué se diferencian estos tres anuncios?*

....

■ *¿Crees que es verdad que "en el tema de la droga tú tienes la última palabra"? ¿Por qué?*

....

■ *¿Te parece que la sociedad actual es humanitaria?*

....

■ *¿Qué es lo que le tiene que decir con un regalo?*

....

■ *¿Qué te parece lo del Día del padre? ¿un invento de los grandes almacenes para vender más, o crees que tiene algún sentido?*

....
....

CONTENIDOS GRAMATICALES

EL IMPERATIVO

U S A M O S   E L   I M P E R A T I V O

Para dar consejos:

Ejs.:
- Me han ofrecido un trabajo excelente en Nueva Zelanda y no sé qué hacer.
- *No lo dudes, acéptalo.*
- *No lo aceptes.* Nueva Zelanda está muy lejos, y tú no tienes ni idea de cómo es la vida allí.

Para dar instrucciones:

Ejs.:
- Por favor, *pongan* sus asientos en posición vertical.
- *Rellena* los huecos con la palabra apropiada.

Para dar órdenes:

Ejs.:
- *No fumen.*
- *No deje* este medicamento al alcance de los niños.

La mayoría de las veces los hablantes preferimos "suavizar" las órdenes, y para ello utilizamos diferentes fórmulas:

Ejs.:
- *¿Puedes* hablar un poco más bajo, por favor?
  - *¿Le importa* retirarse un poco, por favor? Es que no veo nada.
  - *¿Podríais* prestarme vuestro diccionario?
  - *¿Les importaría* enseñarme sus pasaportes?

Algunas veces, los españoles reduplicamos el imperativo para resultar más amables.

Ej.:
- ¿Puedo pasar?
  - Sí, *pase, pase.*

El infinitivo puede sustituir al imperativo en carteles públicos:

Ejs.:
- *No pisar* el césped.
  - *Empujar, tirar* (en las puertas de lugares públicos).

A + INFINITIVO sustituye algunas veces en lenguaje familiar al imperativo.

Ejs.:
- *¡A desayunar!*
  - *¡A dormir!*

Existe una serie de imperativos que funcionan como simples fórmulas coloquiales:

¡Anda ...! ¡Mira ...! ¡Vaya ....! ¡Venga ...! ¡No me digas!

Los pronombres que acompañan al imperativo afirmativo van unidos a él y forman una sola palabra.

Ejs.:
- Dí*melo* ¡ahora mismo!
  - Dí*selo* cuanto antes.

No ocurre lo mismo si el imperativo va en forma negativa.

Ejs.:
- No *me lo* des ahora que no puedo cogerlo.
  - No *se lo* digas.

Los verbos reflexivos pierden la -d final en la segunda persona del plural.

Ejs.:
- Leed este capítulo.
  - Pero: *Levantaos* temprano.
  - *Lavaos* las manos antes de comer.

PRACTICAMOS LA GRAMÁTICA

I. PON LA FORMA CORRECTA DEL IMPERATIVO:

1. (Venir / vosotros) ....mañana más temprano.

2. (Dejar / tú)..................................... las llaves del coche en la entrada.

3. (Callarse / tú)..............................de una vez.

4. (Decirme / tú)..............................la verdad.

5. (Pasar / usted)...............................por favor.

6. (Volver / tú)...............................antes de las 8.

7. (Cerrar / tú)...la ventana, que estoy helado.

8. Mañana no hay clase. (Decírselo / tú)..a María.

9. (Sentarse / tú).. un momento, que quiero hablar contigo.

10. (Llevarse / vosotros)...el paraguas; está nublado.

11. (Irse / tú)...................................a freír espárragos, no te aguanto más.

12. (*Agitarse*)..antes de usar.

13. (Tener / tú)... cuidado, que hay muchos baches.

14. Si vais a Sierra Nevada, (comprarse / vosotros) ....una crema protectora.

15. Si vas a tráfico, (preguntar / tú) .... por Teresa y (decir / tú a ella)................................... que eres amigo mío.

PARA ACLARAR LAS COSAS:

→ *AGITAR* = *mover de arriba a abajo. Esta frase aparece en productos farmacéuticos, de limpieza, etc.*

II. PON LA FORMA CORRECTA DEL IMPERATIVO NEGATIVO:

1. No (tomarse / tú) .... las cosas así, *no es para tanto*.

2. No (creerse / vosotros) .... nada de lo que dice, es un mentiroso.

3. No (decir / tú) .... a Manolo que hemos hablado de esto.

4. No (hacer fotos / ustedes) .... dentro del museo. Está prohibido.

5. No (correr / tú) .... tanto que me mareo.

6. No (enfadarse / tú) .... conmigo, yo no tengo la culpa de nada.

7. No (pasar / vosotros) .... por esta calle, a esta hora siempre hay atascos.

8. No (aparcar / tú) .... aquí, que seguro que se lleva el coche la grúa.

9. No (comer / tú) .... tanto, te vas a poner como una foca.

10. No (hacer / tú) .... caso de lo que dicen, y estudia más.

11. No (meter/tú) .... este jersey en la lavadora; hay que lavarlo a mano.

12. No (ser/tú) .... tan *quisquilloso*, Luis es muy agradable.

13. No (mirar/tú) .... para atrás, hay un chico al que no quiero saludar.

14. No (beber/vosotros) .... agua del grifo, está asquerosa.

15. No (ponerse,/tú) .... ese pantalón, te queda fatal.

PARA ACLARAR LAS COSAS:

→ *NO ES PARA TANTO* = *no tiene mucha importancia, no exageres.*

→ *QUISQUILLOSO* = *persona que se fija mucho en detalles pequeñitos y sin importancia, y se enfada.*

III. SUSTITUYE EL OBJETO DIRECTO Y EL INDIRECTO
POR LOS PRONOMBRES PERSONALES APROPIADOS,
SIGUIENDO ESTE EJEMPLO:

Pedro va a una fiesta y necesita el coche.
Préstaselo.

1. Ana necesita una autorización para ir de viaje.
....

2. Luis quiere volver a casa a las 7 de la mañana.
No...

3. Dolores quiere que le grabes 3 discos tuyos.
....

4. Pedro quiere comer hoy pimientos asados.
....

5. Sol quiere que le cortes el pelo.
....

6. Pablo va a pedirte dinero y no lo necesita.
No...

7. Salvador quiere ir de compras contigo.
....

8. Lucía necesita vuestro diccionario.
....

9. Ellos quieren ir a comer a vuestra casa.
....

10. Ellas quieren viajar a Suecia en auto-stop.
No...

IV. Sustituye el imperativo por otras fórmulas más corteses, para "suavizar" las siguientes órdenes:

1. Quítate de ahí.
....

2. Cierra la ventana que tengo frío.
....

3. Saca a pasear al perro.
....

4. Baja ahora mismo el volumen del televisor.
....

5. Pon la mesa.
....

6. Retírate que no veo.
....

7. Acompáñame al supermercado.
....

8. Enséñeme su pasaporte.
....

9. Empezad a comer..
....

10. No hablen tan alto.
....

11. Encended la refrigeración. Hace calor.
....

12. Déjeme pasar.
....

13. Prestadme el periódico.
....

14. No fumes.
....

V. Reacciona:

1. Una señora va a sentarse en una silla sucia.
....

2. Unos amigos te dicen que van a ir a un restaurante que tú sabes que es caro y malo.
....

3. Tu compañero de piso no para de hablar y tú estás viendo una película en la tele.
....

4. Vienes cargado del supermercado y tu novia no hace nada.
....

5. Tu profesor va a hacer un viaje.
....

6. Hay un señor que te está molestando.
....

7. En clase te has quedado sin papel.
....

8. Un amigo te cuenta que su novia lo ha abandonado y se echa a llorar.
....

9. Vas a salir con una amiga, pero tú no estás listo. Ella tiene prisa.
....

10. Has prestado un libro a un compañero y lo ha perdido.
....

I. Normas para los usuarios de las piscinas públicas

Pon debajo de cada una de las viñetas que forman este cartel las instrucciones en imperativo.

---------------------------   ---------------------------   ---------------------------

---------------------------   ---------------------------   ---------------------------

II. Dar consejos

Tras la lectura de este texto, y siguiendo este modelo, da consejos a las siguientes personas.

OPERACIÓN VERANO 94 • PROGRAMA DE SEGURIDAD EN VIVIENDAS

Disfrute sus vacaciones

Tranquilamente

Y recuerde por favor estos consejos

◆ Compruebe que todas las posibles entradas de la casa quedan perfectamente cerradas, incluyendo las ventanas que dan a los patios.

◆ No conviene dejar señales visibles de que su vivienda está desocupada; encargue a algún vecino la recogida de la correspondencia de su buzón.

◆ Si quiere dejar un juego de llaves de reserva, no lo haga en escondites improvisados: déjelas a alguien de su confianza.

◆ No comente su ausencia con personas desconocidas ni deje notas indicando cuándo piensa volver.

◆ Conviene dejar a un vecino de confianza su dirección y teléfono de contacto mientras usted esté fuera.

A. A un tímido:..
....
....

B. A un vago: ....
....
....

C. A un ambicioso:..
....
....

III. Receta de cocina

En la unidad 1 dimos la receta de la tortilla de patatas en presente. Muchos libros de cocina dan las recetas en imperativo.

Da a tu profesor/a y a tus compañeros (en imperativo) la receta de un plato típico de tu país.

IV. Debate

¿Para qué sirve la publicidad?

1. COMO LO OYES

DIFERENTES AVISOS

Tras la audición, contesta a las siguientes preguntas:

- *¿De qué vuelo se trata?*
- *¿Dónde comienza la promoción?*
- *¿A dónde tiene que acudir el doctor Velasco?*
- *¿Qué tipo de tren va a efectuar su salida?*
- *¿Quiénes tienen que acudir al salón de recepción?*

VOCABULARIO

I. Rellena los huecos con las palabras del recuadro:

LA MUJER EN LA PUBLICIDAD, UNA IMAGEN POCO REAL

Desde que nos levantamos hasta que finaliza ...., recibimos por medio de la publicidad miles de .... En la televisión, en la radio, en la prensa o en .... , nos bombardean con anuncios, aconsejándonos la mejor colonia, el coche más rápido o .... que limpia como ninguno. Todos ellos nos ofrecen .... que nada tienen que ver entre sí, pero están unidos por ....: la mujer está presente en todos y cada uno de ellos, y .... figura como reclamo principal.

Un informe realizado por la Comisión de las Comunidades Europeas revela que en los anuncios publicitarios la imagen femenina aparece con más .... que la masculina, y que en casi todos ellos la mujer aparece como una delicada y........................... esposa, dedicada exclusivamente al cuidado del hogar y .... de los hijos.

(Texto adaptado. Revista "Mía", nº 213, octubre 1990).

FRECUENCIA
LA CALLE
PRODUCTOS DIFERENTES
EL DÍA
AMANTE
EL DETERGENTE
MENSAJES
EN LA MAYORÍA
A LA EDUCACIÓN
UN ELEMENTO COMÚN

II. Di cuatro cosas que puedes comprar en cada una de estas secciones de unos grandes almacenes:

■ Papelería y librería: ....

■ Confitería y pastelería: ....

■ Niños/as: ....

■ Deportes: ....

■ Muebles: ....

■ Electrodomésticos: ....

■ Electrónica y alta fidelidad ....

RECUERDA

D E M O S T R A T I V O S

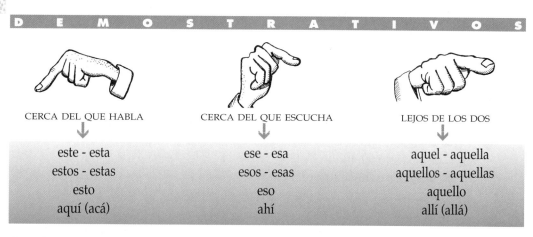

CERCA DEL QUE HABLA	CERCA DEL QUE ESCUCHA	LEJOS DE LOS DOS
↓	↓	↓
este - esta	ese - esa	aquel - aquella
estos - estas	esos - esas	aquellos - aquellas
esto	eso	aquello
aquí (acá)	ahí	allí (allá)

Cuando contemplamos tres objetos o personas decimos **este** al que está más cerca; **ese** al que está en medio y **aquel** al que está más lejos.

Este se refiere al presente, al p. perfecto y al futuro. **Ese/Aquel** se refieren al p. indefinido, al p. imperfecto o al p. pluscuamperfecto.

Frases hechas.

A eso de: aproximadamente.

En eso: para introducir una acción repentina dentro de una narración.

¿Y eso?: pregunta que revela sorpresa o extrañeza.

Recuerda que los neutros: **esto**, **eso** y **aquello**, no tienen plural.

P O S E S I V O S

ADJETIVOS

1ª persona sg.: *mi / mis.*

2ª persona sg.: *tu /tus.*

3ª persona sg.: *su /sus.*

1ª persona pl.: *nuestro / nuestra / nuestros / nuestras.*

2ª persona pl.: *vuestro / vuestra / vuestros / vuestras.*

3ª persona pl.: *su /sus.*

PRONOMBRES

1ª persona sg.: *mío / mía / míos / mías.*

2ª persona sg.: *tuyo / tuya / tuyos /tuyas.*

3ª persona sg.: *suyo / suya / suyos /suyas.*

1ª persona pl.: *nuestro / nuestra / nuestros /nuestras.*

2ª persona pl.: *vuestro/ vuestra / vuestros / vuestras.*

3ª persona pl.: *suyo/ suya / suyos / suyas.*

DOS EJERCICIOS GRAMATICALES

I. Completa las siguientes frases usando los demostrativos:

1. ■ Por favor ¿podría enseñarme .... bolso? El que está en el escaparate.

▶ Ahora mismo señora ... ¿...?

■ Sí.

2. ■ .... verano no podemos irnos de vacaciones, tendremos que quedarnos en casa.

3. ■ .... que dices es una tontería, nadie va a creerte.

4. ■ Me acuerdo muy bien de .... día porque fue cuando nos conocimos.

5. ■ ¿Qué te parece .... coche?

▶ No está mal.

6. ■ ¿Quién es tu hermano?

▶ .... que está cerca de la puerta.

7. ■ ¿Estás seguro de que es .... el camino?

▶ Claro que sí, lo he hecho miles de veces.

8. ■ A ver, repíteme .... de que yo soy un imbécil.

9. ■ ¿Cuál es tu casa?

▶ Ves .... edificio alto, de color gris?

■ Sí.

▶ Pues .... es.

10. ■ Oye, aquí en España pasan cosas muy raras.

▶ Sí, es verdad, ... país es así.

11. ■ ¿Me das .... bolígrafo?

▶ ¿Cuál? ¿..?

12. ■ Oye, yo veo muy mal, ¿qué es .... de allí?

13. ■ Lo que quiero decirte es .... : vamos a cerrar la empresa.

14. ■ No recuerdo a qué hora llegaron, creo que fue a .... de las 12.

15. ■ Estábamos viendo tranquilamente la tele y en .... se fue la luz.

II. Practicamos los posesivos:

1. ■ .... madre me escribe todas las semanas.

▶ Pues .... , sólo cuando se acuerda.

2. ■ En .... edificio tenemos una piscina enorme, si queréis podéis venir.

3. ■ ¿Tenéis en .... colegio clases de informática?

▶ ¡Qué va!

4. ■ .... ordenador es bueno, sí, pero .... es mucho más potente.

5. ■ Dile a Lucía que la está buscando .... hermano.

6. ■ Son unas egoístas, sólo piensan en resolver .... problemas, ...
no les preocupan.

7. ■ ¿Y .... marido? ¿No viene con nosotros?

► No, tiene una cena con .... compañeros de oficina.

8. ■ Mira a mí no me cuentes eso. Ya no me creo .... mentiras.

9. ■ Yo he traído .... apuntes, ¿Dónde están .... ?

10. ■ Este verano, ... hijos se van de acampada con el colegio.

11. ■ ¿Qué pensáis de .... profesores?

► A mí me parece que .... explica muy bien.

12. ■ ¿De qué es .... bocadillo? .... es de mortadela.

.... es de foie gras, te lo cambio.

13. ■ Estoy harta de.................. historias: ¿por qué no escuchas alguna vez ....?

14. ■ Tenemos que hablar de .... problemas cuanto antes.

15. ■ ¿Habéis visto? .... coche tiene una rueda pinchada.

II. COMO LO OYES

ANUNCIOS PUBLICITARIOS

Tras la audición, contesta si son verdaderas (V) o falsas (F) las siguientes afirmaciones:

	V	F
1. La señora que habla dice que ha llegado al aeropuerto tras un largo viaje por Asia.		
2. Se puede adelgazar hasta 13 kilos en un mes.		
3. El curso está especialmente indicado para todo tipo de estudiantes.		
4. El autobús que está a punto de llegar es el 27.		

ESCRIBE

I. CARTA DE RECLAMACIÓN:

Escribe una carta de reclamación a una agencia de viajes quejándote de que:

1   Te cobraron el traslado del aeropuerto al hotel y a ti te habían dicho que ese servicio era gratuito.

2   Te habían dicho que tu habitación tenía vistas al mar y te dieron una que daba al aparcamiento.

3   Querías desayunar en tu habitación y te dijeron que no había servicio de habitaciones, aunque el folleto decía que sí.

Después de exponer tus quejas, solicita una rebaja en tu factura por todos los fallos que han cometido.

II. La empresa española *Nutrebién* quiere lanzar al mercado su nuevo producto: yogur con miel. El director está dispuesto a pagar una fuerte suma de dinero a la empresa publicitaria que le presente el mejor anuncio. ¿Te animas? Anda, inténtalo.

LEE

24 AÑOS DE PUBLICIDAD ESPAÑOLA

TRANSICIÓN

LA DÉCADA DE LOS AÑOS 70.

Ésta será siempre la década de la transición. Estos son tiempos de grandes y definitivos cambios. La muerte de Franco (20 -noviembre-1975) *conmocionó* al país y a sus estructuras. Desde esa fecha hasta el final de la década se suceden hechos en la historia política de España, que cambiaron completamente su panorama interno y su proyección exterior. La transición no fue sólo política, sino que la sociedad sufrió una profunda y rapidísima transformación, pasando a ser por fin libre y moderna.

España estaba en alza y su crecimiento era imparable. Los españoles compraban *febrilmente* coches y electrodomésticos.
La televisión es el medio rey, en comunicación y en publicidad. Como medio artístico, el cine, que se *libera de la censura*, consigue reavivar la asistencia del público. Los anunciantes se ponen al día; los medios antiguos, como la radio, se han modernizado y los nuevos, como la publicidad exterior, se normalizan. Las agencias publicitarias tienen que renovarse para competir con las extranjeras y algunas lo logran. Y nacen muchas otras con profesionales españoles, que harán crecer la publicidad que se hace en el país.

La publicidad logra entrar en la universidad en 1971, como una de las ramas de Ciencias de la Información. Los publicistas españoles ganan durante esta década muchos premios en certámenes internacionales.

80   LA DÉCADA DE LOS 80.

Son los años del crecimiento y la expansión; proliferan empresas y negocios, la bolsa *está en ebullición* y el éxito y el dinero se convierten en fines en sí mismos. La tecnología cambia nuestras vidas, en el trabajo y en casa. Hay que cultivar la imagen y se contratan expertos para que se ocupen de ello.

Esta es la década de los medios de comunicación, la radio conoce una enorme expansión. El escenario publicitario vive igualmente todas estas características de la década de fuerte crecimiento: aceleración, obsesión por el dinero, culto a la imagen. Estos fueron los años de la irresistible ascensión.

90   LOS 90.

Al poco de nacer la década de los 90, el mundo occidental se veía inmerso en una profunda crisis económica. Ahora las empresas cierran o despiden a los empleados. Aparecen competidores que trabajan más barato, familias e individuos manejan menos dinero y reajustan sus gastos.

Algo así le ha pasado a la publicidad española. Conserva su gran calidad y su prestigio – en 1993 volvió a ganar el gran premio de Cannes y otros 20 premios más, tantos como EE UU y Gran Bretaña – y es abundante y variada.

No parece que la crisis vaya a acabar con la publicidad. Es más, saldrá de ella reforzada, como ya ha ocurrido otras veces, porque cuando hay dificultades uno se esfuerza, cuando el dinero no abunda el cliente quiere estar seguro de que la idea que se le ofrece es la mejor, y todo ello inevitablemente hará ganar a la publicidad en brillantez, imaginación y eficacia.

(Texto resumido. Nº especial de la revista "Vogue" 1994).

PARA ACLARAR LAS COSAS:

→ *CONMOCIONAR = impresionar mucho.*

→ *FEBRILMENTE = con mucho afán.*

→ *LIBERARSE DE LA CENSURA = las películas se podían ver enteras, sin cortes.*

→ *ESTAR EN EBULLICIÓN = estar muy activa.*

1. DINOS CON OTRAS PALABRAS:

■ *España estaba en alza.*

. . . .

■ *Los anunciantes se ponen al día.*

. . . .

■ *La radio conoce una enorme expansión.*

. . . .

2. DANOS SINÓNIMOS DE:

■ *Reavivar la asistencia del público* . . . .

■ *Ascensión* . . . .

■ *Inmerso.* . . . .

3. CONTESTA A ESTAS PREGUNTAS:

■ *¿Cuáles son las principales características de la década de los 70 en España?*

. . . .

. . . .

■ *¿Cómo podríamos calificar la década de los 80?*

. . . .

. . . .

■ *¿Qué ocurre con las empresas al empezar el año 1990?*

. . . .

. . . .

■ *¿Cómo es la publicidad española actual?*

. . . .

. . . .

. . . .

■ *¿Qué futuro se presenta a la publicidad?*

. . . .

. . . .

. . . .

UNIDAD 11 — EL TRABAJO

AUNIDAD11

PRETEXTO

ENTREVISTA CON DOLORES MAR

■ *¿Cuándo decidió usted ser cantante?*

■ No puedo contestar con exactitud, pero desde niña tuve claro que no me dedicaría a una profesión convencional. No sé si ya entonces pensaba que llegaría a ser cantante...

■ *¿Podría explicarse un poquito más?*

■ Bueno, cuando estaba en 3º de Derecho, en la Universidad de Zaragoza, formamos un grupo de rock. Era el año 75, los músicos que nos gustaban entonces eran Dylan, Young y Clapton, e interpretábamos su música.

Nuestro grupo se llamaba Casablanca y tocábamos en las fiestas de las facultades y en los colegios mayores de esta ciudad.

Cuando acabé la carrera me trasladé a vivir a Barcelona, y, un día, en casa de unos amigos, pusieron un disco de Billie Holiday. Me gustó tanto, especialmente la canción "Lover Man", que la puse cinco veces seguidas y, en cuanto salí de aquella casa, fui a comprarme el disco.

■ *¿Fue en ese momento cuando usted decidió abandonar el rock y empezar a cantar jazz?*

■ Sí, no me resultaba difícil cantar rock, pero el jazz era otra cosa. Decidí trabajar mucho durante todo ese año para ahorrar y poder ir a EE UU a recibir clases de canto. Al año siguiente me fui a Nueva York y estuve diez meses recibiendo lecciones de canto y trabajando en un restaurante para poder pagar el alojamiento y la comida.

■ *¿Qué hizo usted cuando regresó a España?*

■ Me dediqué a cantar en todas las salas de jazz de Barcelona y alrededores.

■ *¿Y después se marchó a Francia?*

■ Sí, firmé un contrato por tres meses y me quedé allí mucho más tiempo, actuando en un montón de salas de jazz, por todo el país. Durante ese tiempo vine varias veces a España para participar en bastantes festivales. Al cabo de tres años decidí volver a Barcelona.

■ *Desde entonces usted ha viajado muchísimo, ¿no?*

■ Sí, prácticamente paso nueve meses cantando fuera de mi país. He actuado por todo el continente americano y en casi todos los países europeos.

■ *¿Y qué planes tiene actualmente?*

■ Me marcho dentro de dos meses a Río de Janeiro porque voy a interpretar allí una adaptación de la ópera *Carmen*.

■ *¿Y qué le gustaría hacer al acabar su contrato en Brasil?*

■ Me encantaría volver a España y quedarme un año entero viviendo en Madrid, actuando en salas de jazz. Otra cosa que me apetecería muchísimo sería grabar un disco.

■ *Bueno, pues le deseo toda la suerte del mundo, y que sus planes se hagan realidad.*

■ Muchísimas gracias y hasta siempre.

1. DI CON OTRAS PALABRAS:

■ *Al cabo de tres años.*

. . . .

■ *Prácticamente paso nueve meses actuando fuera de mi país.*

. . . .

■ *Y que sus planes se hagan realidad.*

. . . .

2. DANOS SINÓNIMOS DE:

■ *Interpretar su música.* . . . .

■ *Abandonar el rock.* . . . .

■ *Un montón de salas de jazz* . . . .

3. CONTESTA A ESTAS PREGUNTAS:

■ *¿Puedes explicar qué son las facultades y los colegios mayores?*

. . . .
. . . .
. . . .

■ *¿Formó parte Dolores Mar de algún grupo? ¿Cómo se llamaba/n?*

. . . .
. . . .
. . . .

■ *¿Le resultó fácil llegar a ser cantante de jazz? ¿Por qué?*

. . . .
. . . .
. . . .

■ *¿Por qué piensas que se quedó tres años en Francia?*

. . . .
. . . .
. . . .

■ *¿Te gustaría llevar una vida parecida a la de Dolores? Justifica tu respuesta.*

. . . .
. . . .
. . . .

CONTENIDOS GRAMATICALES

EL CONDICIONAL

Se usa para:

 EXPRESAR DESEOS.

Ejs.:
- Me encantaría encontrar un trabajo fijo.
- A Juan le gustaría ir a la India.
- Desearía ser tan feliz como ahora el resto de mi vida.

 EXPRESAR CORTESÍA O SUAVIZAR PETICIONES (EN ESTE CASO PODRÍAMOS USAR EL PRESENTE).

Ejs.:
- ¿Podría hablar con usted?
- ¿Te importaría dejarnos solos un momento?
- Necesitaría salir antes para ir al médico.
- Querría un billete para Madrid en el Talgo de las 4.

 DAR CONSEJOS Y HACER SUGERENCIAS.

Ejs.:
- Deberías estudiar más para el examen.
- ¿Me compro las sandalias negras?
- ▶ No. Yo me compraría las marrones.
- ¿Te apetecería salir esta noche conmigo?
- ▶ Me encantaría, pero no puedo.

 EXPRESAR UN HECHO FUTURO DESDE UN PUNTO DE VISTA PASADO.

Ejs.:
- Llegaré sobre las 5.
  (Más tarde)
- ▶ Me dijiste que llegarías sobre las 5, por eso te esperé.

- El próximo fin de semana lloverá en toda España.
  (3 días más tarde)
- ▶ El hombre del tiempo anunció que llovería y esta vez no se ha equivocado.

- Me prometiste que iríamos, ¿por qué no quieres ahora que vayamos?
- ▶ Por supuesto que iremos, no te preocupes.

 PARA EXPRESAR PROBABILIDAD O DUDA, RESPECTO AL PASADO.

Ejs.:
- ¿A qué hora te acostaste anoche?
- ▶ No lo sé, serían las 2 o las 2'30.
- Cuando yo lo conocí, tendría unos 40 años pero parecía más joven.
- Supongo que llegaría tarde porque no me llamó.

LA PROBABILIDAD

La probabilidad se expresa de acuerdo con este esquema:

PROBABILIDAD EN PRESENTE	→	FUTURO SIMPLE
PROBABILIDAD EN P. PERFECTO		FUTURO PERFECTO
PROBABILIDAD EN P. IMPERFECTO		CONDICIONAL SIMPLE
PROBABILIDAD EN INDIFINIDO		CONDICIONAL SIMPLE

Ejs.:

■ *Hoy no ha venido a clase, ¡qué raro!*
▶ *Estará enfermo. (A lo mejor está enfermo).*

■ *¿Tienes hora?, se me ha parado el reloj.*
▶ *No, pero calculo que serán las 5. (Son más o menos las 5).*

■ *¿Por qué nunca viene con nosotros?*
▶ *Porque tendrá otras cosas que hacer. (Seguramente tiene otras cosas que hacer).*

■ *¿Por qué no cogen el teléfono?*
▶ *Tranquila, mujer, habrán salido. (Probablemente han salido).*

■ *No han vuelto a venir por casa.*
▶*Se habrán enfadado, ¡son tan raros! (Seguramente se han enfadado).*

■ *Me habré cogido la gripe porque me duele todo el cuerpo. (Probablemente he cogido la gripe porque me duele todo el cuerpo).*

■ *Llegó tarde porque perdería el autobús. (A lo mejor perdió el autobús).*

■ *Se fue a casa porque se hartaría de esperarte. (Probablemente se hartó de esperarte).*

■ *Yo no conocía a mi abuelo pero imagino que sería un hombre estupendo. (Seguramente era un hombre estupendo).*

PRACTICAMOS LA GRAMÁTICA

I. PON LOS VERBOS ENTRE PARÉNTESIS EN LA FORMA CORRECTA DEL CONDICIONAL:

1. ■ Trabajas demasiado (deber/tú) .... descansar un poco.
▶ Ya lo sé, pero es que *no tengo otro remedio.*

2. ■ ¿(Querer/tú) ....hacerme un favor?
▶ Por supuesto, dime de qué se trata.

3. ■ Te (prestar/yo) .... el dinero que me pides, pero es que *estoy tieso.*
▶ Lo comprendo, así estamos todos.

4. ■ Cuando llegamos anoche a casa (ser) .... las cuatro de la madrugada.
▶ Tú siempre de juerga.

5. ■ ¿Le (importar a usted) .... cerrar la ventana?

   ► En absoluto. Ahora mismo.

6. ■ ¿Cuánto (decir/tú) .... que me ha costado este cuadro?

   ► Ni idea, no entiendo nada de arte.

7. ■ Me (encantar) .... cenar esta noche contigo.

   ► A mí también, pero es que *tengo un compromiso*.

8. ■ Me (gustar) .... estudiar Medicina.

   ► ¿Pero es que no sabes que sobran médicos en España?

9. ■ Yo (subir) .... por las escaleras; el ascensor es muy antiguo.

   ► Pues sube tú, y si me pasa algo, llama a los bomberos.

10. ■ ¿Qué (hacer/tú) .... con 5 millones de pesetas?

   ► Lo primero un buen viaje, y después *pagar trampas*.

11. ■ Ayer Cristina estaba muy rara ¿qué le pasaba?

   ► Nada. (Estar/ella) .... cansada.

12. ■ No puedo explicarte mi problema, no me (comprender/tú) ....

   ► Inténtalo al menos.

13. ■ Creo que (ser/tú) .... más feliz sin él.

   ► Eso es fácil de decir, pero no de hacer.

14. ■ No quiero acostarme todavía. (Preferir) .... tomar una copa.

   ► Como quieras.

15. ■ Te (convenir) .... *cambiar de aires*.

   ► Y ¿a dónde voy yo?

→ **PARA ACLARAR LAS COSAS:**

→ *NO TENER OTRO REMEDIO = no haber otra posibilidad.*

→ *ESTAR TIESO = no tener dinero.*

→ *TENER UN COMPROMISO = tener una cita obligatoria.*

→ *PAGAR TRAMPAS = deudas, dinero que se debe a alguien.*

→ *CAMBIAR DE AIRES = cambiar de lugar, de ambiente.*

II. Transforma el infinitivo en condicional:

(Unos amigos están en un bar decidiendo qué van a hacer esa tarde.)

Jacobo: ¿Qué os (gustar) .... hacer? ¿Vamos al cine?

Eva: ¡Anda! Si todas las películas que están poniendo son un rollo. Yo (preferir) ....
ir a un restaurante chino.

Maribel: ¿Te (importar) .... no hablarme de esos restaurantes? Ya sabes lo que me pasó.
A mí me parece que, con la buena tarde que hace, (ser) .... una buena idea
dar un paseo.

Andrés: No, (deber/nosotros) .... pensar en algo mejor. (Poder/nosotros) ....
comprar unas cervezas y algo de picar, e irnos a tu casa, Eva, que ponen un partido de
fútbol.

Eva: ¡Ni hablar! ¡de eso nada! (Tener/yo)................. que estar loca para meterme esta tarde
en mi casa y menos a ver a 22 personas pelearse por un balón.

Jacobo: ¿Os (molestar) .... mucho dejar de discutir? Quería deciros que me ha
tocado un dinerillo en la lotería y que me (encantar)...............invitaros. Éste es el plan:
vamos a dar un paseo, después cenamos, y luego a una discoteca a bailar. El cine y el
fútbol quedarán para otro día.

A., M., E.: ¡De acuerdo!

III. Completa usando una forma de probabilidad:

1. ■Mira, ésos no han traido los libros.
   ►(Olvidárseles)..,
   tienen la cabeza a pájaros.

2. ■Aquí tienes, un regalito.
   ►¡Qué sorpresa! A ver, a ver ¿qué (poder)
   .... ser?

3. ■Emilio se ha retrasado.
   ►¿(Tener) ....algún problema?

4. ■¿Qué (beber/tú) .... ayer para
   levantarte con ese dolor de cabeza?

5. ■¡Qué *chuchurríos* se han quedado estos
   geranios!
   ►¿(Ser) .... que la tierra es mala?
   ■No, (ser)............que tú no sabes cuidarlos.

6. ■¿Por qué ladra tanto la perra?
   ►No sé, (ver) .... algún gato.

7. ■¿Cómo es que se metió Eduardo a albañil?
   ►¡Quién sabe! No (encontrar).....................
   nada mejor.

8. ■Ya tenían que estar aquí.
   ►Sí, pero ya los conoces, (salir) ....
   tarde y (perder) .... el autobús.

9. ■Son unos antipáticos, ayer me encontré
   con ellos y ni siquiera me saludaron.
   ►No te enfades, no te (ver)........................ ,
   por eso no te dijeron nada.

10. ■Míralos, allí están.
    ►Sí los veo. ¡Qué gestos más raros hacen!
    ¿De qué (estar) .... hablando?

11. ■Se fueron casi sin despedirse.
    ►(Tener) .... prisa; no busques
    más razones.

12. ■¿Mark?
    ►(Estar)............................viendo la tele
    como siempre.

PARA ACLARAR LAS COSAS:

→ *TENER LA CABEZA A PÁJAROS* = *ser muy distraído.*

→ *CHUCHURRÍOS* = *con poca vida, mustios.*

IV. PON LOS INFINITIVOS EN CONDICIONAL:

Me (encantar) .... ser invisible a ratos, porque así (poder) .... ver muchas cosas, sin ser visto. Por ejemplo, (entrar) .... en el despacho del profesor y (leer) .... el examen, y de este modo lo (hacer) .... perfecto.

Siendo invisible, (escuchar) .... las conversaciones secretas, me (enterar) .... de los grandes asuntos de Estado que nadie conoce.

También (poder) .... entrar al cine, a los conciertos y a otros espectáculos gratis. Como me encanta viajar, pero mi problema es que siempre estoy a dos velas, (aprovechar) .... para viajar en barco, en avión y en tren sin pagar.

¡(Ser) .... estupendo ser invisible algunas veces!

> *Ahora, cada uno de vosotros cuenta al resto de la clase en qué ocasiones le gustaría ser invisible.*

V. REACCIONA:

1. Estás en el cine y las dos personas que están sentadas detrás de ti están hablando en un tono demasiado alto. ¿Qué les dirías?

....

2. ¿Qué te llevarías a una isla desierta?

....

3. Has invitado a cenar a tres amigos a las 9 en tu casa. Son las 9'30 y aún no han llegado. ¿Qué piensas?

....

4. Has suspendido el examen de Química. ¿Qué piensas?

....

5. Tu padre te pregunta a qué hora volviste anoche a casa. Tú no estás seguro/a. Contéstale.

....

6. Has prestado 5.000 ptas. a un amigo que te dijo que te las devolvería el martes; hoy es viernes y todavía no te las ha devuelto. ¿Qué piensas?

....

7. Pero ¿Susana no iba a venir al Curso de Didáctica?

Sí, ... pero ....

8. Tus amigos te proponen dar la vuelta al mundo. ¿Qué contestas?

....

9. Estás en una zapatería y el dependiente te ha enseñado ya siete pares de zapatos, pero no te ha gustado ninguno. Pídele, con tu mejor sonrisa, que te enseñe otro par.

....

10. Vas al taller a recoger tu moto y no está arreglada. Te enfadas con el mecánico por su informalidad. ¿Qué le dices?

....

ACTIVIDADES

I. APRENDE A ELABORAR UN CURRICULUM VITAE

Elaborad un Currículum Vitae. Aquí os damos un modelo:

NOMBRE:

APELLIDOS:

FECHA Y LUGAR DE NACIMIENTO:

NACIONALIDAD:.

DOMICILIO:

ESTADO CIVIL:

D.N.I./Nº DE PASAPORTE:

HISTORIAL ACADÉMICO:

◆ ESTUDIOS REALIZADOS: *Fechas, Centro, Tipo de estudios.*

◆ASISTENCIA A CURSILLOS/OTROS MÉRITOS.

◆IDIOMAS.

EXPERENCIA PROFESIONAL:

Fechas, puesto, tareas desempeñadas/responsabilidades.

◆INTERESES : INTELECTUALES/DEPORTIVOS/AFICIONES.

◆REFERENCIAS:

C U R R Í C U L O   I D E A L

✔ *Utilizar papel de primera calidad.*
✔ *Evitar las fotocopias.*
✔ *Incluir una foto reciente.*
✔ *No escribir más de dos hojas.*

✔ *Utilizar lenguaje claro y directo.*
✔ *Prescindir de datos innecesarios.*
✔ *Ordenar todo cronológicamente.*

II. ENTREVISTA LABORAL

Has solicitado un puesto de trabajo y te han contestado diciendo que asistas a una entrevista.

En parejas, realizad la entrevista.
(En la lectura final de esta unidad encontrarás consejos sobre cómo se debe realizar una entrevista).

III. VACACIONES EN UN HOTEL

En parejas. Después de haber trabajado seis meses, dentro de unos días os van a dar la primera paga extraordinaria de vuestra vida. ¿A cuál de estos tres hoteles os iríais a pasar una semana? Justificad vuestra elección.

URRUTITXO
Koldeko Aldapa, 7 Tolosa

Juanjo Arruti y Rosarito atienden este pequeño caserío con la naturalidad y sencillez que caracterizan a los habitantes de esta tierra, sabedores de que su verdadero oficio está en la cocina antes que en las sábanas. El resto de las instalaciones no presenta, ni mucho menos, el atractivo de sus platos, mimados hasta el último detalle.

Alrededores: golf, playa de la Concha, en San Sebastián (27 Kms.).

HOTEL SAN JOSÉ
Correo, s/n. San José (Almería).

Imaginativa rehabilitación de un extraño caserío vasco en las proximidades del cabo de Gata, al borde del mar. Eduardo Zárate y sus socios han concebido la decoración de su hotel con una simple mano de pintura de colores sobre los elementos antiguos.
El resultado combina con acierto ambas vías.

Alrededores: parque natural de cabo de Gata, en las puertas del hotel (a pie).

MOLINO DE RÍOVIEJO
Carretera N-110, Km. 172 Collado.

Coloma Armero mima al huésped como si fuera de la familia en su coqueto hotelito de siete habitaciones, un auténtico molino de agua que su padre restauró junto al río Viejo con la idea de organizar excursiones ecuestres por la sierra de Guadarrama. Todo despide un profundo aroma de hogar, a fondo de alacena.

Alrededores: iglesia románica (1 km.); Pedraza (12 kms.).

IV. DEBATE ¿Es el trabajo un castigo para el hombre?

COMO LO OYES

DESPUÉS DE OÍR LA CONVERSACIÓN, RESPONDE A LAS PREGUNTAS:

1. ¿Dónde salió publicado el anuncio?

2. ¿Cuál es la referencia?

3. ¿Por qué llama?

4. ¿Para cuándo fijan la entrevista?

5. ¿Adónde debe acudir la persona que llama?

6. ¿Qué debe llevar a la cita?

VOCABULARIO

I. PERFIL DE UNA PROFESIÓN.

A	B	C
ES UN TRABAJO, UNA PROFESIÓN	ES UN TRABAJO, UNA PROFESIÓN QUE REQUIERE/NECESITA/EXIGE	PARA ESE TRABAJO /ESA PROFESIÓN SE REQUIERE/SE NECESITA/SE EXIGE
variado/a	creatividad	experiencia
apasionante	amabilidad	carné de conducir
interesante	flexibilidad	vehículo propio
agradable	iniciativa	mentalidad comercial
fácil	disponibilidad	formación académica
difícil	seriedad	titulación universitaria
original	eficacia	saber idiomas
cansado/a	dinamismo	
divertido/a	don de gentes	
creativo/a	capacidad de organización	
peligroso/a	sentido de la responsabilidad	

→ Ahora, con toda esta lista de palabras, describe tu profesión al resto de la clase.

UNIDAD 11

II. DI A QUÉ GRUPO PERTENECEN LAS SIGUIENTES PALABRAS:

Ej.: caballo, vaca, zorro.   ANIMALES MAMÍFEROS.

A falda, calcetines, corbata.   → ....

B iglesia, ayuntamiento, faro.   → ....

C cazuela, sartén, olla a presión.   → ....

D martillo, sierra, tenazas.   → ....

E electricista, carpintero, fontanero.   → ....

F hígado, riñones, intestino.   → ....

G África, Europa, América, Asia, Oceanía.   → ....

H aspiradora, lavadora, batidora.   → ....

I obstinado, excéntrico, orgulloso.   → ....

J moreno, alto, delgado.   → ....

RECUERDA

PREPOSICIONES "POR" Y "PARA"

Hay tres casos en los que POR y PARA se oponen:

1 CAUSA ⇄ FINALIDAD   **2** LOCALIZACIÓN ⇄ DIRECCIÓN   **3** TIEMPO ⇄ TIEMPO

PARA	POR
Expresa:	Expresa:
1. Finalidad, destino.	**1.** Causa.
Ejs.: La verdura y la fruta son buenas para la salud. *Esto es para ti* (tú lo vas a recibir, eres el destinatario de lo que he hecho).	*Ejs.: Se casó por interés.* *Todo esto lo he hecho por ti* (tú eres la causa).

Hay casos en los que la causa y la finalidad coinciden. En ese caso, y sólo en ese caso, podemos aplicar la siguiente regla:

PARA + INFINITIVO

POR + SUSTANTIVO

Ejs.: Trabaja por dinero. = Trabaja para ganar dinero.
Amnistía Internacional lucha para defender los Derechos Humanos.
= Lucha por la defensa de los Derechos Humanos.

P A R A	**P O R**
2. En dirección a.	**2.** a) Lugar aproximado.
Ejs.: Vamos para el centro.	b) A lo largo de.
Espérame. Voy para allí ahora mismo.	*Ejs.: Merche vive por el centro.*
El tren para Madrid está situado en	*Mientras esperaba paseaba por la calle.*
el andén primero.	
3. Tiempo límite; sobre todo referido al futuro.	**3.** Tiempo aproximado.
Indica tiempo límite o antes de ese límite.	*Ejs.: . Llegaré por Semana Santa.*
Ejs.: Llegaré para Navidad.	(No se usa con horas)
(en Navidad o antes, no después.)	*Llegué sobre las 9.*
Seguro que para San Juan (24-Junio)	
podemos ir a la playa.	

Aunque a partir de aquí POR y PARA sigan en dos columnas ya no se oponen.

P A R A	**P O R**
4. Opinión.	**4.** En lugar de; en nombre de
Ejs.: Para ti, todo lo que digo es estúpido.	*Ejs.: Habla por ti, no por nosotros.*
Para Marx, la religión es el opio del pueblo.	
5. Comparación.	**5.** A cambio de, precio.
Ejs.: Está muy alto para la edad que tiene.	*Ejs.: . Te cambio mi pluma por tu calculadora.*
Saca muy buenas notas para lo poco que	*Te doy 3.000 ptas. por esa chaqueta.*
estudia.	*He pagado una barbaridad por ese piso.*
Habla muy bien español para ser extranjero.	

DOS EJERCICIOS GRAMATICALES

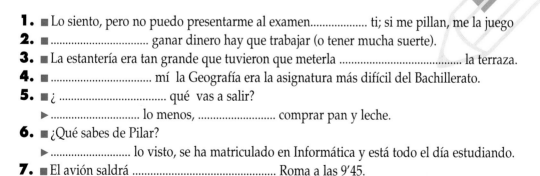

I. PRACTICAMOS "POR" Y "PARA"

1. ■ Lo siento, pero no puedo presentarme al examen.................... ti; si me pillan, me la juego

2. ■ .... ganar dinero hay que trabajar (o tener mucha suerte).

3. ■ La estantería era tan grande que tuvieron que meterla .... la terraza.

4. ■ .... mí la Geografía era la asignatura más difícil del Bachillerato.

5. ■ ¿ .... qué vas a salir?

   ► .... lo menos, ... comprar pan y leche.

6. ■ ¿Qué sabes de Pilar?

   ► .... lo visto, se ha matriculado en Informática y está todo el día estudiando.

7. ■ El avión saldrá .... Roma a las 9'45.

8. ■ .... Eduardo, ninguna playa está suficientemente limpia.

9. ■ ¿ .... dónde has venido?

▶ Tenía ganas de pasear, he dado un rodeo, y he venido.................... el Paseo Marítimo .... ver el mar.

10. ■ ¿Te vienes este fin de semana a Tarifa?

▶ Imposible, ... el lunes tengo que terminar un trabajo de Literatura.

11. ■ ¿Qué hacéis en España?

▶ Hemos venido .... perfeccionar nuestro español.

12. ■ ¿Qué hay .... cenar?

▶ Nada, ... tanto tendrás que bajar a comprar algo.

13. ■ ¡Qué poca solidaridad hay hoy en día!

▶ Desde luego, chico, la gente sólo se mueve .... dinero.

14. ■ ¿Y eso, ... qué es?

▶ .... el estómago, hace días que me duele .... las tardes.

15. ■ Oye, Enrique, ¿encontrasteis piso .... fin?

▶ Sí, uno bastante grande .... 90.000 ptas. al mes.

II. Seguimos practicando:

1. ■ ¿Qué te ha dicho el mecánico?

▶ Que el coche estará listo ....mañana.

2. ■ ¿Qué tal ayer?

▶ No me hables, me pusieron una multa ....ir a 62 kms./h. ¡Increíble!

3. ■ ¿Por qué andas así?

▶ Porque ayer me caí ....las escaleras.

4. ■ ¿Cuál es el mejor camino .... ir a Madrid?

▶ Creo que lo mejor será pasar ....Córdoba, pues la carretera de Granada está cortada....................obras.

5. ■ ¿Cuánto cuesta una aguja....................el tocadiscos?

▶ Depende de la marca y del modelo.

6. ■ A ver, rápidamente, ¿cuántos son 25....................7?

▶ No sé, no puedo multiplicar sin la calculadora.

7. ■.................... ser el jefe, resulta demasiado tímido.

8. ■ Le dieron el trabajo .... tener el mejor curriculum.

9. ■ .... esas fechas o antes ya estaré aquí.

10. ■ No se preocupe, ...dentro de tres días ya tendrá la plancha arreglada.

11. ■ ¿Qué te pasa?, tienes mala cara.

▶ Es que acaban de comunicarme .... carta que tengo que presentarme en la Comisaría de Policía ....responder a unas preguntas.

12. ■ Me ha dicho Elena que me da 1.000 ptas. ....mi collar indio de plata, pero yo no quiero.

13. ■ ....este trabajo se necesita tener don de gentes.

14. ■ ....cuando llegues yo ya me habré marchado.

▶ Bueno, pues que te diviertas y tengas un buen viaje.

15. ■ No se pasa....................delante de las personas, se pasa ....detrás.

ESCRIBE

I. CARTA DE SOLICITUD PARA UN PUESTO DE TRABAJO

A Elige uno de estos dos anuncios:

B Escribe una carta solicitando el puesto de trabajo
que has elegido. Encabeza la carta con: *"Estimada Señora:"*
- ◆ Preséntate e incluye tu currículo.
- ◆ Di por qué solicitas ese puesto.
- ◆ Despídete con:
"Atentamente le saluda"

II. ¿TE GUSTARÍA SER JEFE? SI NO TE GUSTA SER JEFE, ¿CÓMO SERÍA TU JEFE IDEAL?

LEE

CÓMO CONSEGUIR TRABAJO

SOLUCIONES RÁPIDAS

Si no tienes trabajo, de nada sirve agachar la cabeza; es más, esta actitud es totalmente destructiva, así que ponte en marcha. Antes, reflexiona sobre estos tres aspectos: lo que quieres hacer (tus preferencias), lo que puedes conseguir de acuerdo a tus capacidades, las oportunidades que existen a tu alcance.

BUSCAR CON ÉXITO

Para buscar empleo lo mejor es utilizar varias vías:

- ◆ Apuntarse como desempleado en el *INEM*.
- ◆ Recurrir a amigos y familiares. Está demostrado que muchas empresas contratan según las referencias de círculos de influencia.
- ◆ Escribir a todos los anuncios de prensa de la sección ofertas de empleo.
- ◆ Enviar el curriculum ofreciendo tu colaboración a las empresas donde creas que puedes desarrollar tu profesión.

Y mientras tanto...
Conseguir el empleo que más se adecue a nuestra formación seguramente nos llevará un poco de tiempo.

Mientras tanto, puedes realizar una tarea que te reporte algún ingreso:

◆ Dar clases particulares.

◆ Hacer de *canguro*. Puedes ofrecerte para cuidar niños, o bien para llevarlos y traerlos del colegio.

◆ Pasar ocasionalmente trabajos a máquina.

◆ Ayudar en las labores agrícolas, especialmente en la época de la recolección. También puedes ofrecerte como jardinero eventual para realizar pequeñas tareas como son: limpiar el jardín, podar, etc.

◆ Repartir propaganda.

◆ Acompañar a personas ancianas mientras su familia tiene que salir o viajar.

◆ Dedicarte a la mensajería.

◆ Hacer de encuestador para empresas de publicidad de estudios de mercado, para lanzamiento de productos.

ENTREVISTA LABORAL

Tu objetivo ante una entrevista de trabajo debe consistir en causar la mejor impresión al entrevistador para que no le quepa la menor duda de que tú eres el candidato idóneo para el puesto.

◆ Presta atención a tu apariencia externa. Procura arreglarte de una forma sencilla y discreta que guarde relación con el puesto que solicitas en esa empresa.

◆ Cuida tu actitud. Modera tus gestos y trata de dar una imagen segura.

◆ Exprésate correctamente. Controla tus nervios y responde de forma adecuada y concisa a todas las preguntas, pero ten cuidado con lo que dices y cómo lo dices.

◆ Haz ver que el puesto te interesa y demuestra que conoces la compañía.

◆ Consigue información sobre la empresa en la que pretendes trabajar para demostrar que estás al tanto del tipo de trabajo que se espera que hagas.

◆ No te quedes con dudas. Tú también puedes preguntar. Pero no es el momento de plantear cuestiones como el horario, seguros, o cosas parecidas.

Cuando el entrevistador diga que el coloquio ha terminado, despídete educadamente y no demores la marcha.
Ya sabe todo lo que deseaba saber de ti y todo lo que añadas ahora puede ser utilizado en tu contra.

(Texto adaptado. *Mía*, núm. 333, enero 1993)

PARA ACLARAR LAS COSAS:

→ *INEM =Instituto Nacional de Empleo.*

→ *CANGURO = persona que se ocupa de los niños en ausencia de sus padres.*

1. DINOS CON OTRAS PALABRAS:

- *Vías.* . . . .
- *Ocasionalmente.* . . . .
- *Idóneo.* . . . .
- *Coloquio* . . . .

2. DANOS SINÓNIMOS DE:

- *Agachar la cabeza.* . . . .
- *Ponte en marcha.* . . . .
- *Círculos de influencia.* . . . .
- *Plantear cuestiones.* . . . .

3. CONTESTA A ESTAS PREGUNTAS:

- *Resume las vías para encontrar empleo.*
  . . . .
  . . . .
  . . . .

- *Haz lo mismo con las tareas que, según propone el texto, puedes realizar mientras tanto.*
  . . . .
  . . . .
  . . . .

- *¿Cómo puedes causar la mejor impresión en una entrevista?*
  . . . .
  . . . .
  . . . .

- *¿Qué es lo que no debes hacer en una entrevista?*
  . . . .
  . . . .

- *Habla de tu experiencia si has intentado alguna vez encontrar trabajo.*
  . . . .
  . . . .
  . . . .

PRETEXTO

RADIOAFICIONADOS: EL MUNDO A SU ALCANCE

Es una afición situada entre la atracción por lo enigmático de las comunicaciones y la pasión por los aparatos eléctricos. Pero a veces sirve de S.O.S. en caso de emergencias y como vehículo de contacto entre personas aisladas.

Hay que decir que no se trata de una afición cara, puesto que se puede comprar un equipo para comunicarse dentro de la ciudad por, tan sólo, 15 o 20 mil ptas., lo que significa que, con un coste mínimo, podemos convertirnos en radioaficionados, aunque hay que pasar un pequeño examen sobre cuestiones básicas de electricidad y legislación.

El rey Juan Carlos I es presidente de honor de la URE (Unión de Radioaficionados Españoles), aunque ya sólo se limita a su escucha, pues cuando, antes salía al aire, todo el mundo quería enlazar con él.

La radiofonía no es sólo un *hobby*; en muchas ocasiones se ha convertido en un verdadero SOS que ha servido para que se salven muchas vidas en caso de terremotos e inundaciones y para que se mantenga el contacto entre los familiares y las víctimas de tales catástrofes.

Aunque no sea una afición mayoritaria, hay que decir que más de un millón de personas en todo el mundo tiene como *hobby* la radiofonía y que casi 50.000 españoles comparten con ellos esta apasionante afición.

A pesar de que los motivos para practicarla son muy variados, podemos decir que van desde el deseo de pasar las horas de ocio con transistores, hasta la irresistible atracción por la radiodifusión y las ondas, sin olvidar la necesidad de comunicación y de hacer nuevas amistades.

En el caso de aquellas personas que están en cama por accidente o enfermedad, es una estupenda afición para que no pierdan el contacto con el mundo exterior y para que sigan sintiéndose vivos.

1. DINOS CON OTRAS PALABRAS:

■ *La radiofonía se ha convertido en un verdadero SOS.*

. . . .

■ *Casi 50.000 españoles comparten con otros esta apasionante afición.*

. . . .

■ *Lo que significa que, con un coste mínimo, podemos convertirnos en radioaficionados.*

. . . .

■ *El Rey sólo se limita a su escucha.*

. . . .

■ *Cuando salía al aire, todo el mundo quería enlazar con él.*

. . . .

2. DANOS SINÓNIMOS DE:

■ *Terremotos.* . . . .
■ *Irresistible atracción* . . . .
■ *Motivos variados.* . . . .
■ *Cuestiones básicas.* . . . .

3. CONTESTA A ESTAS PREGUNTAS:

■ *Señala los subjuntivos que aparecen en el texto.*

. . . .
. . . .

■ *Además de ser una afición, ¿para qué sirve la radiofonía?*

. . . .
. . . .

■ *Enumera los motivos que llevan a la gente a ser radioaficionado.*

. . . .
. . . .

■ *¿Qué se necesita para ser radioaficionado?*

. . . .
. . . .

■ *¿Qué relación tiene el Rey con esta afición?*

. . . .
. . . .

■ *¿Qué te parece este* hobby? *¿Conoces alguna anécdota sobre esto?*

. . . .
. . . .

CONTENIDOS GRAMATICALES

CONCESIVAS

AUNQUE + INDICATIVO + FRASE PRINCIPAL

Usamos el INDICATIVO, cuando informamos, cuando presentamos nuestra frase como algo nuevo para nuestro interlocutor / oyente.

Ejs.: ■ *Aunque* nadie *me lo ha contado*, yo me he imaginado lo que pasaba.
■ *Aunque es* un trabajo muy bien pagado, no voy a aceptarlo.
■ *Aunque no vi* el principio de la película, la entendí perfectamente.

AUNQUE + SUBJUNTIVO + FRASE PRINCIPAL

Usamos el SUBJUNTIVO:

a) Cuando hablamos de hechos que no han ocurrido, y por tanto no conocemos. En este caso el subjuntivo es obligatorio.

Ejs.: ■ *Aunque llueva* la semana que viene, iremos de excursión.
■ *Aunque no encuentre* otro trabajo, mañana mismo me voy de esta oficina, ¡no aguanto más!

b) Cuando hablamos de hechos conocidos tanto para mí como para mi interlocutor/oyente, pero quiero quitar importancia al elemento introducido por *aunque.*

Ejs.: ■ *Aunque sea* un trabajo muy bien pagado (cosa que sé y que no me importa), no voy a aceptarlo.
■ *Aunque* tus amigos *sean* españoles (cosa que no dudo, pero que no tiene la menor importancia), no pueden darte clase de español.

En estos casos el subjuntivo no es obligatorio, pero transmite la idea de que, ambos lo vemos, lo sabemos, pero al que habla no le importa; lo que le importa es la otra frase.

Funcionan igual que *aunque*, es decir, son también concesivas:

A PESAR DE QUE ◆ PESE A QUE ◆ POR MUCHO/MÁS QUE

Pueden llevar infinitivo cuando el sujeto de las dos frases es el mismo, pero esto no es obligatorio.

Ejs.: ■ *A pesar de que* hace calor, yo tengo frío.
■ *Pese a que haya llovido* este invierno, anuncian sequía para el verano.
■ *Por mucho que lo ha estudiado*, no lo ha entendido.
■ *Por más que lo pienso*, no consigo acostumbrarme a esa idea.
■ *A pesar de no tener* (yo) mucho tiempo, te ayudaré (yo).
■ *Pese a haber estudiado* (nosotros) el asunto, no hemos encontrado una solución(nosotros).
■ *No por mucho repetirlo* (tú), vas a entenderlo mejor (tú).

POR MUCHO + SUSTANTIVO + QUE

Ejs.: ■ *Por muchos libros que tenga* no es una persona culta.
■ *Por muchas tonterías que diga,* tú siempre le crees.

OTRAS CONCESIVAS

Y ESO QUE*

+ SIEMPRE INDICATIVO

CON LA (CANTIDAD) DE

* siempre va detrás de la frase principal.

Ejs.: ■ ¡Cuántas cosas te has comprado! *Y eso que no tenías* dinero.
  ■ Siempre se está quejando de cómo vive… *Y eso que lo tiene* todo.
  ■ *¡Con la gente que conoce* y siempre está solo!
  ■ ¡Vaya novio feo que te has buscado, *con la de chicos guapos que hay* por ahí!
  ■ *No por mucho repetirlo* (tú), vas a entenderlo mejor(tú).

POR MUY + ADJETIVO/ADVERBIO + QUE + SIEMPRE SUBJUNTIVO

Ejs.: ■ Un ordenador es algo muy útil.
  ► Pues *por muy útil* que sea, a mí no me interesa.
  ■ ¡Qué guapo es el novio de Birgit!, ¿verdad?
  ► *Por muy guapo que tú lo encuentres,* a mí no me gusta nada.
  ■ ¿Te has fijado en lo puntual que es?
  ► *Por muy lejos que viva,* siempre llega a tiempo.

FINALES

PARA QUE + SIEMPRE SUBJUNTIVO

Esta es fácil, ¿verdad?, sólo tienes que recordar esto:
La regla de *para que + subjuntivo* se aplica siempre que las dos frases **tengan distinto sujeto.**

Ejs.: ■ *Tienes (tú) que avisar* a tu padre de que llegamos tarde *para que no se enfade (él).*
  ■ *¡No riegues (tú)* demasiado las plantas *para que no se sequen (ellas).*

Si el sujeto de las frases es el mismo: PARA + INFINITIVO.

Ejs.: ■ *Voy (yo)* a preparar bien el examen *para sacar (yo)* buena nota.
  ■ *Llegamos (nosotros)* al teatro una hora antes *para encontrar un buen sitio.*

RECUERDA: **En las frases interrogativas introducidas por** PARA QUÉ, **no aparece el subjuntivo:**

Ejs.: ■ *¿Para qué sirve* tanto esfuerzo?
  ■ No me han explicado *para qué me* han hecho venir.

A QUE funciona igual que PARA QUE:
Pero sólo cuando el verbo anterior es de movimiento, o el verbo exige esa preposición, como en el caso de : ayudar, obligar, invitar, etc.

Ejs.: ■ *He venido a que me prestes* tus apuntes, te los devuelvo mañana.
  ■ Voy a *salir a que me dé* el aire.
  ■ Tienes que *ayudarme a que* todo salga bien.

CAUSALES

Como hemos visto en la unidad, para preguntar por la causa de algo usamos:

¿POR QUÉ...?
¿CÓMO ES QUE...?
¿Y ESO?

Las dos últimas expresan extrañeza o sorpresa.

En las respuestas podemos usar:

PORQUE *es el más neutro.*

ES QUE *lo usamos para explicar o justificar por qué rechazamos una invitación o por qué llegamos tarde, por ejemplo.*

COMO *debe empezar la frase.*

PORQUE
ES QUE + INDICATIVO
COMO

Ejs.: ■ Toma, coge un bombón.
  ▶ No gracias, *es que estoy* a dieta.

  ■ ¿Por qué no te quedas un ratito más?
  ▶ *Porque me están esperando* para ir al cine.
  ■ *Como hacía* tanto frío, nos quedamos en casa.

TAMBIÉN SON CAUSALES:

PUESTO QUE   YA QUE

Ejs.: ■ *Puesto que no te gusta* mi regalo, me lo llevo.
  ■ Se fue a casa, *ya que tenía* mucho trabajo.

NO PORQUE
NO ES QUE + SUBJUNTIVO

Ejs.: ■ Claro, te vas porque no te gusta estar aquí.
  ▶ ¡Qué dices!, *no es que no me guste*, es que me están esperando.
  ■ Te cuento todo esto *no porque sea* una cotilla, sino porque creo que debes saberlo.

CONSECUTIVAS

Como su nombre indica, expresan la consecuencia.
SE CONSTRUYEN CON INDICATIVO.
Las más usuales son:

POR ESO   POR (LO) TANTO   ENTONCES   EN CONSECUENCIA

Ejs.: ■ He estado todo el mes de vacaciones, *por eso no estoy enterada* de las novedades.
  ■ Es usted el mejor de su especialidad, ¿no?
  ▶ Eso dicen.
  ■ *Entonces es* normal que todos lo llamen.
  ■ No estás dispuesto a ayudar a los demás, *por lo tanto deberías* callarte, por lo menos.
  ■ La situación es muy crítica, *en consecuencia debemos* hacer un gran esfuerzo para superarla.

PRACTICAMOS LA GRAMÁTICA

I. RELLENA LOS HUECOS CON LAS PARTÍCULAS DEL RECUADRO:

> COMO, PORQUE, AUNQUE, Y ESO QUE, A QUE,
> POR TANTO, POR ESO, PARA QUE, A PESAR DE QUE

1. Cuéntaselo todo a Ana .... no se enfade.

2. .... llegaste tarde, te quedaste sin cenar.

3. Tengo que ir al dentista .... me haga una limpieza de boca.

4. .... el problema de la mendicidad es grave, los políticos no le prestan atención suficiente.

5. El árbitro expulsó al defensa ....*le puso una zancadilla* a un delantero.

6. Me hizo una faena tremenda, ... ya no somos amigos

7. ....no sea famoso, es un magnífico novelista.

8. Los vecinos han protestado, ... ya no toca la trompeta por las noches.

9. Otra vez te has olvidado de su cumpleaños, ... te lo recordé *a tiempo*.

10. .... vivo en el centro, lo tengo todo *muy a mano*.

11. No pude hablar con él .... *estaba comunicando* todo el rato.

12. ¡Fíjate qué estropeado tiene el coche!, ... es nuevo.

13. He venido ....me expliques claramente lo del otro día.

14. .... la habíamos preparado *con tiempo*, tenemos que reconocer que la fiesta ha salido fatal.

15. .... te lo pida, no le des más dinero, se lo gastará todo.

➡ **PARA ACLARAR LAS COSAS:**

→ PONER LA ZANCADILLA = *poner el pie en el camino de otro para que se caiga.*

→ A TIEMPO = *presentar algo dentro del límite establecido.*

→ MUY A MANO = *muy cerca.*

→ ESTÁ COMUNICANDO = *el teléfono está ocupado.*

→ CON TIEMPO = *con mucha anticipación.*

II. COMPLETA LAS FRASES:

1. ■ *Emilio quiere que le prestes el coche, lo necesita urgentemente este fin de semana.*
   ▶ Pues aunque..............................., no se lo dejaré, conduce fatal.

2. ■ *Ayer estuve en casa de Pedro, ¡tiene una cantidad de libros...!*
   ▶ A mí me parece que por muchos..............
   ...., es un perfecto inculto.

3. ■ *¡Qué cosas tan feas se ha comprado!*
   ▶ Es verdad, con la de ....que hay en las tiendas.

4. ■ *Mira, mira, me he comido todo lo que habías puesto en el plato.*
   ▶ Ya veo, y eso que no ....

5. ■ *Carlos pone mucho interés en lo que hace.*
   ▶ ¿Tú crees? Pues a pesar de........................ sigue sacando malas notas.

6. ■ *¿Ya has empezado a prepararlo todo?*
   ▶ Sí, claro, para no............................. correr a última hora.

7. ■ *¿Qué haces aquí?*
   ▶ He venido a que ....

8. ■ *¿Para qué vas a limpiar otra vez la habitación?*
   ▶ Para que ....

9. ■ *¿Otra vez vamos a estudiar el subjuntivo?*
   ▶ Sí, y todas las veces que sean necesarias para que ....

10. ■ *¿Cómo es que hablas tan bien español?*
    ▶ Es que ....

11. ■ *Al final no fuisteis a la playa, ¿no?*
    ▶ Como..............................., nos quedamos en casa.

12. ■ *¿No lo has comprado? ¿Te ha parecido muy caro?*
    ▶ No es que ...., es que no me gustaba.

13. ■ *Me voy a dar una vuelta, hasta luego.*
    ▶ Oye, puesto que ...., ¿podrías echarme estas cartas?

14. ■ *Creo que Andrés se ha puesto enfermo, ha comido algo que estaba malo.*
    ▶ ¡Cómo es este chico!
    Y eso que..................... no sé cuántas veces.

15. ■ *¿Quieres venir el viernes conmigo a Madrid?*
    ▶ Me encantaría, pero no puedo porque......

III. TRANSFORMA EL INFINITIVO EN EL TIEMPO Y MODO CORRECTOS:

Que ¿qué (hacer/yo)..........................en mi tiempo libre?
Lo mínimo, porque (trabajar/yo) .... ocho horas diarias,
y con la de cosas que (tener)........................ que hacer como ama
de casa, ya me dirá usted cuánto tiempo me (quedar)..................

A mí que no me llamen para que (ir/yo) ....
a una excursión al campo, aunque (comprender/yo)...................
que es muy bonito el contacto con la naturaleza y, por muy sano
que (ser) .... eso de respirar aire puro, a mí no me
apetece andar, preparar meriendas y todo eso, y luego volver a
casa más cansada de lo que (estar) ....

Por más que me (decir/ellos) .... que soy un muermo, a mí me da igual.

No es que no (tener/yo)............. .... ganas de hacer cosas, es que no *(tener)* .... fuerzas. Cuando estoy haciendo las tareas de la casa sólo pienso en cuánto tiempo me falta para (tumbarme) .... en el sofá.
Poder estar tranquila para (leer) ...., (escuchar)..................... música o (hacer) .... crucigramas.
Como (ver/usted) ...., aunque (pensar).........................

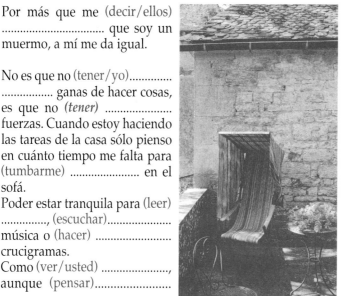

que no tengo aficiones, sí que las tengo, pero tranquilas.
En fin, voy a tener que dejarle porque hoy me (tocar)................ ir al súper y esta tarde (haber) .... una reunión para que nos (poner)......................... de acuerdo sobre el plan de potenciación del tiempo libre entre los jóvenes; es un intento de animar a los jóvenes a que (hacer).........................algo sano y constructivo y no sólo ver la tele. ¿No le parece una ironía?

(Marta Cascales
trabaja en el Ayuntamiento de Cáceres y es
la responsable del Área de la Juventud).

PARA ACLARAR LAS COSAS:

→ *No tener fuerzas = no tener energías, ganas.*

→ *No tener fuerza = no tener potencia en los músculos para levantar un peso, por ejemplo.*

IV. REACCIONA:

1. ■ ¡Qué caras son las entradas para el concierto!
  ▶ Pues aunque..

2. ■ ¿Para qué has vacunado ahora al niño?
  ▶ ....

3. ■ ¿Por qué no confías en los médicos?
  ▶ ....

4. ■ Parece que Juan está muy contento.
  ▶ Aunque ....

5. ■ Mira cómo me han salido estas fotos sin flash.
  ▶ Por eso ....

6. ■ ¿Para qué vais a ver al jefe?
  ▶ ....

7. ■ Me sienta fatal beber.
  ▶ Entonces ....

8. ■ He recibido carta de mi madre pero no tengo ganas de contestarle.
  ▶ Aunque ....

9. ■ ¿Para qué sirve el contestador automático?
  ▶ ....

10. ■ ¿Por qué no hay muchas mujeres boxeadoras?
  ▶ ....
  ....

ACTIVIDADES

I. EL SÍNDROME DEL DOMINGO

El fin de semana se presenta en la imaginación como algo muy apetecible. Luego las expectativas fracasan y el domingo se convierte en una especie de enfermedad.

Los expertos hablan de las variedades que existen en la forma de vivir el fin de semana.

También hablan de que no todo el mundo sabe liberarse de lo cotidiano y buscar la verdadera diversión.

Os proponemos que, en grupo, primero habléis de las distintas formas de pasar el fin de semana. En segundo lugar, que comentéis lo que pensáis sobre "el síndrome del domingo".

Y, por último, que deis consejos a los que no saben cómo disfrutar de su tiempo libre.

II. ¿ESTÁS AL DÍA?

En parejas, o pequeños grupos.

Aquí os damos la página de "Tiempo Libre" de un periódico. Está en blanco. Rellenadla de manera atractiva.

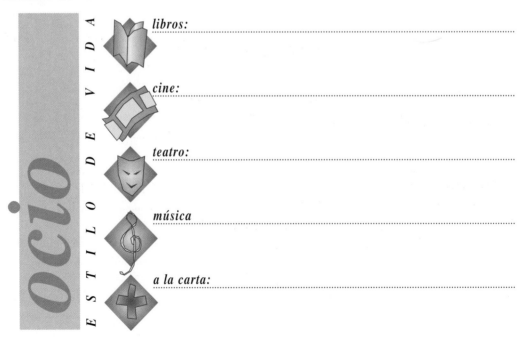

LIBROS:	CINE:	TEATRO:	MÚSICA:	A LA CARTA :
Novedades	*Lo que hay que ver.*	*Escenarios.*	*Una actuación*	*Un hotel medieval*
Escribid una breve		*Presentad*	*interesante.*	*con buena cocina.*
reseña de uno	*Recomendad una o*	*una obra de teatro.*		*El tiempo libre*
o dos libros.	*dos películas.*	....	*Hay que ir a un*	*también se puede*
(Pensad en libros que		....	*concierto, ¿no?,*	*disfrutar en una*
os han gustado).		....	*¿por qué?*	*buena mesa.*
			....	*Presentadnos ese*
....	....	....	....	*restaurante*
....	....	....	....	*maravilloso.*
....	....	....	....	
....	....	....	....	....

III. DEBATE

¿Hay que organizar el tiempo libre? ¿Por qué?
¿Qué opináis de esta afirmación: *"Las cosas que mejor salen son las que improvisamos"*?

VOCABULARIO

I. AFICIONES

Escribe el nombre de cinco aficiones que:

1	**2**	**3**	**4**
puedas realizar sin salir de casa.	sean gratis y se realicen fuera de casa.	que cuesten dinero.	que necesiten un equipo especial.
a	a	a	a
b	b	b	b
c	c	c	c
d	d	d	d
e	e	e	e

II. LÍNEAS, FIGURAS, VOLÚMENES

¿Puedes poner nombre a las siguientes figuras?

LÍNEAS

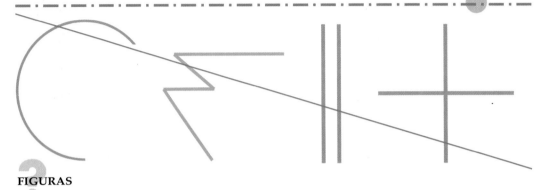

FIGURAS

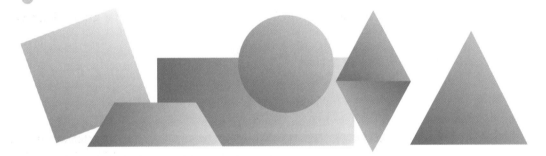

VOLÚMENES

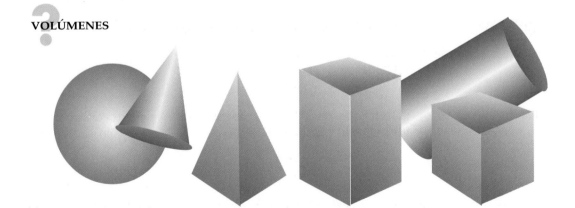

RECUERDA

REFLEXIVOS		PRONOMINALES	O.D.	O.I.
(Yo)	me lavo	Me	Me	Me
(Tú)	te lavas	Te gusta, -aba, -ó, -ará,…	Te	Te
(Él/ella/usted)	se lava	Le	Lo (le), la	Le
(Nosotros)	nos lavamos	Nos	Nos	Nos
(Vosotros)	os laváis	Os gustan, -aron, -arán…	Os	Os
(Ellos/-as/Uds.)	se lavan	Les	Los, las (les)	Les

Cuando los O.I., *le, les,* se encuentran con los O.D. *lo, la, los, las,* se produce lo siguiente:

$$
\begin{array}{ccc}
& lo & lo \\
le + & la & = SE + \ la \\
les & los & los \\
& las & las
\end{array}
$$

Es decir *le* y *les* se transforman en **SE**. Ejs.: ■ ¿Le has dicho ya que te vas?
► No todavía no *se* lo he dicho, no he tenido tiempo.
■ Cómpra*le* a tu hermana esa falda, le va a gustar.
► Que *se* la compre ella, yo no tengo dinero.

GRUPO A   En los reflexivos y pronominales conciertan en la misma persona

el sujeto	*yo*
el pronombre	*me*
el verbo	*lavo*

GRUPO B   El pronombre siempre es Objeto Indirecto y el verbo va en 3ª persona de singular o plural, dependiendo del sujeto.

Ejs.:   ◆ Me gusta la música. (sing.)
◆ Me gustan los chicos altos. (pl.)

GRUPO C   Aquí se pueden hacer muchas combinaciones, pero nunca el sujeto es el mismo que el O.D. o el O.I.

Ejs.:   ◆ (Él) me lo dijo.
◆ Siempre tengo que recordároslo.

DOS EJERCICIOS GRAMATICALES

I. RELLENA LOS HUECOS CON LOS PRONOMBRES NECESARIOS:

1. ■ Hoy vienen Ángel y Pilar a cenar.
▶ He preparado cordero asado porque sé que .... gusta mucho.

2. ■ ¿Has echado sal al arroz?
▶ Sí, ya .... he echado.

3. ■ Mi abuelo era un hombre muy metódico: ....levantaba a las 6 de la mañana y .... acostaba a las 10 todos los días del año.

4. ■ Cuando.............vaya de España............. llevará muy buenos recuerdos.

5. ■ ....encantan tus pendientes, ¿dónde ....has comprado?
▶ ....ha traído un amigo de la India.

6. ■ ¡Qué carácter más difícil tiene esa chica!
▶ Sí, es que, de pequeña, sus padres .... castigaban y.......maltrataban con frecuencia.

7. ■ ¿............. acordarás de regar las plantas?
▶ No.........preocupes, ...regaré cuando haga falta.

8. ■ Creo que esta lección ya.....hemos estudiado.

9. ■ Philip .... ha enfadado con Camilla.
▶ ¿Otra vez? siempre ...... están peleando.

10. ■ ....alegró muchísimo la visita de Dolores.
▶ No .... extraña, es que es encantadora.

11. ■ El tocadiscos está puesto, por favor, ¿puedes apagar...........?
▶ Sí, ahora mismo.......... hago.

12. ■ ¿Te has enterado ya de la noticia?
▶ Sí, ... escuché el otro día por la radio.

13. ■ ¡No .... sientes en esa silla, está rota!
▶ Menos mal que .... avisas, si no…

14. ■ Va a subir la gasolina ¿ya has llenado el depósito?
▶ ....llené ayer por la tarde, por cierto, ¡vaya cola que había!

15. ■ Ayer .... encontré a Miguel en un bar.
▶ Y ¿qué .... dijo?
■ Casi no .... habló, ¡es tan tímido!

II. COMPLETA LOS HUECOS CON LOS PRONOMBRES NECESARIOS:

Hace muchos años mis padres .... llevaron de viaje a visitar a unos tíos muy viejos que yo no conocía. Vivían en un pueblo diminuto en los Picos de Europa. Al llegar allí .... quedé sorprendida de la belleza de aquella zona. A mí .... encantó el paisaje, su casa, en fin, todo.
Mis tíos .... levantaban tempranísimo: .... lavaban, desayunaban y empezaban a chinchar............. Eran uña y carne, pero , como casi todos los matrimonios viejos, ... llevaban como el perro y el gato.
A mí .... cayó mejor mi tío que mi tía porque él .... gastaba muchas bromas y yo .... reía continuamente.
Mi tía era la mejor cocinera que jamás he conocido. Hacía unas galletas de nata maravillosas que nosotros .... comíamos en un minuto. ¡Estaban tan ricas...!
Mi tío había sido médico de ese pueblo y de cuatro o cinco más. Tenía que ir al trabajo a caballo porque todavía no existían los "todo terreno". Si .... avisaban para un parto en el pueblo vecino, iba siempre andando o a caballo. Todo el mundo .... conocía en aquella comarca y todos .... llamaban don Julio. Yo nunca había vivido con gente mayor, pero estos tíos míos .... encantaron. .... murieron los dos al poco tiempo. ¡Qué pena!

COMO LO OYES

Revise su coche

Escucha la audición y complétala con las palabras del recuadro.

> ADELANTAMIENTOS, ESTIRAR LAS PIERNAS, ATASCOS, DE REPUESTO, FRENOS, INTERMITENTES, PRESIÓN, AVERÍA, POR OBRAS, SUPERAR

Si usted ha decidido hacer un viaje en su tiempo libre, el buen estado de su coche y su manera de conducir son factores imprescindibles para que ese viaje sea un éxito.

Antes de salir:
♦ Compruebe la .... de los neumáticos.
♦ Controle el nivel de agua, del aceite así como del líquido de..................... ; no olvide revisar tampoco el agua del limpiaparabrisas.
♦ Revise el correcto funcionamiento de............ .... y luces, y recuerde que es obligatorio llevar luces ....
♦ Si el viaje lo va a hacer en invierno y por zonas montañosas, no olvide llevar cadenas y llenar el depósito de gasolina para que, en caso de .... , la calefacción siga funcionando.

De todos modos, es conveniente consultar por teléfono a la Dirección General de Tráfico (DGT) o a los servicios de Telerruta para conocer el estado de las carreteras, para que le propongan rutas alternativas en caso de retenciones o ...., también le pueden informar

de las previsiones del tiempo o de los cortes ....
Además hay otras cosas que son importantísimas para llegar felizmente al lugar deseado:

♦ Llevar siempre puestos los cinturones de seguridad.
♦ No beber alcohol.
♦ Hacer comidas ligeras.
♦ Parar cada hora u hora y media para............. ....
♦ Al menor síntoma de sueño, parar en zona permitida y descansar lo necesario.
♦ Respetar las distancias entre los coches.
♦ No realizar ....hasta estar seguros de poder hacerlos sin peligro.
♦ Respetar las señales de tráfico.
♦ No..................................la velocidad máxima establecida.

Y recuerde:
" Más vale perder un minuto en la vida que la vida en un minuto."

¡¡FELIZ VIAJE!!

ESCRIBE

I. Sugerencias para las visitas

Un amigo tuyo va a venir a visitarte y a los dos días de llegar él, tú tienes que marcharte.
Déjale por escrito una serie de sugerencias de todo lo que puede hacer mientras tú estás fuera.

II. Turismo rural *versus* turismo cultural

En un periódico español se ha establecido la polémica entre turismo rural y turismo cultural. A ti te interesa ese debate. Escribe un artículo dando tu opinión. Después, si queréis, podéis comentar entre vosotros vuestras redacciones.

Utiliza los elementos siguientes:

◆ Por una parte / por otra.   ◆ Aunque / por mucho que.
◆ Para empezar / en principio.   ◆ En resumen / para terminar.

LEE

LOS PARQUES ACUÁTICOS

("El Semanal" del 10 de julio de 1994)

1. DANOS SINÓNIMOS DE :

■ *Itinerarios.*

. . . .

■ *Delimitados.*

. . . .

■ *Resbalarse.*

. . . .

■ *Al menos.*

. . . .

■ *Requerir.*

. . . .

2. EXPLICA Y DEFINE SU FUNCIÓN:

■ *Un botiquín* . . . .
■ *Las papeleras.* . . . .
■ *Los socorristas.* . . . .
■ *Las torres* . . . .

3. CONTESTA A ESTAS PREGUNTAS:

■ *Localiza en el texto todas las palabras relacionadas con materiales.*

. . . .
. . . .

■ *¿Qué personal tiene que estar obligatoriamente en los parques?*

. . . .
. . . .

■ *Enumera las precauciones que hay que tomar cuando pasamos un día en un parque acuático.*

. . . .
. . . .

■ *Describe lo que están haciendo las personas que aparecen en los dibujos.*

. . . .
. . . .

■ *¿Qué ventajas e inconvenientes tienen para ti los parques de este tipo?*

. . . .
. . . .

PRETEXTO

LA EXPLOSIÓN DEL TENIS ESPAÑOL: LA CONQUISTA DE PARÍS

*La **Armada** española*

esta vez sí ha resultado

invencible en las pistas de

Roland Garros:

Sergi Bruguera y

Arantxa Sánchez Vicario

se alzaron con el triunfo, y

Alberto Berasategui

llegó a la final.

Sergi Bruguera revalidó el triunfo que logró el año pasado y Arantxa S. Vicario se impuso a la sorprendente francesa Mary Pierce ganando también ella por segunda vez el torneo (la primera fue en 1989).

El éxito del tenis español se completó con la victoria del madrileño de 18 años Jacobo Díaz, que fue campeón de la prueba "junior".

La gran final enfrentó a los dos españoles, Bruguera, que sólo cedió 2 sets en los 7 partidos, se encontró en la mencionada final a un joven tenista vasco que, ¡Ojalá sea así!, está destinado a convertirse en campeón: Berasategui ha revelado en París su talento, ha deslumbrado al mundo con su implacable y heterodoxo "drive" (pega golpe con la misma cara de la raqueta que usa para el revés), y se ha transformado en una estrella muy apreciada por todos.

Desde que en 1969, dos australianos ganaron la final masculina y femenina, no se había repetido un triunfo monocolor.

Dice Arantxa: *"Ganar en Roland Garros siempre cuesta, tanto si es la primera como la segunda vez. En 1989 tenía 17 años y ahora tengo 22, pero si la primera me hizo ilusión, ésta todavía más".*

" Nunca pensé que pudiera alcanzar una final de Roland Garros. Ahora mismo estoy muy contento, porque estar en la final es un sueño", declaró Berasategui después de perder con Bruguera.

Y como guinda de esta estupenda racha del tenis español, Conchita Martínez logra el primer título de una española en la "catedral" del tenis mundial.

Conchita, que quizás sea la mejor tenista española actual, según opinan algunos, ha salido del mal momento que ha vivido durante mucho tiempo.

A sus 22 años Conchita realizó un gran encuentro y no permitió que Martina Navratilova se anotara su décimo título en este torneo.

La española venció por 6-4, 3-6, 6-3 en una hora y 59 minutos.

Conchita se une al grupo de cinco españoles campeones del Gran Slam: Santana, Gimeno, Orantes, Bruguera y Arantxa.

¡Enhorabuena, y que sigáis así, campeones!

PARA ACLARAR LAS COSAS:

→ LA ARMADA INVENCIBLE = *fue una escuadra de barcos enviada por Felipe II a luchar contra los ingleses; no llegó a entrar en combate porque una gran tempestad la destruyó.*

1. DINOS CON OTRAS PALABRAS:

■ *Bruguera revalidó el título que ganó el año pasado.*

....

■ *Bruguera sólo cedió dos "sets" en los 7 partidos.*

....

■ *Berasategui ha revelado su talento.*

....

■ *"Si la primera vez me hizo gran ilusión (ganar) -dice Arantxa- ésta todavía más".*

....

■ *Y como guinda de esta estupenda racha...*

....

2. DANOS SINÓNIMOS DE:

- *Alzarse con el triunfo.* . . . .
- *Sucesor.* . . . .
- *Su implacable y heterodoxo "drive".* . . . .
- *Triunfo monocolor.* . . . .

3. CONTESTA A ESTAS PREGUNTAS:

- *¿Qué te parece el tono del artículo? Si no te gusta, intenta escribirlo de nuevo en colaboración con otro compañero.*
. . . .
. . . .

- *Señala las palabras que valoran positivamente el tenis español.*
. . . .
. . . .

- *Se habla de las características de los tenistas, ¿cuáles son?*
. . . .
. . . .

- *¿Por qué se menciona a los australianos en el artículo?*
. . . .
. . . .

- *Una amiga nuestra sólo ve las finales femeninas porque, dice, son más vivas, más interesantes. ¿Qué os parece?*
. . . .
. . . .

CONTENIDOS GRAMATICALES

EL IMPERFECTO DE SUBJUNTIVO
LA CORRESPONDENCIA DE LOS TIEMPOS. EXPRESIÓN DE DUDA Y DE DESEO

IMPERFECTO DE SUBJUNTIVO

Se usa :

1. Cuando el verbo principal está en cualquier tiempo del pasado o del condicional. El pretérito perfecto puede llevar el presente o el imperfecto, depende del contexto.

Ejemplos:
- *Quería que le ayudara*, pero no tenía tiempo.
- *Me pidió que me quedara* para hacerle compañía y me quedé.
- *Me gustaría que no hubiera* guerras en el mundo.
- *Me ha dicho que fuera* yo a hacer ese encargo.
- *Me ha pedido que le ayude* a terminar un informe.

2. Con el verbo principal en presente, pero el sentido lógico exige que el verbo subordinado esté en imperfecto porque se refiere al pasado.

Ejemplos: ■ *Me extraña que no llamaran* (ayer) para avisar.

■ *¡Qué raro que estuviera* en la fiesta (anoche) si a él no le gustan esas cosas!

■ *Siento que te enfadaras* (el otro día), no fue mi intención molestarte.

■ *Es imposible que te lo dijeran ellos* (la semana pasada), porque no lo sabían.

■ *No creo que a él le pagaran* (el mes pasado) más que a los otros por el mismo trabajo.

3. A veces, usamos el imperfecto de subjuntivo porque creemos que la realización de la cosa de la que hablamos es muy difícil o casi imposible.

Ejemplos: ■ *Aunque lloviera mañana* (cosa difícil con el tiempo que hace hoy), no cancelaríamos el viaje.

■ *¡Ojalá me tocara la lotería!* (me parece difícil porque tengo mala suerte).

Detrás de COMO SI.

Ejemplos: ■ *Viven como si fueran millonarios.*

■ *Me lo ha explicado muy, muy bien, como si fuera profesora.*

C O R R E S P O N D E N C I A   D E   L O S   T I E M P O S :

VERBO PRINCIPAL EN INDICATIVO	VERBO SUBORDINADO EN SUBJUNTIVO.	
Presente Futuro Imperativo	Presente Pretérito perfecto	*Ej.:* ■ *No creo que venga.* ■ *No creo que lo haya dicho él.* ■ *Vendrá a visitarnos cuando pueda.* ■ *Vendrá cuando haya terminado.*
Imperfecto Indefinido Pluscuamperfecto Condicional	Imperfecto Pluscuamperfecto	*Ej.:* ■ *Necesitaban un recepcionista que hablara cinco idiomas.* ■ *No creí que el partido terminara en empate.* ■ *Habían matriculado a su hijo en el Liceo para que aprendiera francés.* ■ *Me gustaría que dieran más deportes por televisión.*
Pretérito perfecto	Presente Imperfecto P. Perfecto	*Ej.:* ■ *Me ha pedido que le ayude en lo de su trabajo.* ■ *Me parece que le ha molestado que nos quedáramos hasta tan tarde.* ■ *No me ha gustado que no haya venido a la reunión.*

Este tiempo, por formar parte del pasado y al mismo tiempo estar conectado con el presente, admite las dos posibilidades.

E X P R E S I O N E S   D E   D U D A

1. QUIZÁ(S), TAL VEZ, ACASO ➡ *Ejemplos:*

Se construyen con indicativo cuando van detrás del verbo.

- *Vendrán, quizás, para el cumpleaños de Clara.*
- *Se lo compró tal vez, pero no se lo contó a nadie.*

Cuando van delante del verbo se construyen con indicativo o subjuntivo, dependiendo del grado de seguridad que queramos dar a nuestra frase.

- *¿Sabes que hay un concierto en la Catedral? Quizás iré con unos amigos a los que les interesa mucho.*
- *Quizás vaya, pero estoy esperando una llamada muy importante casi a la misma hora.*

2. A LO MEJOR ➡ *Ejemplos:*

Se construye siempre con indicativo.

- *A lo mejor me dan unas entradas para el partido del miércoles.*

3. PUEDE (SER) QUE ➡ *Ejemplos:*

Siempre va con subjuntivo.

- *Aunque me gusta mucho el sitio donde vivo, puede que me cambie porque hay demasiado ruido.*
- *Puede que vayamos de vacaciones a Cuba este invierno.*
- *¿Así que vais a vender el coche? Puede, todavía no estamos seguros.*

E X P R E S I O N E S   D E   D E S E O

1. QUE + PRESENTE DE SUBJUNTIVO ➡ *Ejemplos:*

Se usa para desear cosas a otros.

- *Que te diviertas en la fiesta.*
- *Que lo paséis bien durante las vacaciones.*
- *Que tengamos suerte.*

2. ÓJALA + PRESENTE / IMPERFECTO **DE SUBJUNTIVO** ➡ *Ejemplos:*

Se construye siempre con subjuntivo.

- *Las cosas están preparadas, ¡ojalá todo salga bien!*
- *¡Ojalá pudiera volver atrás y no cometer los mismos errores!*

PRACTICAMOS LA GRAMÁTICA

I. TRANSFORMA EL INFINITIVO EN UNA FORMA VERBAL CORRECTA:

1. Me sorprendió que Jaime **(llegar)** .... tarde, suele <u>ser un reloj</u>.

2. Es verdad que **(ser/él)** .... un poco infantil, pero eso no significa que no se **(poder)** .... hablar con él.

3. Fue una casualidad que **(estar/nosotros)** ....en el parque de atracciones aquel día, pero, para ser una cosa improvisada, ¡hay que ver qué bien lo pasamos!

4. Por suerte llegaron al cine antes de que **(empezar)** .... la película.

5. Quería avisarte de que me **(retrasar/yo)** .... un poco pero *se me pasó*.

6. Era increíble que a su edad **(tocar)** .... tan bien el piano.

7. Dale esto a la secretaria para que lo **(pasar)**..................... a máquina y que **(hacer)** .... tres copias.

8. Me contestó de mala manera, como si **(estar)** .... enfadado conmigo.

9. Te repito que **(ser)** .... *una trola* monumental lo que te han contado.

10. Queríamos que todos **(estar)** ....<u>a sus anchas</u>, por eso **(pensar)** .... hasta en el menor detalle.

11. Silvia quería evitar que Alfredo **(hacer)** .... una tontería.

12. Era lógico que **(tener)** .... *un pelín* de miedo, era la primera vez que **(montar)** .... en avión.

13. Con lo caros que **(estar)** ...., no hay quien **(comprar)** .... un piso.

14. Han contratado a un humorista para que **(actuar)** .... en la fiesta.

15. ¿Os asustó que **(haber)** .... serpientes en el laboratorio?

➤ **PARA ACLARAR LAS COSAS:**

→ *SE ME PASÓ = se me olvidó.*

→ *UNA TROLA = mentira, embuste.*

→ *ESTAR A SUS ANCHAS = estar a gusto.*

→ *UN PELÍN = expresión coloquial que significa "un poco".*

A. Explica las expresiones subrayadas con ayuda de tu diccionario o preguntando a tu profesor.

B. Contextualiza:
- ¿Por qué llegó tarde? (1)...
- ¿Qué le han contado? (9)...
- ¿Qué hizo Silvia? (11)...
- ¿Qué tipo de fiesta era esa? (14)...

II. **Transforma el infinitivo en una forma verbal correcta:**

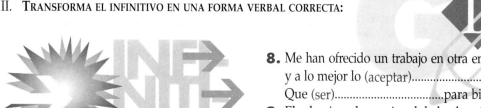

1. ¡Ojalá (acabar)....................pronto la guerra! Eso deseamos todos.

2. Ha dicho el hombre del tiempo que quizá (llover)........................... este fin de semana. No sé si hacerle caso porque normalmente (equivocarse)......................................

3. A lo mejor la próxima sede del congreso (ser)......................................Cuba. Pues no sé si (ser).....................un sitio ideal para concentrarse durante las ponencias.

4. ¡Ojalá (ganar)....................... España la final. ¡Uuuuhhhhhh! Yo creo que *lo tiene crudo*, el otro equipo es muy fuerte.

5. Mañana me voy de vacaciones al Caribe. ¡Ojalá (poder/yo)................... acompañarte!

6. A lo mejor me (matricular)............................ en un curso de japonés. Haces bien, con la facilidad que (tener/tú) .... para los idiomas...

7. ¿Vas a ir al cumpleaños de Iñaki? Quizá (ir)......................, pero me parece que al final no voy a poder, *ando muy liado.*

8. Me han ofrecido un trabajo en otra empresa y a lo mejor lo (aceptar)............................... Que (ser)..................................para bien.

9. El seleccionador nacional de hockey (elegir) .... tal vez a Carlitos para el equipo. No me extraña, el niño es un fenómeno, juega como si (ser) .... profesional.

10. ¿Sabes? He visto tres veces a Alberto con Victoria. A lo mejor (estar) .... saliendo juntos, pero ¿a ti qué te importa? ¡qué cotilla eres!

11. El concierto empieza a las 9 y son las 8,45 ¡ojalá (llegar)............................ a tiempo! No creo, hay un tráfico tremendo.

12. Marta me ha dicho que está de tres meses. Ojalá (ser)..............................niña esta vez después de 4 niños.

13. ¿No te parece que Eduardo anda muy callado últimamente? Puede que (tener).....................problemas, habla tú con él, que eres su amigo.

14. ¿Qué te ha dicho para que te (enfadar) .... así? *"Que te (partir)* ....un rayo", ¿no te parece un poco fuerte?

15. La situación actual es muy crítica, ¿qué piensan hacer ustedes para resolverla? ¡Ojalá (tener/nosotros)............................. la respuesta!

PARA ACLARAR LAS COSAS:

→ *TENERLO CRUDO* = ser difícil.

→ *ANDAR/ESTAR LIADO/A* = tener mucho que hacer y poco tiempo.

→ *QUE TE PARTA UN RAYO* = expresión fija para mostrar enfado, indiferencia ante las dificultades del otro.

III. **Transforma en pasado estas noticias sacadas de un diario deportivo. Observa la terminología deportiva y coméntala con tus compañeros y tu profesor**

1. *Ortega dice que ya ha llegado la hora de escuchar ofertas de otros equipos.*
   ....

2. *Blanco confía en que el Marbella consiga la permanencia en la división.*
   ....

3. *Petrovic fleta dos autobuses gratis para que los seguidores puedan presenciar el partido en Toledo.*
   ....

4. *A pesar de los rumores que circulan, el jugador malagueño dice que no sabe nada del Barcelona.*
   ....

5. *Mendoza confirma que Valdano entrenará al Madrid dos temporadas.*
   ....

6. *Cantatore niega que existan conversaciones con el Tenerife.*
   ....

7. *El **Depor** sólo vence cuando juega **a tope**.*
   ....

8. *Al nuevo consejo de administración no le importa que Camarasa se vaya de aquí.*
   ....

9. *Alex Crivillé afirma que tiene problemas con las suspensiones y los neumáticos, y que se necesita trabajar más para que la moto vaya mejor.*
   ....

10. *El Barcelona es el único que se perfila como favorito.*
    ....

11. *El entrenador no se explica que el presidente del equipo no reconozca que es el técnico ideal.*
    ....

12. *El capitán dice que el equipo **está un poco tocado** aunque debe estar preparado para sufrir, ya que la eliminatoria **está en el aire**.*
    ....

13. *Lo preocupante para el equipo es que no logramos crear ocasiones de gol.*
    ....

14. *El ganador de la vuelta ciclista a Cataluña cree que Toni tiene muchas posibilidades de desbancar a Indurain en el Tour y por eso está trabajando para mejorar su rendimiento en las subidas.*
    ....

15. *Si el rival no hace nada, no vamos a hacer el tonto.*
    ....

→ **PARA ACLARAR LAS COSAS:**

→ *EL DEPOR O SUPER DEPOR = el Deportivo de La Coruña, equipo que hizo una campaña especialmente brillante durante la temporada 93-94.*

→ *A TOPE = al máximo, empleando todas sus fuerzas.*

→ *ESTAR TOCADO = estar herido; en otro contexto, estar loco.*

→ *ESTAR EN EL AIRE = sin decidir.*

IV. REACCIONA:

1. El sábado le vamos a *dar una paliza* al Barcelona.
Ojalá ....

2. Dijeron por la tele que iban a desconvocar la huelga ¿no?
Quizá ....

3. Mañana tengo el último examen de la carrera.
....

4. ¡Mira cómo está el cielo!, ¿*a que* se pone a llover?
¡Ay, no! ....

5. Te digo que has metido la pata otra vez. Tenías que haberte callado.
¡Ay, no! ....

6. Fuiste por fin al *asistente social*, ¿no? ¿Y qué te recomendó?
....

7. El programa de ayer me pareció *una pasada*.
Pues a mí ....

8. ¿Te has enterado de que existen multas para los peatones que "circulen" mal?
....

9. Abuelo, tú antes hacías mucho ejercicio, ¿por qué no lo haces ahora?
Hijo mío, ojalá ....

10. ¿Qué te pareció ayer la intervención del jefe de la oposición?
Me gustó mucho que ....

PARA ACLARAR LAS COSAS:

→ DAR UNA PALIZA = *ganar por mucha diferencia. (En otros contextos significa golpear).*

→ ¿A QUE...? = *se usa en las preguntas para animar a contestar a quien nos escucha dándonos la razón.*

→ ASISTENTE SOCIAL = *diplomado que se ocupa de aconsejar a la gente en relación con problemas sociales.*

→ SER UNA PASADA = *ser una exageración; puede tener sentido positivo o negativo.*

ACTIVIDADES

I. EN FORMA

Explica a la clase algún ejercicio bueno para... endurecer los muslos, por ejemplo.

Podéis ayudaros de estas palabras: *estirar, encoger, mantener, levantar, bajar, flexionar,* etc.

II. ¡A MOVER EL ESQUELETO!

Tu compañero o compañera es un sedentario por vocación. Convéncele de que debe elegir algún deporte y practicarlo con regularidad.

Tú eres sedentario por vocación y crees que la gente que hace deporte pierde el tiempo, la energía y, además tiene poco en la cabeza. Cuando tu compañero/a quiere que hagas deporte te saca de quicio; mantén con él/ella una conversación sobre el tema para que te deje en paz de una vez.

III. DEBATE

¿Es el deporte un medio de canalizar la agresividad en los estadios?

Hay gente que piensa que el boxeo no es un deporte sino una salvajada. Otros, en cambio, dicen que es casi un arte.

En parejas o pequeños grupos dad vuestra opinión sobre estos dos temas, y después poned los resultados en común.

I. COMO LO OYES

"LOS HOMBRES NO AGUANTAN UNA BUENA CLASE DE GIMNASIA"

Después de oír esta entrevista con Anna Salrá, aparecida en el diario *Sur*, contesta a las siguientes preguntas.

		V	F
1	Anna es un profesora muy dura, maltrata a su alumnado.		
2	Anna usa un sistema matemático en sus clases.		
3	Los hombres tienen una mala opinión de las clases de gimnasia.		
4	Los muslos de las amas de casa trabajan mucho.		
5	A esta profesora no le gusta el asunto de los vídeos.		
6	La gimnasia favorece la elasticidad corporal.		
7	Los extranjeros, en opinión de Anna, van más a clase.		
8	Anna dirige una escuela de gimnasia.		
9	En Marbella faltan monitores.		
10	Anna ha llegado a su meta.		

VOCABULARIO

LOS DEPORTES

I. RELACIONA LAS DOS COLUMNAS:

NATACIÓN	CANASTA
EQUITACIÓN	RAQUETA
CICLISMO	CAÑA
MONTAÑISMO	BICICLETA
CAZA	MOCHILA
PESCA	ESCOPETA
BALONCESTO	CABALLO
TENIS	HOYO
GOLF	PISCINA

II. UNA DE LAS CUATRO PALABRAS NO PUEDE IR EN ESE GRUPO. SUBRÁYALA Y DI POR QUÉ:

1. Almendra, nuez, manzana, avellana.   *Porque*...
2. Bar, restaurante, cafetería, pensión.   *Porque*...
3. Acera, paso de peatones, semáforo, avión.   *Porque*...
4. Boca, mano, dedo, uña.   *Porque*...
5. Mosca, mariposa, serpiente, abeja.   *Porque*...
6. Té, manzanilla, bizcocho, café.   *Porque*...
7. Azafrán, pomelo, naranja, limón.   *Porque*...
8. Escultura, pintura, magnetofón, música.   *Porque*...
9. Mesa, sofá, butaca, silla.   *Porque*...

RECUERDA

LOS ADVERBIOS

1 **DE MODO:** *bien, mal, despacio, deprisa, así, como/cómo, adrede, etc.*

Pero la mayoría procede de añadir la terminación **-mente** al adjetivo en singular y en femenino, si lo tiene.
Ejs.:   Rápidamente   Claramente   Fácilmente.
Cuando se unen dos o más adverbios terminados en **-mente**, pierden todos la terminación menos el último.
Ejs.:   Quiero hablar contigo abierta y sinceramente.
Con frecuencia el adjetivo masculino funciona como adverbio.
Ejs.:   Habla alto, claro, rápido, fuerte pero sobre todo claro.
Los adverbios *tanto, mucho, cuanto, y reciente* se convierten en *tan, muy, cuan y recién* delante de adjetivos, participios y otros adverbios.

2   DE LUGAR: *Aquí/acá, ahí, allí/allá, cerca = lejos, dentro = fuera, delante = detrás, arriba /encima = abajo, debajo, enfrente, junto, alrededor, etc.*

3   DE TIEMPO: *Hoy, ayer, mañana, anteayer, anoche, ahora, antes, después, temprano, tarde, siempre, nunca = jamás, pronto, temprano, después, luego, todavía = aún, ya, etc.*

Algunos adverbios en **-mente** tienen valor temporal:
Primeramente, últimamente, antiguamente, finalmente, recientemente.
Luego indica una circunstancia de tiempo más inmediata que **después**.

4   DE CANTIDAD: *Mucho/muy poco, poco, demasiado, bastante, algo, nada, sólo, tanto, tan, cuanto, cuan/cuán, tanto / tan, casi = apenas, medio, más = menos, además, etc.*

5   DE AFIRMACIÓN: *Sí, ciertamente, seguramente/seguro, también, verdaderamente.*

Sí + **que** da más énfasis a la afirmación, confirma la afirmación hecha por otro.
Ej.:   *Sí que* es interesante este libro.

6   DE NEGACIÓN: *No, nunca, jamás, tampoco, ni, etc.*

Observa que **nunca** y **jamás** también son adverbios de tiempo.
Recuerda que en español dos negaciones no equivalen a una afirmación.
Ejs.:   *No* ha llamado nadie.
          No sé nada.
Cuando empezamos la frase por cualquier adverbio negativo distinto de *no*, no se ponen dos negaciones.
Ejs.:   *Nunca* había visto una cosa así.
          Tampoco tienes que gritar de ese modo.

7   DE DUDA: *Quizá(s), tal vez, a lo mejor, acaso, seguramente, etc.*

POSICIÓN DEL ADVERBIO:

Los adverbios suelen ir detrás del verbo, aunque otros como *ya, apenas, sólo, casi, sí, no,* no tienen una posición fija.

Ejs.:   ◆ He trabajado duramente.   ◆ ¿Ya has terminado el trabajo?
          ◆ ¿Por qué llegas tarde?   ◆ Sólo me quedan 1.000 ptas.
          ◆ Hoy he dormido mucho.   ◆ Hija, apenas has comido.

DOS EJERCICIOS GRAMATICALES

I. RELLENA LOS HUECOS CON LOS ADVERBIOS DEL RECUADRO:

> ANTES
> ANTEAYER
> DESPACIO
> MUY
> MUCHO
> DEMASIADO
> MÁS
> COMPLETAMENTE
> DEPRISA
> RECIÉN
> ALTO
> FÁCIL
> TAMPOCO
> ACTUALMENTE
> ENSEGUIDA
> SEGURAMENTE
> ENÉRGICAMENTE
> CLARAMENTE
> YA
> TODAVÍA

1. ■No conduzcas tan.................... ,
   sabes que me da miedo
   ►Pero si voy muy ....
2. ■¡Hay que ver la de enfermedades
   nuevas que están surgiendo!
   ►Sí, pero el hecho es que..............
   las personas viven más que........
3. ■¿Está lista .... la paella?
   ►No, ... no está a punto.
4. ■¿No te parece que Juan Antonio
   bebe .... ?
   ►Yo diría que ....
5. ■¿Sabéis algo de Nieves?
   ►Yo, nada
   ■Yo, ...
6. ■Ten cuidado con la pared.
   ►¿Por qué?
   ■Porque está .... pintada.
7. ■Aquí tiene la llave de la habitación
   que reservó.
   ►Gracias, es usted ....amable.

8. ■Por qué has comprado ese libro?
   ►Porque explica .... y
   .... las reglas gramaticales.
9. ■"El equipo local ganó ....
   al visitante".
10. ■"Larios obtuvo el año pasado
    ....de 2.000 millones de
    beneficios".
11. ■3.000 vecinos pidieron ....
    que se arreglara la carretera de
    acceso a su pueblo.
12. (Por teléfono)
    ■Habla más .... , que
    hay una interferencia.
13. ■Carmen, ¿puedes venir un
    momento?
    ►............................. voy.
14. ■No encuentro mi barra de labios
    ►............................. te la habrás
    dejado en casa.
15. ■A mí me parece que todos estáis
    .... locos.

II. ELIGE LA SOLUCIÓN CORRECTA:

1. Nunca cojo el coche para ir al trabajo, siempre voy	*de pie*	*a pie*	*en pie.*
2. ¡Hombre, Juan, ... te encuentro!	*al final*	*por fin*	*del fin*
3. Al Congreso vino gente	*por todas partes*	*de todas partes*	*a todas partes*
4. Con el estrés que hay la gente siempre va	*de prisa*	*por prisa*	*a prisas*
5. Me gustaría trabajar con niños que tienen .... problemas.	*muy*	*más*	*muchos*
6. Nunca es .... tarde para rectificar.	*tan*	*demasiado*	*bastante*
7. Había .... 40.000 personas.	*poco más o menos*	*a lo menos*	*por poco*
8. Dicen que Paco está .... loco.	*medio*	*a medias*	*a medio*
9. No necesito estudiar, me sé la lección	*de corazón*	*de cabeza*	*de memoria*
10. No soporto que me cuentes las cosas ...	*mediamente*	*a mitad*	*a medias*

II. COMO LO OYES

¡LA SELECCIÓN NACIONAL JUGÓ Y GANÓ!

Completa la audición con las palabras del recuadro.

> ÁRBITRO, A PASE DE, SACÓ, OFENSIVO, MARCÓ, BANDAS,
> REMATÓ, EXPULSIÓN, ENCUENTRO, PARTIDO DE VUELTA,
> RESULTADO, BANQUILLO, EQUIPO LOCAL, LESIÓN.

Ayer, sábado, la Selección Nacional disputó un partido de semifinales de la copa de Europa contra la Selección Sueca. El .... fue entretenido , con un .... final de 3 a 1. Pepito, tras un saque de esquina, ... de cabeza y el portero no pudo parar el primer gol.

El .... pitó 8 faltas al .... y 12 al equipo visitante. Asimismo .... 5 tarjetas amarillas y una roja que supuso la .... de Martínez.

Por su parte, el sueco Johansson sufrió una .... en el muslo derecho, por lo que tuvo que abandonar el campo, y Larsson se incorporó al juego desde el .... de suplentes.

En el 2º tiempo y .... Andersson, Larsson...................el único gol para su equipo.

La Selección Nacional realizó un juego ...., basado en jugadas de ataques por las .... , que no pudo contrarrestar la defensa contraria.

Por su parte, la Selección Sueca mantuvo el balón en el centro del campo, a excepción de la mencionada jugada de Larsson.

Habrá que esperar al .... y no cantar victoria antes de tiempo.

ESCRIBE

I. ELIGE TU DEPORTE FAVORITO Y DESCRÍBELO PARA QUE UNA PERSONA QUE NO LO CONOZCA LO ENTIENDA

II. EN TU OPINIÓN, ¿QUÉ DEBERÍAN HACER LAS AUTORIDADES PARA FOMENTAR LA PRÁCTICA DEL DEPORTE ENTRE LOS CIUDADANOS?

UN POCO DE HISTORIA DEL DEPORTE

El campeón olímpico, seleccionado cuidadosamente y entrenado durante años para mejorar sus marcas, es, sin duda, un deportista. Pero también lo es el estudiante que consagra su tiempo libre a disputar partidos de fútbol, o el oficinista que se ejercita para mantenerse en forma varias horas a la semana en las pistas del estadio.

A pesar de su relativa debilidad física, el hombre se mostró en seguida muy superior a las demás especies animales. A fin de sobrevivir en un medio casi siempre hostil, tuvo que potenciar al máximo las posibilidades de su cuerpo y desarrollar todo lo posible su fuerza, su agilidad y su resistencia. Para conseguir alimento, franquear obstáculos o hacer frente a sus enemigos, aprendió a correr , a trepar, a saltar, a lanzar y a combatir. Poco a poco, empezó a aficionarse a estas actividades y muy pronto se consagró a ellas sólo por la satisfacción que le proporcionaba superarse a sí mismo y competir. Estas fueron las primeras manifestaciones del deporte.

En la Antigüedad, los ejercicios físicos eran de dos tipos: unos estrictamente utilitarios, formaban parte de la educación o se aplicaban al adiestramiento de los soldados; otros eran juegos deportivos con carácter religioso.
Así, por ejemplo, los Juegos Olímpicos de Grecia estaban dedicados a Zeus. En Centro América, los aztecas se relevaban para empujar con el pie una pelota de madera que simbolizaba los movimientos del sol.
Al parecer sólo los chinos tenían una concepción distinta del deporte: muchos milenios antes de nuestra era elaboraron unos programas de gimnasia cuya finalidad era exclusivamente médica.
Pero es en el siglo XIX, y en gran parte bajo la influencia de los ingleses, cuando se organiza realmente la práctica del deporte : entonces nacen los clubes, las fundaciones y las competiciones.

En 1896 se crean los Juegos Olímpicos modernos. Reservados en un primer momento a una minoría, los deportes se hacen luego cada vez más populares: hoy son practicados por millones de hombres y mujeres.

En las sociedades desarrolladas son poco frecuentes las ocasiones de utilizar las fuerzas físicas. La práctica del deporte permite recuperar el equilibrio corporal y mental : el sentido del esfuerzo, el respeto a los reglamentos, el entendimiento con los compañeros de equipo, el noble enfrentamiento entre adversarios o la aceptación de la derrota nos sirven de aprendizaje para la vida en común, que es tan importante como la proeza física. El lema de los Juegos Olímpicos dice en latín: Citius, Altius, Fortius, es decir: más veloz, más alto, más fuerte .

El deporte, ya integrado en los sistemas educativos y estimulado por todos los tipos de gobierno, da lugar a grandes confrontaciones. Tiene gran importancia social puesto que interviene a la vez en la formación de la juventud y en las relaciones entre grupos humanos.
El prestigio de los campeones se refleja en las ciudades y en las naciones que son representadas por ellos.
El deporte crea una nueva categoría de héroes.

Las especialidades deportivas pueden dividirse en varias categorías. Los deportes de base comprenden el atletismo : carreras, saltos, lanzamientos; la gimnasia; la halterofilia y la natación. Se clasifican en un solo grupo todos los juegos de pelota y de balón : tenis, fútbol, rugby, baloncesto, balonmano, voleibol, golf, etc. Siguen, por último, los deportes derivados de actividades utilitarias: alpinismo, navegación, equitación, kayak, esquí, ciclismo, automovilismo, paracaidismo, etc. y los deportes de combate: esgrima, judo, lucha, boxeo, tiro, etc.

1. DINOS CON OTRAS PALABRAS:

■ *El campeón, entrenado para mejorar sus marcas...*

■ *Potenciar al máximo las posibilidades de su cuerpo...*

■ *Se consagró a ellas sólo por la satisfacción que le proporcionaba superarse a sí mismo.*

■ *El deporte da lugar a grandes confrontaciones.*

■ *La aceptación de la derrota es tan importante como la proeza física.*

2. DANOS SINÓNIMOS DE:

■ *Consagra. . . . .*
■ *Se ejercita. . . . .*
■ *Medio hostil . . . .*
■ *Franquear obstáculos . . . .*
■ *Trepar. . . . .*
■ *Adiestramiento . . . .*
■ *El lema. . . . .*

3. CONTESTA A ESTAS PREGUNTAS:

■ *¿Cómo pasa el hombre de usar su fuerza para sobrevivir a usarla como deportista?*
■ *¿Puedes enumerar los momentos históricos en los que se puede hablar de deporte?*
■ *¿Qué ventajas tiene para el hombre la práctica del deporte?*
■ *¿Recuerdas la clasificación de las actividades deportivas?*
■ *Comentad en grupo el lema de los Juegos Olímpicos.*

¿SABÍAS QUE...?

El futbolín, ¿otra forma de deporte?

Esta es una extraña historia. Al iniciarse la guerra civil en 1936, el joven de 17 años Alejandro Finisterre quedó sepultado por un bombardeo en Madrid. Fue rescatado y enviado a un hospital. Allí observó que los niños pequeños, en días de lluvia, no podían jugar al fútbol, así que decidió crear una mesa de juego con jugadores de madera y una pelota de corcho.

Después de la guerra se exilió y se instaló en Guatemala, donde perfeccionó su invento. Cuando empezaba a venderse bien, el país fue invadido y tuvo que huir a Estados Unidos. Allí la Mafia quiso beneficiarse de su "aparato" y viajó a México, donde fue pirateado inmediatamente. Alejandro abandonó la idea y se dedicó a la edición de libros. En 1960 volvió a España y descubrió con estupor futbolines por todas partes. Millones de jóvenes han jugado y siguen jugando sin beneficio para el inventor.

(El País semanal, 3, Julio, 1994).
Comenta con tu compañero /a lo que has entendido y buscad juntos las palabras desconocidas.

PRETEXTO

LOS JÓVENES EN CASA

¿Por qué *se apalancan* los hijos adultos en el hogar familiar?

Son muchos los factores que han influido en la aparición de este espécimen.

En primer lugar, es evidente que las rentas generales de las clases medias de la población han crecido sustancialmente y esto ha hecho desaparecer la necesidad de que los hijos salgan a ganarse el pan y ayudar así a la economía familiar.

Por otra parte, y como consecuencia del mencionado aumento, los hogares se han vuelto más confortables y espaciosos; esta circunstancia se ha visto favorecida por el hecho de que, desde hace algunos años, ha disminuido el número de hijos por familia y ha aumentado el número de ancianos que vive en residencias.

Por último, se han perdido los grandes ideales y el deseo de aventura que movía a los jóvenes a abandonar *el nido*.

Y los padres, ¿qué hacen?, ¿aceptan la situación o le *ponen coto*?

Si la opción elegida es la segunda, hay que *poner*, decididamente, *manos a la obra*.

Si ustedes, padres, han logrado "independizarse" de sus hijos, ¡no se confíen!, podrían ser víctimas del modelo "hijo de ida y vuelta".

Cuando la pasión baja y los pagos suben, es posible que ella diga : "Si tu madre se quedara con el niño, yo podría volver a trabajar".

En el caso de que, por sentimentalismo, la abuela aceptara, estarían perdidos, queridos padres. Cuidar al nieto sólo sería el comienzo. Ahora que el niño está bien atendido, y puesto que sus papás no quieren estar sin verlo, lo mejor es que vayan a comer a casa de los abuelos - total, donde comen tres comen cinco - y así se ahorrarían la asistenta.

En los casos extremos pueden llegar a pensar en que podrían ahorrarse también la casa ¡Total, para ir sólo a dormir!

Y como *hayan dicho a todo amén*, los tendrán reinstalados y ya será más difícil deshacerse de ellos.

(Texto adaptado.
Cómo librarse de los hijos antes de que sea demasiado tarde
María Teresa Campos).

PARA ACLARAR LAS COSAS:

→ *APALANCARSE* = *expresión coloquial que significa acomodarse en un lugar y no querer moverse de allí.*

→ *NIDO* = *expresión familiar para referirse al hogar.*

→ *PONER COTO A* = *frenar, impedir que continúe una situación que nos disgusta.*

→ *PONER MANOS A LA OBRA* = *empezar a hacer algo.*

→ *DECIR A TODO AMÉN* = *expresión familiar que significa aceptar cualquier cosa.*

1. DINOS CON OTRAS PALABRAS:

■ *Ha hecho desaparecer la necesidad de que salgan a trabajar.*

. . . .

■ *El deseo de aventura que movía a los jóvenes a abandonar el nido.*

. . . .

■ *Esta circunstancia se ha visto favorecida por…*

. . . .

2. DANOS SINÓNIMOS DE:

■ *Los factores* . . . .
■ *Sustancialmente.* . . . .
■ *Estar bien atendido* . . . .
■ *Deshacerse de* . . . .

3. CONTESTA A ESTAS PREGUNTAS:

■ *¿Qué factores da la autora para la aparición de "hijos apalancados"?*

. . . .
. . . .

■ *¿Cuáles son "los peligros" que amenazan a los padres?*

. . . .
. . . .

■ *¿Qué no debe hacer la abuela en ningún caso?*

. . . .
. . . .

■ *¿Crees que este punto de vista es exagerado? ¿Por qué?*

. . . .
. . . .

■ *Este fenómeno social ¿se da también en tu país? Coméntalo con tus compañeros.*

. . . .
. . . .

CONTENIDOS GRAMATICALES

SI CONDICIONAL

1.   SI +
PRESENTE DE INDICATIVO + PRESENTE DE INDICATIVO
PRESENTE DE INDICATIVO + FUTURO DE INDICATIVO
PRESENTE DE INDICATIVO + IMPERATIVO

La realización se presenta como posible en un contexto de *presente* o *futuro*.

Ejs.:   ◆ Si *tengo* tiempo, *leo* todos los días.
◆ Si no *vamos* en coche, *llegaremos* tarde.
◆ Si ese tipo de películas *te da* miedo, *no vayas* a verlas.
◆ Si *tienes* frío, *ponte* un abrigo.

2.   SI + IMPERFECTO DE SUBJUNTIVO + CONDICIONAL SIMPLE

La realización se presenta como *imposible* o *poco posible* en un contexto de *presente* o *futuro*.

Ejs.:   ◆ Si *fuera* animal, *me gustaría* ser un delfín.
◆ Si Fernando *estuviera* aquí, *podría* contestarte él mismo.

◆ Si me *nombraran* jefa del equipo, *organizaría* las cosas de otro modo.
◆ Es muy puntual pero, si *llegara* tarde, *sería* por alguna razón.

3.   SI +
PLUSCUAMPERFECTO DE SUBJUNTIVO + CONDICIONAL COMPUESTO
PLUSCUAMPERFECTO DE SUBJUNTIVO + PLUSCUAMPERFECTO DE SUBJUNTIVO

◆ Si *hubieras visto* el partido,   *te habrías enfadado* como todos.
te hubieras enfadado como todos.

◆ Si *hubieras seguido* mis consejos,   no *te hubieran echado* del trabajo.
no *te habrían echado* del trabajo.

No hay diferencia entre el *condicional perfecto* y el *pluscuamperfecto de subjuntivo*.

4.   SI + PLUSCUAMPERFECTO DE SUBJUNTIVO + CONDICIONAL SIMPLE

Aquí presentamos una acción pasada y concluida, por tanto de realización imposible, relacionándola con el resultado actual.

Ejs.:   ◆ Si no *hubieras gastado* tanto, *ahora tendrías* dinero más que suficiente.
◆ Si no te *hubieras peleado* con tu familia, *ahora podrías* pedirles ayuda.

OTRAS CONJUNCIONES CONDICIONALES

Van todas en subjuntivo .

A   A CONDICIÓN DE QUE
CON TAL DE QUE   Expresan una condición mínima.

Ejs.:   ♦ ¿Me prestarías la moto para este fin de semana?
Bueno, vale, *a condición de que me la cuides* como si fuera tuya.

♦ Puedes salir esta noche *con tal de que estés* aquí antes de la una.

B   EN CASO DE QUE

El hablante considera difícil la realización de la condición.

Ejs.:   ♦ Me han dicho que habrá plazas en el AVE; *en caso de que no sea* así, tendrías
que ir en autobús.

C   COMO

Lo usamos para amenazar o para presentar algo que tememos.

Ejs.:   ♦ *Como no apruebes* las matemáticas, te quedas sin vacaciones.
♦ *Como lleguemos* tarde, no podremos entrar.

D   A NO SER QUE
A MENOS QUE   Para expresar la condición en forma negativa.
EXCEPTO QUE

Ejs.:   ♦ Las corridas de toros se celebran *a no ser que* llueva.
♦ Casarse por amor no es recomendable *a menos que* se tengan muchas otras
cosas en común.
♦ Podemos regalarle el último libro de Rosa Montero, *excepto que ya lo tenga*.

PRACTICAMOS LA GRAMÁTICA

I. PON EL INFINITIVO EN UNA FORMA CORRECTA:

1. ■ Si (querer/vosotros) .... ver un gran museo, (visitar) .... El Prado.

2. ■ ¿Va a ir Juan a la fiesta de mañana?
▶ Si (ir/él) .... , a mí no me (decir) ....nada.

3. ■ Si no (llover) .... antes de un mes, (haber) .... restricciones de agua.

4. ■ Si mi padre (enterarse) .... de lo que he hecho, me (echar) .... de casa.
▶ Con razón.

5. ■ Si de verdad (necesitar/tú) ....una moto, (comprártela) .... de una vez y no nos des más la lata.
▶ Claro, y *la pasta* ¿qué?

6. ■ ¿Sabes que Alfredo quiere dejar a Margarita?
▶ Mira, a mí *no me vengas con cotilleos*, si la (dejar) .... , eso (ser) ....
asunto de ellos dos.

7. ■ Perdona si te (molestar) .... lo que dije el otro día, no fue mi intención ofenderte.
▶ No fue nada, ya ni me acordaba.

8. ■ ¿Sabías que Emilio (tener) .... un descapotable?
▶ Pues si (tenerlo) ...., yo nunca lo (ver) .... en él.

9. ■ *Eres la pera*, siempre me dices las cosas tarde, si ya lo (tener/tú) ....¿por qué no me (avisar) .... para que lo compre yo?
▶ Chico no sé qué me pasa, tengo la cabeza *a pájaros*.

10. ■ No pongas esa cara de asco, si no te (gustar) .... *la fabada*, no te la (comer) .... y punto.

11. ■ *Me da corte* preguntarle pero es que no he entendido nada.
▶ Que no te dé corte, no seas tonto, si no (entender/tú) .... (preguntarle) .... otra vez.

12. ■ Me encantaría leer el último libro de Vargas Llosa.
▶ Pues yo lo tengo. Si lo (querer) .... te lo (prestar) ....

13. ■ Ese chico no estudia nada para el examen.
▶ Pues si no (estudiar) .... ¿cómo (esperar/él) .... aprobar?

14. ■ Si (llegar/vosotros) .... a casa antes de las 12, (llamarme) .... para que me quede tranquila.

15. ■ Te voy a hacer una pregunta típica: ¿Qué (hacer/tú) .... si te (tocar) .... la lotería?
▶ No lo he pensado.

→ **PARA ACLARAR LAS COSAS:**

→ *LA PASTA = expresión coloquial para referirse al dinero.*

→ *NO ME VENGAS CON COTILLEOS = no me cuentes cosas de la vida privada de los demás.*

→ *SER LA PERA = ser raro, diferente, comportarse de manera extraña.*

→ *TENER LA CABEZA A PÁJAROS = estar distraído, no recordar lo que se ha dicho o hecho.*

→ *LA FABADA = plato típico asturiano hecho a base de alubias, chorizo, tocino, etc.*

→ *ME DA CORTE HACER ALGO = me da vergüenza, no me atrevo.*

II. Pon el infinitivo en la forma correcta:

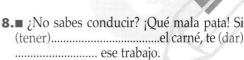

1. ■ Cuando me lo contó me asusté mucho, si a mí me (pasar).....................una cosa así, no sé cómo (reaccionar)............................
▶ Desde luego, no es para menos.

2. ■ Llevo 6 meses en este oficina y hasta ahora no me han pagado los gastos de desplazamiento.
▶ Si (estar).....................en tu lugar, (hablar)....................... de una vez con el jefe, ¿a qué esperas para hacerlo?

3. ■ Si no *te (meter)* .... *en esos líos*, no te (lamentar)..............................después.
▶ Tienes razón, pero *mi vena aventurera* es superior a mí.

4. ■ Si no (existir)...........................la violencia, la vida (ser)............................una maravilla.
▶ Ya, pero eso es una utopía.

5. ■ Si el abogado (tener)..............................esa información antes, (actuar)............................ de otro modo .
▶ Pero siempre puede recurrir la sentencia.

6. ■ ¡Tengo *un resacón*...!
▶ No te quejes. Si no (beber)............................ tanto ayer, ahora (estar)...........................más despejado.

7. ■ Si la sociedad (ayudar)..................un poco más a los jóvenes, no (haber)......................... tanta droga.

8. ■ ¿No sabes conducir? ¡Qué mala pata! Si (tener)....................................el carné, te (dar).......................... ese trabajo.

9. ■ Si (ser).................tan difícil como tú dices, nadie (saber)............hacerlo, y sin embargo hay mucha gente que lo ha hecho, ¡y bien!

10. ■ De verdad que no me molesta que fumes, si me (molestar)............., te lo (decir).........

11. ■ Oye, yo creo que nos equivocamos. ¿Y si no (ser)............................ ellos los culpables?
▶ Me da igual, yo creo que lo son, así que no hay más que hablar.

12. ■ Pero ¡hombre! ¿Cómo es que *lo dejaste en la estacada*?
▶ No pude ayudarle, si (poder)................... , lo (hacer)..............................

13. ■ No quiero quedarme aquí.
▶ Tú verás lo que haces, pero si te (quedar)................., las cosas te (ir)...................mejor.

14. ■ Pero ¿por qué estás cabreado?
▶ Porque no me llamaste y me perdí el concierto, si me (avisar/tú)........................ yo también (ir)...............................

15. ■ Ahora me doy cuenta de que aquella entrevista era muy importante.
▶Si lo (pensar/tú)................antes, no (dejar)............escapar una oportunidad como ésa.

PARA ACLARAR LAS COSAS:

→ *Meterse en líos* = *buscarse problemas uno mismo.*

→ *Tener una vena+adjetivo* = *rasgo distintivo del carácter.*

→ *Resacón* = *aumentativo de resaca; lo que sentimos al día siguiente de habernos emborrachado.*

→ *Dejar en la estacada* = *abandonar a alguien cuando tiene dificultades; no prestarle ayuda.*

III. Transforma el infinitivo según convenga:

■ Si no (ser/tú) .... tan supersticioso, (llevar) .... una vida menos complicada. Si no (creer) .... que pasar por debajo de una escalera trae mala suerte, (arriesgar) .... menos tu vida, porque un día de estos te va a pillar un coche. Si no (tener) .... esa manía de no ser nunca trece en la mesa, (disfrutar) .... el jueves de una cena maravillosa en vez de rechazar la invitación. Si no te (tomar) .... tan en serio todas esas cosas, los martes y trece (ser) .... días normales para ti. Si no te (horrorizar) .... cruzarte con un gato negro, (aprender) .... que estos animales son muy cariñosos y (tener) .... uno para que te (hacer) .... compañía. Si no te (obsesionar) .... con que el color amarillo es gafe, (poder) .... salir con Paloma que es encantadora, pero, claro, casi siempre va de amarillo. Y el colmo, si no (llevar) .... tantos amuletos, la pata de conejo, la herradura y aquel trébol de cuatro hojas que encontraste en el jardín del hotel, tu espalda no se (resentir)................. como lo hizo el mes pasado.

▶ Oye, oye, *para el carro*, ¿es que tú no eres supersticioso?

■ ¿Yo? Por supuesto que no, eso trae mala suerte.

PARA ACLARAR LAS COSAS:

→ *Para el carro* = *deja de enumerar todo eso, porque no me gusta.*

IV. Aprende a hacer preguntas:

1. ¿..?
Sí, con tal de que vuelvas antes de las 8.

2. ¿..?
Le *pagaría con la misma moneda*.

3. ¿..?
Yo no, yo me llevaría a mis mejores amigos.

4. ¿..?
Sí, bueno, a menos que no me den permiso.

5. ¿..?
Se lo habría dicho y en paz.

6. ¿..?
Le pagaría el arreglo, claro.

7. ¿..?
¿Para qué preguntas? De sobra sabes lo que haría.

8. ¿..?
Me *pondría a gritar* como un loco.

9. ¿..?
Le habría dicho que tenía un compromiso.

10. ¿..?
Sí, pero como no me lo devuelvas *te la cargas*.

PARA ACLARAR LAS COSAS:

→ *Pagar con la misma moneda* = *devolver de forma muy parecida lo que te acaban de hacer; casi siempre es algo malo lo que te han hecho.*

→ *Ponerse a + infinitivo* = *significa "empezar a + infinitivo".*

→ *Te la cargas* = *puedes sufrir las graves consecuencias de tus actos.*

ACTIVIDADES

I. DEBATE: LOS JÓVENES:

Tienes 10 minutos para preparar este tema y 5 para exponerlo.
Aquí te proponemos algunas preguntas para ayudarte a desarrollarlo. Si no te son útiles, no tienes que seguirlas.

☞ *¿Estás de acuerdo con esta definición:*
   "Los jóvenes actuales no se rebelan contra nada, pasan de política, no tienen grandes ideales y tienen aún menos posibilidades de abrirse camino entre los adultos"?
   Justifica tu respuesta.
☞ *¿Crees que la vida de tus padres ha sido más fácil que la tuya?*
☞ *Si pudieras elegir, ¿te quedarías a vivir con tus padres o te irías de casa?*
☞ *¿Qué deben hacer los jóvenes para mejorar su futuro?*

II. DESCRIBE LO QUE PASA:

PRÉSTAME LA MOTO

III. ¿QUÉ HARÍAS…?

Comenta tus respuestas con tus compañeros.

1. ¿Qué habrías hecho si te hubieran dejado solo/a en casa con 9 años?
2. ¿Qué harías si me echara a llorar ahora mismo?
3. ¿Qué pasaría ahora si de pequeño/a no hubieras ido al colegio?
4. Cómo reaccionarías si la policía te detuviera como sospechoso/a de un robo?
5. Si heredaras 200 millones de un familiar, ¿qué harías?
6. Cómo habrías actuado si tus padres te hubieran echado de casa a los 15 años?
7. ¿Qué harías si tu novio/a se fuera con otra/o?
8. ¿Qué harías si tu mejor amigo/a fuera contando tu vida privada a todo el mundo?
9. ¿Qué medidas tomarías si te nombraran ministro/a de medio ambiente de tu país?
10. Si al llegar a tu casa hubieras encontrado la puerta abierta, ¿qué habrías hecho?

IV. Aquí, las instrucciones nos las da el mismo periódico, seguidlas:

TEST PEQUEÑO
PAÍS
Y SI NO FUERAS TÚ...
¿QUÉ SERÍAS?

Ser o no ser. Pero... ¿ser qué? Ésa es la cuestión de este test. Si no fueras tú... ¿Qué serías? ¿Serías un ser? ¿Serías una cosa o una casa? ¿Serías serio/a o serías la monda...? ¡Vete tú a saber! Y si quieres saberlo, imagina. Sé tú mismo y contesta.

Anne Serrano & *Emilio Urberuaga*

1 Si fueras un edificio serías...
a) Un faro para guiñarle el ojo a los barcos.
b) ¡Un monumento!
c) Un rascacielos para hacerle cosquillas a las nubes.

2 Si fueras una parte del cuerpo serías...
a) Todo corazón.
b) Patas... ¡de gallo! o cabeza de chorlito.
c) ¡Tronco!

3 Si fueras un juego serías...
a) Un rompecabezas.
b) Uno de llaves.
c) *Juego de naranjua.*

4 Si fueras un fenómeno extraño serías...
a) Poltergeist.
b) Un ovni.
c) La mujer barbuda o el hombre elefante.

5 Si fueras una obra de arte serías...
a) La Mona Lisa.
b) Tú.
c) Un *graffiti.*

6 Si fueras una historia serías...
a) Interminable.
b) ¡La histeria!
c) Cuento chino.

7 Si fueras un programa de televisión serías...
a) Quién sabe dónde.
b) El peor de la semana.
c) Descodificado para que nadie pudiera verte.

8 Si fueras una máquina serías...
a) La de la verdad, ¡no!
b) Tragaperras.
c) ¡Cómo una cafetera!

9 Si fueras palabra serías...
a) ¡De honor y de ley!
b) Artículo... ¡de lujo!
c) ¡Jopé!

10 Si fueras algo de un cuento serías...
a) Varita mágica.
b) Ogro.
c) Manzana envenenada.

11 Y si fueras un lugar serías...
a) El fin del mundo.
b) Las antípodas.
c) Un pozo sin fondo.

Mayoría de respuestas A. Por tus gustos te conocerán. Bien, pues los tuyos denotan una sorprendente, increíble y exquisita sensibilidad. Reúnes todos los requisitos necesarios para ser considerado una obra de arte. ¡Enhorabuena! ¡No te quejarás!

Mayoría de respuestas B. ¡Eres insólito! Si no fueras tú serías algo único: un cangrejo con cola de perro, un elefante con patas de gallo, una historia imposible o un desierto en pleno océano. Definitivamente eres de lo que no hay.

Mayoría de respuestas C. ¡Eres grande! Desbordante, impresionante, impactante... A lo mejor en tu anterior vida fuiste catarata o precipicio... o el rey de una tribu. En el futuro podrás ser ¡cualquier cosa!

♪ COMO LO OYES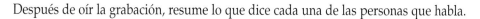

¿POR QUÉ NO QUIEREN LOS JÓVENES HACER LA "MILI"?

Después de oír la grabación, resume lo que dice cada una de las personas que habla.

A locutor. **B** Iván Algarra. **C** Javier Ergui. **D** José Manuel Fernández . **E** Pedro González.

♪ VOCABULARIO

I. EXPRESIONES INFORMALES

A) Lee este diálogo que está escrito en registro totalmente informal, y escríbelo en un registro formal:

- ■ ¿Hola, *tío, ¿qué pasa?*
- ▲ Pues ...ya ves, *tirando*.
- ■ ¿Qué tal el viernes?
- ▲ *Alucinante*.
- ■ ¿Sí? ¿Dónde estuviste?
- ▲ En la discoteca "Metrópolis", *con toda la basca*. Estuvimos bailando toda la noche. Nos divertimos *mogollón*.
- ■ Pues yo, *un rollo, tío*. Tuve que llevar a *mi viejo* a casa de mi abuelo porque estaba *chungo* y tuve que quedarme toda la noche por si se ponía peor. ¿Y el sábado?
- ▲ Me levanté *súper* tarde. Comí y estudié un rato y por la noche, otra vez a "Metrópolis". *Tío, tope guay*, me ligué a una tía *súper enrollante* y nos pasamos toda la noche bailando.

B) "Traduce" las siguientes expresiones coloquiales a lenguaje formal:

1 Cuando le dices a alguien *¡ábrete!*, en realidad ¿qué quieres decir?

....

2 Si un compañero te dice *no me comas el coco*, ¿qué entiendes?

....

3 ¿Qué significa para ti *echar pestes*?

....

4 Cuando un profe dice *tienes que apretar más*, ¿qué te está diciendo?

....

5 Si tu hermano te dice *tío, es que no estás al loro*, ¿te está hablando de animales?

....

II. CAMBIOS DE GÉNERO/CAMBIOS DE SIGNIFICADO

Con ayuda de tu diccionario define estas palabras:

1 fruto / fruta   **2** libro / libra   **3** bolso / bolsa   **4** punto / punta

5 ramo / rama   **6** banco / banca   **7** cuchillo / cuchilla   **8** anillo / anilla

9 puerto / puerta   **10** río / ría   **11** manzano / manzana   **12** cerezo / cereza

RECUERDA

EL GÉNERO

1 EL MASCULINO:

A
Suelen ser de género masculino las palabras que terminan en -o.
Ejs.: el teléfono, el bolso, el zapato, el lavabo.
Son excepciones: la mano, la dínamo, la libido.
No son excepciones: la fotografía, la motocicleta, la radiofonía.

B
Son masculinas las palabras terminadas en -or.
Ejs.: el amor, el ordenador, el favor, etc.
Son excepciones: la flor, la labor, la sor.

C
La mayoría de los sustantivos terminados en -aje.
Ejs.: el garaje, el traje, el viaje, el peritaje.

2 EL FEMENINO:

A
Suelen ser de género femenino las palabras terminadas en -a.
Ejs.: la ventana, la estantería, la bombilla, la mosca, etc.
Hay numerosas excepciones: el día
las palabras terminadas en -a de origen griego: el poema, el sistema, el problema, el poeta, etc.

B
Son también femeninas las palabras que terminan en -d.
Ej.: la edad, la verdad, la sed, la vid, la virtud, la juventud, etc.
Son excepciones: el abad, el laúd y el ataúd.

C
También son femeninas las palabras que terminan en -ción; -sión; -zón.
Ejs.: la canción, la selección, la redacción, la invasión, la comprensión, la impresión, la razón, la hinchazón, la desazón.
Algunas excepciones de este último grupo: el corazón, el buzón, el calzón.

D
Los sustantivos que terminan en -ez y en -sis
Ejs.: la vejez, la madurez, la estupidez, la niñez, etc.
la crisis, la tesis, la diócesis, la diálisis, la electrolisis, etc.
Son excepciones de este grupo: el análisis, el éxtasis.

¡OJO! Algunas palabras, las que empiezan por **á- tónica, (unas veces va acentuada, otras no)**
tienen artículo masculino en singular, pero son femeninas :

EL AGUA, EL ÁGUILA, EL HADA, EL HABA, ETC.

3 PARA CAMBIAR DE GÉNERO:

A

Sustituimos las -o/-e finales por una -a, o bien añadimos una -a las palabras masculinas terminadas en consonante.

Ejs.:

el gato	*la gata*	*el niño*	*la niña*
el jefe	*la jefa*	*el monje*	*la monja*
el escritor	*la escritora*	*el español*	*la española*

B

Nos servimos de los sufijos -esa, -isa, -iz, -ina.

Ejs.:

el alcalde	*la alcaldesa*	*el príncipe*	*la princesa*
el poeta	*la poetisa*	*el actor*	*la actriz*
el rey	*la reina*	*el gallo*	*la gallina*

C

Algunas palabras se apartan de su masculino.

Ejs.:

el marido	*la mujer*	*el caballo*	*la yegua*
el toro	*la vaca*	*el padre*	*la madre*
el padrino	*la madrina*	*el varón*	*la hembra*

4 LA MISMA PALABRA PARA LOS DOS SEXOS:

Algunas palabras nos sirven igual para el masculino y para el femenino, sólo hay que cambiarles el artículo.

Ejs.:

el/la artista	*el/la centinela*	*el/la vigía*	*el/la turista*
el/la idiota	*el/la mártir*	*el/la cónyuge*	

y todas las derivadas de los -ismos: socialista, progresista etc.

EL NÚMERO

1 El plural se forma añadiendo una *-s al singular* si la palabra termina en *vocal no acentuada,* o en *-á, -é, -ó.*

Ejs.:

el artista	*los artistas*	*el sofá*	*los sofás*	*el sacerdote*	*los sacerdotes*
el café	*los cafés*	*la bombilla*	*las bombillas*	*el dominó*	*los dominós*

2 Si la palabra termina en *-í* o en *-ú*, o *en consonante*, se añade la sílaba *-es*. En la lengua hablada, a veces, no se respeta la regla en el caso de las palabras terminadas en *-í* o *-ú*.

Ejs.:

el televisor	*los televisores*	*la canción*	*las canciones*	*el sí*	*los síes*
el jabalí	*los jabalíes*	*el esquí*	*los esquíes*	*el país*	*los países*
el compás	*los compases*	*el rey*	*los reyes*	*el bambú*	*los bambúes/-ús*
el tabú	*los tabúes/-ús*				

3 Las palabras que terminan en *-s y no son agudas, no cambian.*

Ejs.:   *el martes   los martes   la tesis   las tesis   el paraguas   los paraguas*
        el cumpleaños los cumpleaños el cuentagotas los cuentagotas la crisis   las crisis

4 Cuidado con algunos plurales:

A   Si la palabra termina en *-z, ésta cambia a -ces.*
Ejs.:   *la raíz   las raíces   la voz   las voces, etc.*

B   El plural de *régimen/regímenes, carácter/caracteres, cualquiera/cualesquiera, quienquiera/quienesquiera.*

C   El plural de las siglas se transcribe *repitiendo siglas.*
Ejs.:   *EE.UU. Estados Unidos   RR.CC. Reyes Católicos   CC.OO. Comisiones Obreras*

D   Algunas palabras *no tienen singular.* Otras *no tienen plural.*
Ejs.:   *las tijeras   las pinzas   las gafas etc…*
         la nada   el pánico   el caos etc…

DOS EJERCICIOS GRAMATICALES

I.   **SEÑALA EL ARTÍCULO Y EL ADJETIVO ADECUADOS PARA LAS SIGUIENTES PALABRAS:**

1.   El / la moto está mal aparcado/a.

2.   El / la amor es el /la motor de su vida.

3.   El / la crisis económico/a tiene preocupados a todos los habitantes del / de la nación.

4.   Este / esta fin de semana ha sido divertidísimo /a.

5.   El / la flor que me regaló Juan tenía un /una olor delicioso/a.

6.   El / la avestruz es un animal enorme /a.

7.   El / la príncipe se encuentra muy solo/a.

8.   El / la calor es agobiante/a.

9.   El / la resultado del / de la análisis es pésimo/a.

10. El / la tema del / de la que estuvimos hablando ayer es preocupante/a.

11. El / la agua de Málaga es muy salado /a.

12. El / la actriz que trabaja en esa película es muy bueno /a.

13. El / la alcalde está enfermo /a.

14. El / la hacha está muy afilado /a.

15. El / la programa que vi anoche fue ameno /a.

II. PON EN PLURAL LAS SIGUIENTES FRASES Y HAZ LAS TRANSFORMACIONES NECESARIAS:

1. Este lápiz no tiene punta, ¿tienes un sacapuntas?

2. El jabalí es una pieza de caza mayor.

3. El martes tengo clase de expresión corporal.

4. Me parece que hay un ratón en el desván.

5. El caracol es un plato muy sabroso.

6. ¿Has visto? La raíz de este árbol es casi tan grande como el tronco.

7. Se me ha roto un esquí, no sé si tendrá arreglo.

8. No te olvides de coger el paraguas, a lo mejor llueve.

9. Tengo que ir al dentista, creo que tengo una caries.

10. No recuerdo el régimen político de todos los países de Hispanoamérica.

11. El limpiabotas que trabaja en la plaza no es español.

12. En casa usamos un champú distinto para cada uno.

13. El ciprés es el árbol típico de los cementerios.

14. El águila es el pájaro que más alto vuela.

15. El carro iba tirado por un buey.

ESCRIBE

TITULARES DE PRENSA

Has encontrado trabajo como corresponsal de la revista "Jóvenes de hoy".

Te dan estos titulares para que escribas un artículo.

Elige uno y desarróllalo.

La mayoría de los jóvenes desconfía de los partidos políticos y de los sindicatos	*El alcohol, primera causa de muerte de jóvenes en accidentes de tráfico.*	*Juventud, divino tesoro*
Diario "Sur" 6-febrero-1994	**Diario "Sur" 16-abril-1994**	**Diario "Sur" 24-abril-1994**

GENERACIÓN X

ROSA VILLACASTÍN

Antonio y David son estudiantes universitarios, bien parecidos, pertenecen a la clase media-alta, nacieron con el baby-boom, o sea en pleno desarrollo de la economía española. Antonio tiene 22 años y estudia Económicas, David 23 y va por tercero de Farmacia. A ambos les gusta el estudio, el deporte y las chicas. Las chicas les pirran y se pasan colgados al teléfono intercambiando confidencias y supongo que algún que otro ligue. Son el vivo retrato de una juventud sana, sin altibajos, abúlica, con pocas posibilidades de futuro, debido a la crisis económica que les impide abrirse camino en el mundo de los adultos, detestan la cultura del pelotazo y tienen una visión bastante más realista que la que teníamos nosotros a su edad.

Hace unos días les oí discutir acaloradamente de la "generación X", y me sorprendió el tono y la forma de la conversación, así que no pude por menos que preguntarles a qué llamaban "generación X".

El primero en contestar fue Antonio, y lo hizo con apasionamiento: "Generación X es el título del último libro de David Coupland, que retrata a la juventud americana surgida al compás de la recesión. Son jóvenes individualistas, poco dados al consumo, que pasan de política y les aterra la responsabilidad.

En contraposición tienen una buena formación, son tolerantes y nada agresivos".

¿Y vosotros os creéis una calcomanía del retrato que hace Coupland? Esta vez es David el que toma la palabra:"Tenemos muchas cosas en común. Por ejemplo, ellos, como nosotros, se encuentran con un panorama desolador. Mientras que nuestros padres formaron parte de los jóvenes de los 60, de los yuppies, algunos incluso nadaban en la abundancia y el éxito, los equis y nosotros lo hacemos en la escasez. Con la crisis hemos tenido que apretarnos el cinturón, los jóvenes más que nadie. Tengo muchos amigos que habiendo terminado la carrera siguen viviendo en casa de sus padres. No encuentran trabajo. Es tremendo que a esta edad tengas que pedir dinero hasta para comprar una cajetilla de tabaco. Según un informe del Instituto de la Juventud de 1992, hay razones sobradas para pensar que el empleo juvenil será el primer problema social de este país a lo largo de toda la década de los noventa". El tema está sobre la mesa y confieso que me ha hecho meditar.

> *Son el vivo retrato de esa juventud sin altibajos, abúlica, con pocas posibilidades de abrirse camino entre los adultos*

¿Qué se puede y debe hacer por una juventud que, llámese como se llame, tiene graves problemas, está desencantada de los políticos, que se enredan en discusiones peregrinas y que sólo se acuerdan de ellos cuando llegan las elecciones?

El problema, efectivamente, es morrocotudo. También los padres están preocupados. No saber qué futuro espera a los hijos es decepcionante. Y sólo cuando oímos que una pandilla de descerebrados ha dado una paliza a un marroquí, o que un grupo de estudiantes le ha plantado cara al ministro, al rector, al catedrático o al profesor de Instituto, sólo entonces volvemos los ojos hacia los jóvenes, y preguntamos ¿qué ocurre? ¿qué buscan? La respuesta suele ser simple, a veces incluso banal. En cualquier caso sirve para calmar la inquietud de los padres y la conciencia de los responsables políticos. Quizá nos equivoquemos al pensar que quienes actúan haciéndose notar, incluso con violencia, son una minoría. Me inclino a pensar que cada vez son más los jóvenes desilusionados por la forma en que la sociedad aborda los problemas. Urge que los políticos dejen de mirarse el ombligo y busquen alternativas. Sin esperanza es difícil abordar el presente, y mucho más el futuro. Una generación que no encuentra satisfacción en lo que hace, es una generación condenada al fracaso.

1. DINOS CON OTRAS PALABRAS:

■ *Va por tercero de Farmacia.* . . . .

■ *No pude por menos que preguntarles.* . . . .

■ *La juventud surgida al compás de la recesión...* . . . .

■ *Poco dados al consumo.* . . . .

■ *Los políticos se enredan en discusiones.* . . . .

2. DANOS SINÓNIMOS DE:

■ *Bien parecidos* . . . .

■ *Acaloradamente* . . . .

■ *Desolador* . . . .

■ *Apretarse el cinturón.* . . . .

■ *Plantar cara a* . . . .

■ *Morrocotudo* . . . .

■ *Mirarse el ombligo* . . . .

3. CONTESTA A ESTAS PREGUNTAS:

■ *¿Cómo describe la autora a Antonio y a David?*
. . . .
. . . .

■ *¿Cuál es la diferencia entre los jóvenes de los 60 y los de la generación X?*
. . . .
. . . .

■ *Los dos chicos tienen posturas diferentes ante los problemas, ¿puedes explicarlas?*
. . . .
. . . .

■ *En el texto se habla de unos jóvenes descerebrados, ¿por qué?*
. . . .
. . . .

■ *¿Estás de acuerdo con la afirmación final?, ¿por qué?*
. . . .
. . . .

PRETEXTO

CARTAS AL DIRECTOR

Las cartas enviadas no excederán de veinte líneas mecanografiadas. Este periódico se reserva el derecho a resumir los textos. No se devolverán originales. Las cartas deberán incluir el número del DNI y la dirección de quienes las envíen.

Sr. Director:

En el artículo aparecido en su periódico, fechado el 2 de marzo, leí, con gran sorpresa, la defensa que hacía el Sr. Valcárcel de los "reality shows" que, continuamente, invaden la pantalla, diciendo que si existían era porque al público en general le gustaban, y que eso quedaba reflejado en el elevado número de audiencia de los mismos. Pero, vamos a ver, ¿es que ya el único criterio para defender un programa va a ser el nivel de audiencia?

Me indigna que digan que existen porque el público los pide. Esto es mentira. Hace unos años no existían y la gente era igual de feliz o de desgraciada que ahora. ¿Quién los ha pedido? Nadie. Creo que harían un gran servicio a la salud mental pública suprimiéndolos.

> *Mariano Rodríguez Bernal. Olite (Navarra).*
> *12-febrero-1995*

Sr. Director:

Con motivo de las elecciones al Parlamento Europeo he leído varias cartas de ciudadanos españoles residentes en el extranjero que se quejaban de las dificultades para votar por correo, culpando de ello a la representación diplomática en cuya circunscripción se encontraban residiendo.

Mi experiencia, sin embargo, no puede ser más positiva: a mediados de 1988 llegué a París procedente de Madrid; inmediatamente me dirigí a la Sección Consular de la Embajada para solicitar la inscripción en el Registro de matrícula y en el censo electoral de residentes ausentes. Todo ha funcionado perfectamente: pude votar en las elecciones municipales y autonómicas de 1991, en las generales de 1993 y ahora en las europeas.

> *Caridad Ramos Alonso. París..*
> *9-marzo-1995*

Estas dos cartas empiezan aludiendo a las declaraciones que otras personas hicieron a este periódico. Como las personas que las cuentan son otras, necesitan usar el estilo indirecto que vamos a explicar en esta unidad.

Cuando estas dos personas expresan sus propias opiniones lo hacen en estilo directo

1. DANOS SINÓNIMOS DE:

- *Resumir.* . . . .
- *Enviar* . . . .
- *Elevado.* . . . .
- *Solicitar.* . . . .

2. CONTESTA A ESTAS PREGUNTAS:

- *¿Pueden tener las cartas enviadas al periódico diez líneas mecanografiadas? ¿Por qué?*

. . . .
. . . .
. . . .

- *¿Por qué crees que este tipo de cartas deben llevar incluido el número del DNI?*

. . . .
. . . .
. . . .

- *¿Qué diferencias existen entre la opinión de el Sr. Valcárcel y el Sr. Rodríguez?*

. . . .
. . . .
. . . .

- *¿Por qué crees que el Sr. Rodríguez dice que harían un gran servicio a la salud mental pública prohibiendo los "reality shows"?*

. . . .
. . . .
. . . .

- *¿Por qué crees que algunos ciudadanos españoles residentes en el extranjero han tenido problemas para votar y, sin embargo, la Sra. Ramos no ha tenido ninguno?*

. . . .
. . . .
. . . .

EL ESTILO DIRECTO/EL ESTILO INDIRECTO

El **ESTILO DIRECTO** consiste en reproducir, textualmente, las palabras o pensamientos de otras personas o de uno mismo.

Ejemplos:
- ■ *Alfredo dijo:"Voy a hacerme socio de un club deportivo".*
- ■ *Yo comenté: "No me gustan nada las películas de terror".*

El **ESTILO INDIRECTO** consiste en reproducir las palabras o pensamientos de otras personas o de uno mismo, uniéndolas con *que* a un verbo del tipo *decir* (preguntar, aconsejar, comentar, sugerir, responder, contestar etc.)

Ejemplos:
- ■ *Alfredo dijo **que iba a hacerse** socio de un club deportivo.*
- ■ *Yo comenté **que no me gustaban** nada las películas de terror.*

Cuando hablamos en estilo indirecto se producen una serie de cambios que afectan:

A LOS PRONOMBRES

"YO" no cambia cuando soy yo mismo/a el/la que lo cuenta.
> *Ejemplos:*
> *Yo: Voy a ahorrar para las vacaciones.*
> *He dicho (yo) que (yo) voy a ahorrar para las vacaciones.*

"YO" cambia a **"TÚ"** cuando la persona que lo cuenta es otra y te lo dice a ti.
> *Ejemplos:*
> *Yo: Voy a ahorrar para las vacaciones.*
> *Ramiro: El otro día tú dijiste que ibas a ahorrar para las vacaciones.*

"YO" cambia a **"ÉL"** o a **"ELLA"** cuando una persona cuenta lo que dijo una persona a otra y ésta ya no está presente.
> *Ejemplos:*
> *Agustín: No puedo salir porque no tengo ni un duro.*
> *Perico: ¡Qué rabia!*
> *Perico a Marta: Ayer Agustín me dijo que (él) no podía salir porque no tenía ni un duro.*

"TÚ" cambia a **"YO"** en las oraciones interrogativas:

"TÚ" cambia a **"ÉL"** o a **"ELLA"** cuando se lo contamos a una tercera persona.

"NOSOTROS" y **"VOSOTROS"** funcionan como **"YO"** y **"TÚ"** respectivamente.

B LOS POSESIVOS (ADJETIVOS Y PRONOMBRES)

Ejemplos:
Isabel: Mi cuñado se va a vivir a Canadá.
Jorge a Susana: Hace tres días Isabel me comentó que su cuñado se iba a vivir a Canadá.

C LOS ADJETIVOS PRONOMBRES Y ADVERBIOS DEMOSTRATIVOS (AQUÍ, AHÍ, ALLÍ), ESTE, -A, -OS, -AS O AQUEL, AQUELLA, -OS, -AS.
AQUÍ cambia a **AHÍ** o a **ALLÍ.**

Ejemplos:
Adolfo: Esta mañana he estado nadando dos horas.
(3 días después)
Cristóbal: Adolfo me contó que aquella mañana había estado nadando dos horas.

D LOS VERBOS "IR" Y "VENIR", "TRAER" Y "LLEVAR"

Cuando la persona que lo cuenta se encuentra en un lugar diferente.

Ejemplos:
Pablo: Dentro de unos días iré a tu casa para pintar la teraza y te llevaré la pintura.
Pablo me dijo que dentro de unos días vendría a mi casa para pintarme la terraza y que me traería la pintura.

E LAS ORACIONES INTERROGATIVAS DIRECTAS E INDIRECTAS.

Ejemplos:
*Makiko: ¿**Qué** podemos hacer al acabar el curso?*
*Makiko nos preguntó (que) **qué** podíamos hacer al acabar el curso.*
*Oliver: ¿**Cuándo** vas a volver a Alemania?*
*Oliver me preguntó que **cuándo** iba a volver de Alemania.*
Ove: ¿Has estado alguna vez en Estocolmo?
*Ove me preguntó **que si** había estado alguna vez en Estocolmo.*
Sandrine: ¿has terminado de leer el libro que te presté?
*Sandrine me preguntó **que** si había terminado ya de leer el libro que me había prestado.*

1. Cuando el *verbo principal* está en *presente* o en *futuro* no se producen cambios en los tiempos verbales de las oraciones subordinadas, excepto el imperativo, que cambia a presente de subjuntivo.

Ejemplo:
*¿Hoy **es** martes?*
¿Qué dices?
*Que si hoy **es** martes.*

*Estoy seguro de que Agustín **dirá** que no puede venir a la cena.*

2. Cuando el verbo de la oración principal va en pretérito indefinido, pretérito imperfecto, pretérito pluscuamperfecto o condicional hay que realizar una serie de transformaciones.

Ejemplo:
El ministro de Economía: "Parece que por fin empezamos a salir de la crisis económica".
*El ministro de Economía **dijo ayer,** en la radio, que parecía que por fin empezábamos a salir de la crisis económica.*

Estas transformaciones afectan:

a) al verbo subordinado

ESTILO DIRECTO	ESTILO INDIRECTO
Presente de indicativo	*P. imperfecto de indicativo*
Futuro	*Condicional simple*
Futuro perfecto	*Condicional perfecto*
P. perfecto	*P. pluscuamperfecto o (indefinido)*
P. indefinido	*P. pluscuamperfecto o no cambia*
Imperativo y presente de subjuntivo	*Imperfecto de subjuntivo*
P. perfecto de subjuntivo	*P. pluscuamperfecto de subjuntivo*
Condicional simple y perfecto	
P. imperfecto de indicativo y subjuntivo	*No cambian*
P. pluscuamperfecto de indicativo y subjuntivo	

b) a los adverbios de tiempo

hoy	*aquel día*
ayer	*el día anterior*
mañana	*al día siguiente*
ahora	*entonces*
por ahora	*hasta entonces*
anteayer	*dos días antes*
pasado mañana	*dos días después*

3. El pretérito perfecto, al ser un tiempo de pasado, pero estar conectado al presente, admite la correspondencia de tiempos estudiados en el punto 1 y en el punto 2.

Ejemplo:
Verónica: La Declaración de la Renta nos sale negativa.
Toni: Perdona, Verónica, no te he oído bien porque estoy escuchando la radio. Ahora la apago. ¿Qué has dicho?
Verónica: He dicho que la Declaración de la Renta nos sale negativa.

¿Qué haces aquí?
Si tú me has dicho que viniera.

Cuando vayas a contar algo en estilo indirecto, ten cuidado, porque hay ciertas expresiones que no se pueden pasar de estilo directo a indirecto.

Ejemplo: Borja: He ganado el tercer premio de pintores jóvenes.
Sandra: ¡Vaya!, ¡qué alegría!

Resulta imposible cambiar el imperativo *vaya* por el imperfecto de subjuntivo, ya que *vaya* es simplemente una exclamación.
La forma más normal de relatarlo sería la siguiente:

Ejemplo: Borja le comentó a Sandra que había ganado un premio y ella se alegró mucho.

PRACTICAMOS LA GRAMÁTICA

I. **CAMBIA LAS FRASES QUE ESTÁN EN ESTILO DIRECTO A INDIRECTO Y VICEVERSA:**

A.1   Le he dicho a Juan Carlos: *"Te has olvidado de apagar el calentador del agua"*.
....

   2   Ellos comentaron: *"Estamos hechos polvo"*.
....

   3   En el periódico pone : *"El presidente del gobierno viajará próximamente a Corfú"*.
....

   4   Mi padre siempre decía: *"Debéis elegir bien a vuestros amigos"*.
....

   5   La bibliotecaria dirá: *"Por favor, guarden silencio"*.
....

   6   El dentista me ha aconsejado: *"No tome tantos dulces. Se va a destrozar la dentadura"*.
....

   7   El profesor siempre nos repite: *"Hay que estudiar los verbos irregulares"*.
....

   8   El conductor nos avisó: *"A las 12 en punto nos ponemos en huelga hasta las 4 de la tarde"*.
....

B. 9   Él aseguró que nunca había visto a esa persona.
....

   10   Juan preguntó a sus amigos que si querían jugar al parchís con él.
....

   11   El empleado dijo al pasajero que podía reservarle una plaza en el vuelo de las 3 de la tarde.
....

   12   Por fin el ladrón confesó que tenía las joyas en su poder.
....

   13   Me preguntó que si no había otra solución.
....

   14   Paola dice que su casa es un horno.
....

   15   El crítico de teatro declaró que la representación había sido un éxito.
....

II. Pasa a estilo indirecto esta conversación telefónica. No debes escribir la conversación textualmente en estilo indirecto, simplemente, la tienes que narrar:

Carmina Fort: *¿Señor Castaneda?*
Carlos Castaneda: ¿Es usted Carmina?
C. F.: *Sí.*
C.C.: ¿Así es que quiere hacerme una entrevista?
C. F.: *Sí, si usted no tiene inconveniente.*
C.C.: ¿Y cuándo le parece que nos veamos?
C. F.: *¿Pasado mañana?*
C.C.: No, mejor mañana. Yo tengo que ver a mi abogado a las 10:30 de la mañana. ¿Nos encontramos a las 3:30?
C. F.: *No puedo antes de las 4.*
C.C.: Hora inglesa, no latina.
C. F.: *¿Dónde quedamos?*
C.C.: Yo iré donde usted se hospeda. No puede usar ni magnetofones, ni cámaras de fotos.

> *Carmina Fort:*
> Periodista. Ha escrito un libro titulado *"Conversaciones con Carlos Castaneda"*, del cual hemos extraído esta conversación telefónica.
>
> *Carlos Castaneda:*
> Antropólgo norteamericano, de familia de origen hispano. Conoció, por casualidad, en México, a un personaje muy particular: D. Juan.
> Ha escrito muchísimas obras sobre él.
> La primera se llama *"The teachings of D. Juan"* (*Las enseñanzas de D. Juan*).

III. Pasa estas frases a estilo indirecto, introduciéndolas con:
El otro día "X" me preguntó que/ si... y yo le contesté que...
→ *me dijo que.../me comentó que.../me aconsejó que.../me sugirió que...*

1. Si te molesta, no lo hagas.

2. ¿Por qué has llegado tarde?
Lo siento, pero es que no me arrancaba el coche y el autobús ha tardado muchísimo.

3. ¡Qué buen ambiente hay aquí! En mi oficina el ambiente es mucho peor.

4. Si me hubieras escuchado, no te habría pasado eso.

5. ¿Cuánto tiempo piensas quedarte en la ciudad?
Muy poco. En cuanto acabe los asuntos pendientes, me vuelvo a mi pueblo.

6. Si no llego a las 8 en punto, no me esperes.

7. Lo siento, pero hoy no puedo sustituirte. Tengo que ir al dentista a que me empaste una muela.

8. ¿Has practicado alguna vez parapente?
No, pero me encantaría.

9. Acaba ya el trabajo, porque tengo que cerrar dentro de 10 minutos el almacén. ¡Ya voy!

10. ¿Qué hiciste cuando llegaste a Málaga?
Lo primero eché un vistazo al apartamento, deshice el equipaje, coloqué bien mi ropa y mis libros y salí a dar una vuelta por el centro.

11. No comas tantas ciruelas. Te van a sentar mal.

12. Pasado mañana me voy de vacaciones a Gotemburgo.
Y ¿por qué a Gotemburgo?
Por que me han dicho que es una ciudad preciosa.

IV. TE PRESENTAMOS UN EXTRACTO DEL DIARIO ESCRITO POR R. RICO ALBERT, RECOGIDO POR SU HIJO J.L. RICO MORENO. EL AUTOR, EN EL MOMENTO DE ESCRIBIRLO ESTÁ EN MELILLA (CIUDAD ESPAÑOLA SITUADA AL NORTE DE ÁFRICA), SU MUJER Y SUS HIJOS ESTÁN EN MÁLAGA. LA CAUSA DE ESTA SEPARACIÓN LA TIENE LA GUERRA CIVIL ESPAÑOLA. ES EL AÑO 1936.

DESPUÉS DE ESTA ACLARACIÓN, PASA EL TEXTO A ESTILO INDIRECTO. COMIENZA DICIENDO:
EN EL EXTRACTO PONÍA, DECÍA, CONTABA, EL HOMBRE HABÍA ESCRITO QUE...

Lunes, 10 de agosto.

Salgo temprano a la calle en busca de noticias. Compro periódicos que hablan de hechos vandálicos y asesinatos de los dos bandos que me ponen los pelos de punta.

Vuestro recuerdo ocupa todas mis horas, yo no puedo perderos ni vivir sin vosotros, pero no encuentro poder humano que os arranque de ese maldito infierno.

Cuántas veces recuerdo, hijos míos, que os dije que estuvierais preparados para sufrir, sabiendo que se avecinaban días difíciles para España. No tuvisteis la suerte de los que aquí son felices, en contraste con vuestra desgracia.

Y tú, mi querida compañera, te dejo la última porque en ti se resume todo. Eres fuerte pero te falta salud. Te ayudará a vivir el cariño de nuestros hijos, pero ¿podrás soportar tantas penalidades? ¡Qué cara nos cuesta esta separación y cómo me aterra la falta de tu compañía!
Sé que harás lo humano y posible por nuestros hijos, pero ¿soportarás la separación? ¿Podrás llegar hasta el final? ¿os dejarán llegar? Imagínate pensar en tantas cosas y confiar en que algo grande os salve a todos.

Martes, 20 de octubre.
¿Será posible, Dios mío? No puedo creer que falten tan pocas horas, no puedo controlar esta angustia y sigo temiendo que ocurra cualquier contratiempo.
Van a ser unas horas interminables, aunque todo confirma que el barco llegará mañana.
No podré dormir esta noche, pero todo quedará compensado si puedo abrazaros mañana.

Miércoles, 21 de octubre.
¡¡¡Han llegado hoy!!!

V. REACCIONA:

1. Qué le contestarías a tu compañero si te propusiera hacer un programa de música en la radio?
Le contestaría que...

2. ¿Qué le aconsejas a una persona que pasa cinco horas diarias viendo la televisión?
Le aconsejo que...

3. ¿Qué le preguntarías a un político importante si pudieras entrevistarlo?
Le preguntaría que...

4. ¿Qué le has dicho a Ernesto para que esté tan enfadado?
Le he dicho que...

5. ¿Qué le dices a una persona a la que no le gusta nada leer el periódico?
Le recomiendo que..

6. ¿Qué le dijiste a Rodrigo cuando te insultó?
Le dije que...

7. ¿Qué le aconsejarías a un niño de 11 años que ve películas de terror?
Le aconsejaría que...

8. ¿Qué le contabas a tu padre cuando llegabas tarde a casa?
Le contaba que ....

9. ¿Qué le dices a un amigo tuyo que quiere ser periodista y sólo habla su lengua materna?
Le aconsejo que..

10. ¿Qué plan sugieres a tus compañeros para el día de fin de curso?
Les sugiero que..

ACTIVIDADES

I. PROGRAMACIÓN IDEAL DE TELEVISIÓN

En grupos, elaborad una programación ideal de televisión. No olvidéis que tiene que gustar a todas las edades. Aquí hay algunas palabras que pueden serviros:

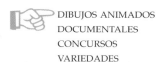
DIBUJOS ANIMADOS
DOCUMENTALES
CONCURSOS
VARIEDADES

II. LA NOTICIA DEL AÑO

En grupos, inventad la noticia del año de las revistas del corazón. Hacedlo con humor.

III. LOCUTORES

Haced un programa de radio con intervención de los oyentes: consultorio sentimental, experiencias parapsicológicas, o de cualquier otro tema que os guste u os interese.

CONTENIDOS LÉXICOS

EL PERIÓDICO

Relaciona cada palabra con su definición:

LA ENTREVISTA	**A**	**1**	*Escrito de cierta extensión sobre un tema cualquiera que pueda interesar por su actualidad o por razones científicas, históricas, etc.*
LA CRÓNICA	**B**	**2**	*Relato de un suceso reciente e importante.*
EL ARTÍCULO	**C**	**3**	*Escrito que aparece sin firma en lugar fijo y destacado del periódico y que trata de un asunto importante.*
EL EDITORIAL	**D**	**4**	*Escrito que reproduce la conversación entre un periodista y una persona.*
LA CRÍTICA	**E**	**5**	*Escrito que cuenta una serie de hechos que se han desarrollado a lo largo de cierto tiempo.*
LA NOTICIA	**F**	**6**	*Escrito que juzga los conciertos, las películas, los libros, etc.*

VOCABULARIO

Une los verbos de la primera columna con los nombres de la segunda para formar expresiones:

1	rellenar	**a**	el césped
2	echar	**b**	un contrato
3	hojear	**c**	un vistazo
4	no pisar	**d**	la mano
5	prestar	**e**	una cuenta
6	no hablar	**f**	un impreso
7	estrechar	**g**	atención
8	solicitar	**h**	con el conductor
9	firmar	**i**	un préstamo
10	abrir	**j**	una revista

ƒRECUERDA

LA ACENTUACIÓN.

A. REGLAS GENERALES:

Llevan tilde (´) (acento ortográfico):

1. Las palabras AGUDAS (acentuadas en la última sílaba) que *acaban en vocal, -n o -s:*
sofá, jamón, compás.

2. Las palabras GRAVES o LLANAS (acentuadas en la penúltima sílaba) que *no acaban en vocal, -n o -s:*
Pérez, césped, inútil, árbol.

3. Todas las palabras ESDRÚJULAS (acentuadas en la antepenúltima sílaba):
léxico, político, quirófano, sábana.

4. Todas las palabras SOBREESDRÚJULAS (acentuadas en la sílaba anterior a la antepenúltima):
arréglasela, dócilmente.

B. ACENTUACIÓN ESPECIAL:

1. Cuando el acento recae en una sílaba con DIPTONGO, y según las reglas anteriores, la tilde debe ir sobre la vocal más abierta:
cantáis, salió, huésped.
Lo mismo ocurre cuando el acento recae en una sílaba con TRIPTONGO:
averiguáis.

2. Cuando una palabra simple pasa a formar parte de una compuesta en primer lugar, pierde el acento ortográfico:
baloncesto, decimonono, decimoséptimo.

3. Cuando el compuesto está formado por dos o más palabras que no llevan tilde, ésta se coloca si el compuesto resulta ESDRÚJULO o SOBREESDRÚJULO:
diciéndole, búscala.

4. Los MONOSÍLABOS (palabras que sólo tienen una sílaba) no llevan tilde, salvo cuando existen dos con la misma forma, pero con distinta función gramatical.

dé *(verbo)*	de *(preposición)*	él *(pronombre)*	el *(artículo)*
más *(adv. cantidad)*	mas *(conjunción)*	mí *(pronombre)*	mi *(adjetivo posesivo)*
sé *(verbo)*	se *(pronombre)*	sí *(afirmación)*	si *(conjunción)*
té *(nombre)*	te *(pronombre)*	tú *(pronombre)*	tu *(adjetivo posesivo)*

5. Los relativos *que, cual, quien*, y los adverbios *cuando, cuan, cuanto, como* y *donde*, llevan tilde en las oraciones interrogativas y exclamativas:
¿Cómo lo has hecho?, *¡Cuánto le quiere!*

6. Los pronombres *éste, ése, aquél* y sus femeninos y plurales llevan normalmente tilde, pero se puede suprimir cuando no haya riesgo de confusión. *Esto, eso, aquello* nunca llevan tilde.

7. La partícula *aún* lleva tilde cuando puede sustituirse por *todavía*.

8. La palabra *sólo* (adverbio), lleva tilde para evitar la confusión con el adjetivo.

9. Los adverbios en *-mente* mantienen la tilde, si les corresponde, en el primer elemento:
lícitamente, dócilmente.

10. Las mayúsculas deben ir acentuadas de acuerdo con las reglas generales:
África.

DOS EJERCICIOS GRAMATICALES

I. PON LA TILDE EN LAS PALABRAS QUE LA NECESITEN:

arbol, pajaro, razon, polvo, rio, Ines, calle, Garcia Marquez, correis, mio, tienda, salio, despues, perro, Juan, bien, mecanico, alli, guantes, sabanas, corazon, Gonzalez, docilmente, agitacion, justicia, ultimo, encantador, platano, domestico, revista, peticion, solicitud, publico, daselo, agilmente, historico, gusano, cesped, muñeca, marmol, lampara, maquinilla, prestaselo, lapiz, vacaciones, arbitro, tribunal, aqui, paquete, tijeras, reloj, distraccion, cafe, Gijon, Martinez, musica, compratelo, discos, folio, Caucaso, guitarra, Zaragoza, Ramon, oir, saxofon, futbol, cepillo, muela.

II. PON LA TILDE DONDE SEA NECESARIA:

Olga no estaba en la habitacion del sofa. De la mesa morisca habian desaparecido el servicio de te y la bandeja de dulces, y el cenicero, obra de la alfareria portuguesa, estaba limpio de colillas. Lorencito aparto con mano tremula la cortina de cuentas y detras de ella tampoco estaba Olga.
La cocina, tan estrecha como el cuarto de baño, empotrada en un rincon de la pared, habia sido recogida muy poco tiempo antes, pues aun olia a detergente y los platos goteaban en el escurridor.

En aquella segunda habitacion se terminaba la buhardilla: habia muebles antiguos, una alfombra rustica, cientos de libros y objetos de ceramica en las estanterias. Comparar aquella biblioteca con la suya, tan escualida a pesar de la Gran Enciclopedia de las Ciencias Ocultas, le produjo a Lorencito un vivo complejo de inferioridad cultural que acentuo su abatimiento.

Antonio Muñoz Molina,
Los misterios de Madrid, Barcelona, 1992.

♩ COMO LO OYES

LAS REVISTAS DEL CORAZÓN

Vas a oír a 4 personas dar su opinión sobre las revistas del corazón. Tras la audición, contesta si son verdaderas **V** o falsas **F** estas afirmaciones.

	V	F
1. La pregunta le parece una estupidez. No compra tampoco revistas de información general.		
2. No le interesan estas revistas de información general. Su mujer las compra.		
3. Las lee cuando va al dentista. Son una droga para ella.		
4. Sólo lee libros, de los que tiene unos 30.000. Leerlas es un modo de conocer la historia.		

♩ ESCRIBE

OPINIÓN SOBRE LOS MEDIOS DE COMUNICACIÓN

Da tu opinión sobre este titular de periódico y el texto que le acompaña.

Los españoles piensan que la televisión y los videojuegos crean generaciones incultas.

Los españoles piensan que la televisión y los videojuegos están creando generaciones incultas. Los entrevistados creen que la televisión ha provocado que cada vez se hable menos dentro de la familia, y están convencidos de que los medios de comunicación ejercen una poderosa influencia en la moda, los estilos de vida, el seguimiento a los líderes y la adhesión a nuevos héroes. La mayoría de los entrevistados no cree en la independencia de los periodistas cuando escriben.

Diario "Sur" 21-3-1993

Puedes usar:

me parece que..., creo que..., para mí..., en mi opinión..., estoy/no estoy de acuerdo con..., por un lado...por otro, sin embargo, por eso.

ME parece que no hay nadie que se atreva a defender que la televisión es buena para la familia. Todo el mundo tiene la impresión de que la pantalla es el peor enemigo de la familia, porque levanta muros de silencio e indiferencia entre padres e hijos. Acabo de estar en Santander en dos charlas, una en el Obispado y otra en el colegio Torrevelo, cuyo tema era ése: familia y televisión, y la magnitud del consenso es asombrosa. Pero lo peor es que, aun estando todos de acuerdo, hay muy pocas familias que se planteen seriamente la posibilidad de combatir el efecto de la pantalla, ya sea seleccionando previamente la programación, ya renunciando a tener televisor. La mayoría de la gente —y es explicable— prefiere tener las dos cosas, o sea, televisión y familia, y eso, al menos en las actuales circunstancias, es muy difícil.

He visto también cierto miedo a recurrir a la autoridad paterna como «filtro» de los mensajes televisivos, porque eso podría ser «autoritario». No veo por qué: la autoridad es una

EL INVENTO
DEL MALIGNO

JOSE JAVIER ESPARZA

Televisión y familia

cosa y el autoritarismo otra, y no hay familia posible si se les impide a los padres ejercer la autoridad que les corresponde. Por otra parte, existe la convicción de que un niño sin televisión crece marginado, aislado, porque no «comunica» con los amigos; pero en el citado colegio he conocido a un muchacho notable, Pablo Bárcena, que no tiene televisión en casa, y puedo asegurar que no es

verde, ni tiene garras, ni padece trastornos mentales ni es un inadaptado social, sino más bien todo lo contrario, y que es tan valiente y tan listo como sus compañeros. Mucha gente cree que es imposible renunciar a los aparatos técnicos. Se trata de una superstición como otra cualquiera. Es perfectamente posible vivir sin «tele». Y sobre todo: es preciso vivir dominando la televisión, no dejándonos someter por ella. Hemos de ser capaces de desprendernos de los aparatos técnicos, de mirarlos con distancia y serenidad, como proponía Heidegger. Si actuamos así, habrá pocas posibilidades de que los mensajes televisivos nos hagan daño, porque no dependeremos de ellos; por el contrario, si convertimos la televisión en una necesidad primaria de nuestra existencia estaremos perdidos, porque acabaremos en manos de un aparato ciego y loco que gira sin control. Sería bueno que las madres y los padres reflexionaran sobre esto: la mejor defensa es un buen ataque.

1. LOCALIZA EN EL TEXTO:

■ *La televisión impide la comunicación entre padres e hijos.*

■ *Pablo es un chico normal.*

■ *Hay que saber utilizar la televisión.*

2. DANOS SINÓNIMOS DE:

■ *Combatir.* . . . .

■ *Marginado.* . . . .

■ *Renunciar.* . . . .

■ *Hacer daño* . . . .

■ *Dejarse someter* . . . .

3. CONTESTA A ESTAS PREGUNTAS:

■ *¿Por qué la gente no controla la televisión?*

■ *¿Qué tiene de especial Pablo Bárcena?*

■ *¿Cómo explica el autor que no se puede renunciar a la televisión?*

■ *¿Cuál es la solución según el autor?*

■ *¿Crees que hay programas que merecen la pena? ¿Cuáles?*

PRETEXTO

EL ESPAÑOL EN EL MUNDO

El español, en España, no es idéntico en todos los lugares en los que se habla, por razones sociales y geográficas muy variadas.

Los principales dialectos del español son el andaluz, el extremeño, el murciano, el canario. Pero en España se hablan otras tres lenguas: el catalán, el gallego y el vasco, que son oficiales en sus respectivas Comunidades Autónomas. El español no es sólo la lengua de España: también lo es de casi todos los países de Centroamérica y de América del Sur, como tú ya sabes.

En 1991 Puerto Rico (estado libre asociado a los Estados Unidos) declaró el español como idioma oficial. El español se habla en diferentes estados de EE.UU.: Nuevo México, Texas, Arizona, Colorado, Nueva York, Florida, Nueva Jersey, Illinois y California.

El español, que en los países hispánicos presenta ciertas diferencias respecto al de España, empezó a hablarse a finales del siglo XV, y todavía hoy la lengua presenta rasgos de aquella época. Hay que tener en cuenta, también, que nuestra lengua llegó allí a través del habla de habitantes de la parte meridional de España, y este hecho ha quedado reflejado en el modo de hablar de los hispanoamericanos.

Las diferencias más importantes son: la fonética (pronunciación de la "c" y la "z" como la "s" final, aspiración de la "h" inicial), el léxico y el voseo (trato de vos en vez de tú).

Otra diferencia que podemos encontrar es el contacto con las distintas lenguas indígenas, que ha dejado en el español de América huellas más o menos profundas, especialmente en el léxico. Las palabras patata, cacao, chocolate, canoa, tiburón, caucho, huracán, hamaca, tomate y maíz, entre otras, nos han llegado al español desde estas lenguas indígenas.

También se habla español en cierto número de comunidades hebreas (sefardíes) de las costas del Mediterráneo, en Guinea Ecuatorial y, ya en escasa medida, en Filipinas. Es decir, excepto en Oceanía, en los otros cuatro continentes se habla español: en Europa, en América, en Asia y en África.

El total de hispanohablantes supera los 300 millones.

En 1993 el Gobierno brasileño, presidido por Itamar Franco, decidió regular mediante ley la obligatoriedad de la enseñanza del idioma español en los planes de estudio oficiales, especialmente en la enseñanza básica. Esta decisión completa el uso del español en el conjunto de países de la zona, y le da un impulso definitivo para su consolidación como "lingua franca" e instrumento de cooperación política y económica.
Este hecho coloca al español en condiciones de convertirse en idioma de uso internacional.

¿CUÁLES SON LAS PREPOSICIONES QUE APARECEN CON MAYOR FRECUENCIA EN ESTE TEXTO?
SEÑÁLALAS Y DI QUÉ EXPRESAN (LUGAR, TIEMPO, ETC.)

■ *¿Podrías explicar la diferencia entre lengua y dialecto?*

. . . .
. . . .

■ *¿Sabes qué lengua, además del español, se habla en Puerto Rico?*

. . . .
. . . .

■ *¿Cómo se llama la Comunidad Autónoma que ocupa la parte más meridional de España?*

. . . .
. . . .

■ *¿Cuál es el primer idioma de uso internacional?, ¿y la lengua más hablada en el mundo?*

. . . .
. . . .

■ *¿Qué datos son los que más te han llamado la atención? Coméntalos con tus compañeros.*

. . . .
. . . .

CONTENIDOS GRAMATICALES

LAS PREPOSICIONES

Además de los usos que te presentamos en esta unidad, debes recordar lo que has ido aprendiendo sobre ellas en las unidades anteriores.

A

■ OBJETO DIRECTO DE PERSONA.   *Visito **a mi madre** dos veces al año.*

■ OBJETO INDIRECTO.   *El profesor explica la lección **a los alumnos.***

    *Ponle vinagre **al gazpacho.***

■ DIRECCIÓN.   *Mañana me marcho **a Granada.***

■ RELACIÓN DE 2 LUGARES ENTRE SÍ.   *Vivo **a 300 metros** del mar.*

    *La cocina está **a la derecha.***

■ FECHAS.   *Estamos **a una semana** de tu cumpleaños.*

    *Estamos **a dos de abril.***

■ PRECIO VARIABLE.   *He comprado las patatas **a 70 ptas.** el kilo.*

■ EDAD A LA QUE SE HACE ALGO.   *Sacó la cátedra **a los 38 años.***

■ COSTUMBRE O ESTILO.   *Pulpo **a la gallega.***

    *Merluza **a la vasca.***

CON

- COMPAÑÍA.
- INSTRUMENTO.
- CONTENIDO.
- ENCUENTRO.

*Vivo en un piso **con tres amigos**.*
*Siempre escribo **con rotulador** negro.*
*Te enviaré una carta **con todas las fotos**.*
*Tropecé **con una piedra**.*
*Por fin di **con la casa**.*

EN

- INTERIORIDAD.
- SUPERFICIE.
- MEDIO DE TRANSPORTE.
- TIEMPO FUTURO (DENTRO DE)..
- POR LO QUE SE REFIERE A.
- PERÍODOS O TEMPORADAS.

*A las 10 estaré **en casa**.*
*El libro está **en la mesa**.*
*Me gusta viajar **en tren**.*
*Volveré **en tres días**.*
*Es el mejor **en latín**.*
***En primavera** florecen los árboles.*

DE

- POSESIÓN O RELACIÓN.
- MATERIAL.
- ORIGEN.
- CONTENIDO.
- TEMA.
- EDAD.
- PRECIO.
- USO O DESTINO.
- SITUACIÓN TRANSITORIA.
- PARTE DE UN TODO.
- RÁPIDA EJECUCIÓN (PRECEDIDO DE UNO).

*El jardín **de la casa**.*
*La mesa es **de madera**.*
*Este coche es **de Alemania**.*
*Me han regalado una caja **de bombones**.*
*Los hombres hablan mucho **de fútbol**.*
*Tengo un cuñado **de 43 años**.*
*Carmen se ha comprado un coche **de dos millones**.*
*Me gustaría tener una mesa **de pingpong**.*
*Está **de vacaciones**.*
*Bebió **del vino** que le ofrecían.*
***De un salto, de un trago, de un tirón**.*

ANTE

- EN PRESENCIA DE.
- DELANTE DE.

*Lo llamaron para declarar **ante el juez**.*
*Los manifestantes se congregaron **ante el Ayuntamiento**.*

BAJO

- DEBAJO DE.
- DEPENDENCIA.

*Guardaron el tesoro **bajo tierra**.*
*El niño está **bajo la tutela** de sus abuelos.*

SOBRE

- ENCIMA DE.
- TEMA.
- APROXIMACIÓN.

*La botella está **sobre la nevera**.*
*He comprado un libro **sobre la Guerra Civil**.*
*Juan llegará **sobre las 8**.*

SEGÚN
- OPINIÓN.
- CONFORME A.
- LOCALIZACIÓN.

Según Marx, la religión es el opio del pueblo.
Lo han juzgado según la ley de su país.
Vivo en el 3º dcha., según se sale del ascensor.

CONTRA
- OPOSICIÓN.
- COMPARACIÓN.
- ENCUENTRO.

España jugó contra Alemania.
Gano poco contra lo que gasto.
Chocó contra un árbol.

DESDE
- ORIGEN EN EL TIEMPO.
- ORIGEN EN EL LUGAR.

Estoy aquí desde las 8.
Vengo desde Nerja.

ENTRE
- LUGAR (EN MEDIO).
- COOPERACIÓN.
- GRUPO.

El papel debe de estar entre los libros.
Entre todos hicieron la comida.
Entre los alumnos se comenta que soy aburrido.

HACIA
- DIRECCIÓN NO EXACTA.
- APROXIMACIÓN.

Voy hacia el centro.
En invierno anochece hacia las 8.

HASTA
- FIN EN EL ESPACIO.
- FIN DEL TIEMPO.
- "INCLUSO".

La nueva carretera llega hasta Motril.
Se quedará hasta el lunes.
Hasta los niños comprenden esto.

SIN
- LO CONTRARIO DE CON.

He sacado el carné de conducir sin problemas.
No contestes sin pensar.

POR /PARA
- LAS HAS ESTUDIADO EN LA UNIDAD 11.

PRACTICAMOS LA GRAMÁTICA

I. RELLENA LOS HUECOS CON LAS PREPOSICIONES "A", "DE" O "EN":

1. ■ Ayer vi............ Javier........... la biblioteca.
► Sí, tiene que hacer un trabajo de Historia.

2. ■ Voy.......comprar un paquete........tabaco.
► ¡Ah!, pues si no te importa tráeme una caja.............cerillas.

3. ■ ....la conferencia.............el martes se habló.........literatura hispanoamericana.
► ¡Vaya!, yo me la *perdí*.

4. ■ He comprado las cerezas..........500 ptas.
► *¡Qué clavo!* Yo ....280.

5. ■ .....otoño se caen las hojas.....los árboles.

6. ■ ¿.................qué hora es el debate?
► ....las 12..............la noche, creo.

7. ■ ¿................qué cajón está el pegamento?
► ....el 2º.............la izquierda.

8. ■ ¿Podría ver..............el Sr. Sotelo?
► Lo siento, está....................vacaciones.

9. ■ ¿Qué quiere................cena?
► Una tortilla....................la francesa, y un poco.............queso.

10. ■ ¿Dónde vivís?
► ....un piso.............alquiler,.............100 mts....................la playa.

11. ■ ¿Cómo puedes tener ya un hijo...........20 años, con lo joven que eres?
► Es que me casé..............los 18. ¡Eran otros tiempos!

12. ■ ¿.......cuánto está Barcelona........Málaga?
► ....una hora..............avión.

13. ■ ¿Por favor, el edificio............Correos?
► Aquél..............mármol blanco.

14. ■ ¿Cuánto tardará mi *pedido*?
► ....15 minutos lo tendrá.......su casa.

15. ■ ¿.............quién es esta pluma?
► ....Jorge, pero cógela.

→ **PARA ACLARAR LAS COSAS:**

→ PERDERSE UN ACONTECIMIENTO = *no asistir por no saber que ese acontecimiento se celebraba o por imposibilidad de asistir.*

→ ¡QUE CLAVO! = *expresión que utilizamos cuando pagamos un precio superior al real.*

→ PEDIDO = *envío a domicilio de la compra que hemos hecho.*
   En lenguaje comercial: lo solicitado por alguien..

PONER LA PREPOSICIÓN ADECUADA:

1. Me iré..................viaje..............Antonio..........el mes..............junio.

2. No he podido leer el libro..................García Márquez.................falta de tiempo.

3. La moto chocó..................la pared.

4. Voy..............ir...........ver..............mi madre..............las cinco.

5. Los ejercicios..............preposiciones no son muy difíciles...............hacer.

6. ....aquella tienda los artículos están rebajados un 30...............ciento.

7. ....clase siempre me siento...............José y Adela.

8. Estas flores son.............ti,..........tu cumpleaños.

9. Ayer hablé.............Fernando..............teléfono...............el problema...............Luisa.

10. Estaba paseando.............la plaza cuando tropecé.....................una piedra.

11. Hay que lavar este jersey.................mano.................agua fría.

12. ....el carnaval se disfrazó de payaso.

13. Vamos a comprar una caja................tiritas.................la farmacia.

14. Los alumnos están....................cada grupo....................su nivel...................conocimientos.

15. Tienes una mancha.....................tomate.................... el pantalón.

III. **PON LA PREPOSICIÓN CORRECTA:**

Los pasajeros .... destino al aeropuerto .... Murcia fueron canalizados .... una pequeña sala .... salida directa .... los autobuses y .... las pistas. Cuando entró ella, después .... haber enseñado el billete .... el control .... tránsito, habría unas 60 personas esperando.

Algunos estaban sentados .... las amplias butacas .... skai, otros paseaban arriba y abajo, consultando .... vez .... cuando el reloj y dirigiendo rápidas miradas .... la puerta.

Eran casi todos turistas nacionales: familias .... niños, estudiantes y oficinistas .... vacaciones, maridos que iban .... reunirse .... sus mujeres durante las fiestas, una anciana .... silla .... ruedas acompañada .... su hija.

Cuando se volvió, el hombre .... el ventanal la estaba mirando. Era él. Seguro que era él. .... el fondo, no había nada que pudiera recordarle .... el compañero .... juego .... Las Adelfas. Se trataba.................un señor muy maduro, algo barrigón, blanco el escaso cabello que le iba quedando. Gafas, respetabilidad absoluta. Se le fue acercando, sintiendo que sus ojos la observaban .... curiosidad complacida: "No es lo que te imaginas". Estaba ya muy cerca.................él y sus ojos seguían recorriendo sus facciones, sus caderas, sus piernas. Cuatro metros, dos metros, un momento .... pánico: ¿Y si no es él?

– ¿.................. que eres Quico?

– ¡Lala!

Se echaron .... reír, mientras se abrazaban, conscientes .... la ridiculez.................los diminutivos infantiles tantos años después.

(*Crónica del olvido*, Dolores Soler Espiauba).

IV. HAZ LA PREGUNTA:

1. ¿..?
   Mías. Gracias. Llevaba buscándolas toda la tarde.

2. ¿..?
   Sólo lo haría por mis hijos.

3. ¿..?
   No estoy muy seguro, pero me parece que es de grasa de la moto.

4. ¿..?
   De tonterías. La verdad, de nada interesante.

5. ¿..?
   Para una compañía extranjera con sede en Mallorca.

6. ¿..?
   A unas 100.000 ptas. el m^2.

7. ¿..?
   De jamón serrano, aceite de oliva, tomate y sal.

8. ¿..?
   Lo tendrá arreglado para el viernes.

9. ¿..?
   Por la playa, para que los perros corrieran.

10. ¿..?
    Para María y Alfredo. Me han invitado a cenar esta noche.

ꓱACTIVIDADES

I. ANÉCDOTA

Una chica estudiante de español fue al carnicero y le pidió medio kilo de ¡TERNURA!
Cambia la "u" por la "e" y comprenderás la confusión.

 Ahora, contad cosas divertidas que os hayan pasado hablando español.

II. EL PODER DE CONVICCIÓN

Formad dos grupos, uno piensa que estudiar español es una tontería. El otro grupo tiene que convencerle, utilizando todos los argumentos posibles, de lo contrario.

III. DEBATE

Lo importante es hablar mucho español , aunque no sea correctamente.
Es mejor hablar menos español pero hacerlo correctamente.

ꓱCOMO LO OYES

I. ESCUCHA ATENTAMENTE EL FRAGMENTO DE UN ARTÍCULO APARECIDO EN **EL PAÍS** EL **9** DE MAYO DE **1991** Y DESPUÉS CONTESTA A LAS SIGUIENTES PREGUNTAS:

Espana, Espana
La cultura española reacciona contra la iniciativa comunitaria.

1. *¿De qué iniciativa se trata?*
2. *¿Cuántos años tiene el idioma español?*
3. *¿Cuál es la opinión del presidente de la Real Academia Española de la lengua?*
4. *¿A qué se dedica Javier Marías?*
5. *¿Por qué le parece ridícula esta medida?*
6. *¿Qué dice sobre las máquinas de escribir?*

II. Vas a escuchar un fragmento de una entrevista que el periodista Plinio Apuleyo Mendoza le hizo, hace algún tiempo, a Gabriel García Márquez.

La citada entrevista se encuentra en el libro *El olor de la guayaba*

Pon atención, toma notas y después haz un resumen de lo que hayas entendido. Compara con el de tu compañero/a.

VOCABULARIO

I. Une el adjetivo de la primera columna con su contrario:

CLARO	ANCHO
GRUESO	MODERNO
EDUCADO	VACÍO
VALIENTE	SUAVE
ANTIGUO	OSCURO
LLENO	LARGO
ÁSPERO	COBARDE
GRACIOSO	FINO
ESTRECHO	GROSERO
CORTO	SOSO

II. Te damos una lista de palabras usadas en España y sus equivalentes en otros países de Hispanoamérica, para que las conozcas y las utilices cuando viajes a alguno de estos países.

ESPAÑA			
	DEUDAS	MÉXICO	DROGAS
	ALBARICOQUE		CHABACANO
	¡CUIDADO!		ABUSADO
	ACERA		BANQUETA
	SEÑOR	VENEZUELA	IMUSIÚ
	TOMAR UNAS COPAS		PEGARSE UNOS PALOS
	VESTIDO		FLUX
	COLGAR		GUINDAR
	ROGAR		EXIGIR
	ARMARIO		ESCAPARATE
	NIÑOS POBRES	COLOMBIA	GAMINES
	PASE, PASE		SIGA
	APETECER		PROVOCAR
	MADRE, PADRE	ARGENTINA	MAMÁ, PAPÁ
	FALDA		POLLERA

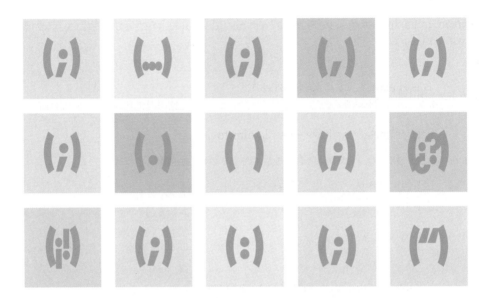

LA PUNTUACIÓN

 La coma (,) reproduce las pausas que se hacen dentro de una oración, pero también su colocación depende de ciertas reglas gramaticales. Se separan con coma:

(,) A Los elementos de una serie de palabras o de grupos de palabras, incluso oraciones, cuando no van unidos por conjunción:
los discos, las revistas, los libros estaban tirados.
llegó, se duchó, se maquilló, cogió dinero y se marchó.

(,) B Los vocativos:
Señor, ¿me puede dejar paso, por favor?

(,) C Los incisos que interrumpen momentáneamente el curso de una oración:
No seas tan ambicioso, te lo digo en serio, y vivirás más tranquilo.

(,) D Las locuciones y adverbios: en primer lugar, por último, es decir, por ejemplo, efectivamente, etc.
Nosotros, por supuesto, les avisaremos dos días antes.

(,) E Detrás de una oración subordinada cuando va delante de la oración principal:
En cuanto llega a Málaga, viene a visitarme.

(,) F Detrás de las oraciones condicionales encabezadas por "si":
Si vas a salir, apaga todas las luces.

El punto y coma, (;) marca una pausa menor que el punto y mayor que la coma.

 Los dos puntos (:) se utilizan en los siguientes casos:

   A Tras el encabezamiento de las cartas:
Querido Eduardo:

   B Para anunciar una frase en estilo directo:
Emilia contestó: Ni hablar, no pienso hacerlo.

   C Para anunciar una enumeración:
Los montes más altos de España son: el Teide y el Aneto.

 El punto (.) señala las pausas que se producen entre dos oraciones independientes.

   A El punto se pone al final de las abreviaturas:
Sr./ptas./etc.

   B El punto y aparte marca el final de un párrafo.

 Los puntos supensivos (...) sirven para señalar que el hablante se interrumpe o que la enumeración podría prolongarse.

 Las comillas (") las usamos para citar algo literalmente.

 El paréntesis ( ) permite introducir una observación dentro de una oración.
En lugar del paréntesis puede emplearse la raya (–).

 Los signos de interrogación (¿ ?) se utilizan en las oraciones interrogativas directas.
Recuerda que en español se ponen al principio y al final de la oración.

 Las oraciones que expresan alegría, dolor, admiración, mandato, van entre signos de exclamación (¡ !).
Al igual que los signos de interrogación se ponen al principio y al final de la oración.

DOS EJERCICIOS GRAMATICALES

I. **PON LAS COMAS A ESTA ENTREVISTA REALIZADA POR EL PERIODISTA ESPAÑOL JOAQUÍN SOLER SERRANO AL ESCRITOR ARGENTINO ERNESTO SÁBATO.**

J.S.S. *La primera crisis que usted experimenta (como todo hombre) y que han sido tres o cuatro en su caso empieza cuando sus padres le mandan al Colegio Nacional de la Universidad de la Plata donde esperan que estudie el bachillerato…*

E.S. *Sí fue un momento crucial. Me separé de la familia… estaba muy unido a mi madre como también a mi hermano menor. Mientras los demás andaban por el campo montaban a caballo o nadaban en el río nosotros dos estábamos retenidos por mi madre.*

Creo que eso hizo más triste nuestra infancia y seguro que mamá no lo pensaría así cosa que comprendo muy bien.

De manera que alejarme doscientos kilómetros para irme a una ciudad que era una enormidad sin ver a mi madre durante un año fue algo definitivamente triste una verdadera crisis.

¡Un año estudiando de día y llorando de noche!

(Joaquín Soler Serrano. *Escritores a fondo*, 1986).

II. **PON LOS PUNTOS A ESTA ENTREVISTA REALIZADA POR EL PERIODISTA ESPAÑOL JOAQUÍN SOLER SERRANO AL ESCRITOR PERUANO MARIO VARGAS LLOSA. RECUERDA QUE TIENES QUE CAMBIAR LAS MINÚSCULAS POR MAYÚSCULAS TRAS LOS PUNTOS.**

J.S.S. *Hay noticia de una obra de teatro que escribiste a los 16 años titulada La huida del Inca.*

M.V.LL. *Sí, es una obra que escribí cuando estaba en el colegio todavía me gustaba mucho el teatro fue lo primero que escribí, más o menos en serio, en serio en el sentido en que me tomó mucho tiempo, rehice muchas páginas no recuerdo siquiera de qué hablaba me acuerdo que era una obra que comenzaba en la época*

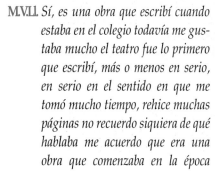

contemporánea, el personaje era un escritor que se extraviaba en un viaje al Cuzco y se encontraba con unos indios que le contaban una leyenda incaica que era el cuerpo de la obra y luego había un epílogo donde el escritor volvía a la ciudad con esta leyenda pero lo siento: ya he olvidado la leyenda.

(Joaquín Soler Serrano. *Escritores a fondo*, 1986)

ESCRIBE

I. HAZ UN RESUMEN DEL CURSO DE ESPAÑOL

II. YA SABES MUCHO ESPAÑOL, PERO QUIERES SABER MÁS. ESTE VERANO DISPONES DE TIEMPO PARA HACER UN CURSO SUPERIOR. ESCRIBE UNA CARTA A LA SECRETARÍA DE UN CENTRO DE ESTUDIOS DE ESPAÑOL PARA EXTRANJEROS, PIDIENDO TODO TIPO DE INFORMACIÓN: DURACIÓN DEL CURSO, NÚMERO DE HORAS DIARIAS, NÚMERO DE ALUMNOS, HORARIO, POSIBILIDADES DE ALOJAMIENTO, ETC.

LEE

EL TURISTA EN MÉXICO

Un español que ha pasado muchos años en los Estados Unidos, lidiando infructuosamente con el inglés, decide irse a México, porque allá se habla español.

Enseguida se lleva sus sorpresas. En el desayuno le ofrecen bolillos. ¿Será una especialidad mexicana? Son humildes panecillos. Al salir a la calle tiene que decidir si toma un camión (autobús), o si llama a un ruletero (es el taxista, que en verdad suele dar más vueltas que una ruleta).

Pasea por la ciudad y le llaman la atención letreros diversos: "Se renta", por todas partes (le recuerda el inglés *to rent*, y comprende que son locales o casas que se alquilan); "Ricas botanas todos los días" (lo que en español se llaman tapas).

Lo invitan a ver el Zócalo, y se encuentra inesperadamente con una plaza que es una de las más imponentes del mundo. Le dice al chofer (en España: chófer) que lo lleve al hotel, y le sorprende la respuesta:
– Luego, señor.
– ¡Cómo que luego! Ahora mismo.
– Sí, luego, luego.

Está a punto de estallar, pero le han recomendado prudencia, después comprenderá que luego significa al instante, va a visitar a una persona para la que lleva una carta, y le dicen: "Hoy se levanta hasta las once". Es decir, no se levanta hasta las once.

No pudo soportar más en México y decidió marcharse. Los amigos le dieron una comida de despedida, y sentaron a su lado, como homenaje, a la más agraciada de las jóvenes. Quiso hacerse simpático, y le dijo, con sana intención:

– Señorita, usted tiene cara de vasca.

¡Mejor se hubiera callado! Ella se puso de pie y se marchó ofendida. La basca es el vómito, y tener cara de basca es lo peor que le puede suceder a una mujer, y hasta a un hombre.

Nuestro español lió los petates y se marchó a tierra venezolana.

EL TURISTA EN CARACAS

El chófer que lo conduce del aeropuerto a Caracas exclama de pronto: "Se me reventó una tripa". Pero no es tan grave: la tripa reventada es la goma o el neumático del coche y tiene facil arreglo.

A nuestro amigo español lo invitan a comer y se presenta a la una de la tarde, con gran sorpresa de los anfitriones, que lo esperan a las ocho de la noche (en Venezuela la comida es la cena). Le dice a una muchacha: "Es usted muy mona", y se lo toma a mal. Mona es presumida, afectada, melindrosa.

Además le exasperaron las galletas del tráfico (los atascos), las prolongadas y odiosas congestiones de vehículos (el engalletamiento caraqueño puede alcanzar proporciones pavorosas). Y como le dijeron que en Colombia se hablaba el mejor castellano de América y hasta del mundo, allá se dirigió de cabeza.

EL TURISTA EN BOGOTÁ

Por las calles de Bogotá le sorprende la profusión de parqueadores, donde parquean los carros, es decir, donde aparcan los coches. Le ofrecen unos bocadillos y se encuentra con unos dulces secos de guayaba. Llaman monas a las mujeres rubias aunque sean feas. Pide un tinto y le dan un café sólo. O bien le ofrecen un perico (el cortado español).

Oye un continuo revolotear de alas: "¡Ala!, ¿cómo estás?", "¡Ala, pero vos sos bobo!", "¡Alita, pero fíjate y verás!". Dos amigas se despiden: "¡Que me pienses!", "¡Piénsame!".

EL TURISTA EN BUENOS AIRES

No tiene suerte en Bogotá, a pesar de que la gente es servicial y decide irse a Buenos Aires, donde es fama universal que se habla el peor castellano del mundo. Efectivamente, le asombró tanto che, tanto chau, tanto vos, tanto atorrante. Pero después de tan dura experiencia no le pareció peor ni mejor castellano que el de otras partes. El habla de Buenos Aires suele provocar la estupefacción de los turistas.

Un periódico recogía hace años el siguiente relato que está dentro de esta visión:

"Ayer, justamente, hablando con un señor extranjero recién llegado al país, nos decía que, a pesar de hablar correctamente el castellano, le resultaba casi imposible andar por nuestras calles sin utilizar los servicios de un intérprete. Ya al bajar del vapor se le había presentado el primer inconveniente idiomático. Al preguntar cómo podía trasladarse a la casa de su amigo, un muchacho le respondió:

Cache el bondi... (es decir, coja el tranvía del italiano cacciare y el brasileño bondi), y le dijo un número".

Texto resumido. Ángel Rosenblat, (*Nuestra lengua en ambos mundos*, 1986)

Observa que la palabra chófer (en español de España)
lleva tilde mientras que en los países de América del Sur no la lleva.

CONTESTA A ESTAS PREGUNTAS:

■ *¿Puedes expresar con otras palabras, pero con el mismo significado, la expresión: Un español que ha pasado muchos años en EE.UU. lidiando infructuosamente con el inglés?*

. . . .
. . . .

■ *¿Conoces el significado que tiene actualmente la palabra basca en España?*

. . . .
. . . .

■ *¿Qué quiere decir: Nuestro español lió los petates?*

. . . .
. . . .

■ *El sustantivo "mona" designa a la hembra del mono.*
¿A quién se le aplica en español de España, el adjetivo "mona"?

. . . .
. . . .

■ *¿Te ha gustado este texto? ¿Qué impresión te ha causado?*
Comenta tus impresiones con tus compañeros.

. . . .
. . . .

I. FRÉDÉRIQUE VINCENT, 36 AÑOS, CANADIENSE.

Lo mejor de los españoles es que son muy serviciales. Cuando preguntas por algo, enseguida están dispuestos a ayudarte. Es verdad que no hablan otros idiomas, pero no tienen problema para hacerse entender con gestos.

En mi país sucede lo contario. Si un extranjero pregunta algo, le responden de la manera más rápida posible y sin prestarle mucha atención.

Me sorprende también la facilidad que tienen para hablar de sí mismos y de sus cosas.

Hay temas que, en mi país, son tabú y que aquí se tratan con la mayor normalidad.

Y algo fantástico es que, cuando hay una situación difícil, los españoles llegan hasta el fondo de la cuestión para intentar solucionarla, y después, todos tan amigos.

II. HANS WEBER, 32 AÑOS, ALEMÁN.

Llevo años en España y todavía no me acostumbro al horario, y mucho menos a las comidas; no desayunan y, así, no tienen fuerza para trabajar. La comida es muy tarde y muy abundante, por eso necesitan la siesta.

¿Y cómo pueden cenar a las 11? Luego vienen las malas digestiones y los problemas de estómago, pero claro, con tanto aceite y tantas especias...

Se acuestan muy tarde y por eso están muy cansados por la mañana para trabajar.

III. ROBERT SMITH, 56 AÑOS, BRITÁNICO.

Hay algo que no puedo entender de los españoles, y es que ellos, que normalmente son tan tranquilos y pasan horas charlando amigablemente en un bar, se transforman tanto cuando están al volante de un coche. No respetan los pasos de peatones, utilizan el claxon continuamente, insultan a otros conductores... En fin, que conducen como locos. No sé cómo este cambio no los vuelve esquizofrénicos.

No les importa llegar con retraso, no conocen la prisa ni en su trabajo ni en su tiempo libre y, en cambio, en el coche parece que siempre van a llegar tarde.

IV. MALIN JOHANSON, 23 AÑOS, SUECA.

Admiro a los españoles. Parece que siempre están felices. El centro de las ciudades siempre está lleno, con buen o mal tiempo. El bar forma parte de sus vidas, tanto o más que el cuarto de estar. Me encantan las tapas, y, además, no son nada tacaños, los españoles, no las tapas, claro. Y...algo que tenemos que aprender de los españoles es a vivir el presente, pues el pasado ya no lo tenemos y no sabemos nada del futuro. Ese saber vivir y disfrutar al máximo lo bueno es lo mejor que tienen los españoles.

I. PERDONE. ESTAMOS HACIENDO UNA ENCUESTA SOBRE SI ESTAMOS CAMBIANDO LOS ESPAÑOLES O NO. ¿ME PUEDE DAR SU NOMBRE Y SU OPINIÓN?

1. Me llamo Alberto del Valle y respecto a la pregunta que me acaba de hacer, le diré que sí, que desgraciadamente estamos cambiando. Creo que estamos perdiendo el tranquilo ritmo de vida español.

La mayoría de la gente está suprimiendo la siesta. Las comidas, antes bien elaboradas, se están sustituyendo por platos precocinados calentados en el microondas.

Estamos perdiendo la amabilidad que nos caracteriza. Cada vez la gente es más agresiva y está menos dispuesta a hacer favores. Le resulto un tanto pesimista ¿verdad?

-Pues, hombre, me está resultando bastante pesimista.

-Lo siento, pero es que soy médico homeópata y en mi consulta estoy viendo constantemente a un montón de pacientes víctimas del estrés, del ritmo frenético que llevamos los que vivimos en Madrid.

2. Me llamo Lucía Álvarez y soy restauradora de cuadros. Creo que sí estamos cambiando. Nos estamos haciendo más europeos. No noto casi ninguna diferencia entre las calles de Madrid, Barcelona, Amsterdam, París o Bruselas, y la verdad es que esto me alegra. Hace unos 18 o 20 años, cuando estudiaba Bellas Artes y viajaba por Europa en verano, notaba grandes diferencias. Para mí estos cambios que se están produciendo son muy positivos.

Creo que ya nadie duda de que España es Europa y no como se decía antes que Europa acababa en los Pirineos. En general y para resumir, creo que nos estamos modernizando.

3. ¿Que si estamos cambiando los españoles?
Bueno, perdone, primero voy a presentarme. Me llamo Marcos Sendra, soy arquitecto y tengo 64 años. Respecto a su pregunta, no sé qué contestarle. En algunas cosas, creo que sí, en otras no.

A ver, voy a intentar explicarme. Creo que los horarios españoles no están cambiando. Seguimos haciéndolo todo más tarde que el resto de los europeos. Pero es lógico, y es que no podemos comparar las horas de luz de Londres, por poner un ejemplo, con las de Córdoba, y ¡no hablemos de los calores del verano!
En una cosa sí que noto que nuestra sociedad está cambiando y es en las salidas nocturnas de los jóvenes, mejor dicho de los adolescentes. Mis nietos, Adriana y Borja, de diecisiete y dieciséis años, salen los fines de semana hasta tardísimo y pasan las mañanas de los sábados y domingos en la cama.

Esto, en mis tiempos, no era así, salíamos algún fin de semana a alguna fiesta, pero de forma esporádica. No sé qué más contarle. Es difícil responder a una entrevista por la calle.
-Bueno...pues, muchas gracias.
-Adiós, buenas tardes.

II. *La República de Argentina está situada en el hemisferio sur y limita con Chile, Bolivia, Paraguay y Brasil. Las tierras continentales, cuya extensión es de* **2.719.221** *km²,* *tienen forma de triángulo, y junto con Chile, Argentina es el país que más se aproxima a las tierras antárticas. Su superficie total es de* **3.761.274** *km², si incluimos la Antártida Argentina y las islas del Atlántico Sur.*

El Salvador es el más pequeño de los países de Hispanoamérica. Está situado en el istmo centroamericano. Su extensión es de **21.041** *km². Limita con Honduras, Guatemala y el océano Pacífico.*
La República Dominicana, muy conocida hoy en día gracias al merengue, baile que puso de moda Juan Luís Guerra, ocupa la parte central y oriental de la isla de La Española, en Las Grandes Antillas, entre el océano Atlántico y el mar Caribe. Limita con la República de Haití. Su extensión es de **48.442** *km².*

Todos asociamos el nombre de Perú al imperio de los incas, y a nombres tan famosos como el de Mario Vargas Llosa, escritor que forma parte del boom literario de los años 60 y 70; la República de Perú limita con Ecuador, Colombia, Brasil, Bolivia, Chile y el océano Pacífico. Su superficie es de **1.285.215** *km².*
Costa Rica, estado de América central, situado entre Nicaragua y Panamá está bañado por el océano Pacífico y el mar Caribe o de las Antillas. Es uno de los países más pequeños de Hispanoamérica con una extensión de **51.100** *km². Los Estados Unidos Mexicanos nos traen a la mente no sólo uno de los países más grandes de Hispanoamérica,* **1.972.547** *km² de superficie, sino también uno de los más ricos en historia cuyas primeras huellas se remontan a diez mil años antes de Cristo.*

I. En la segunda etapa de nuestro viaje fuimos hasta Tenerife. Después de atravesar el océano Atlántico **LLEGAMOS** a Argentina. Al cruzar el estrecho de Magallanes, encontramos corrientes y **VIENTOS** huracanados. Por poco nos **HUNDIMOS**.
Fuimos los primeros en cruzar el Estrecho de Magallanes en un barco de vela.
Una noche se **CAYÓ** un tripulante. Pudimos rescatarlo por los pelos. En Valparaíso, Chile, **DESCANSAMOS**. El 1 de Mayo empezamos la travesía del Pacífico, y pasamos cuatro días alejados de la costa. **SUFRIMOS** averías, altas temperaturas, de todo.
A mediados del 92, pusimos rumbo a España. Todavía teníamos que **CRUZAR** el océano Índico. A primeros de Julio, invierno en el hemisferio Sur, **HUBO** una tormenta terrible, volcó el barco y nos **SALVAMOS** de milagro.
En la última etapa tuvimos un mar en calma.

Llegamos a Guetaria a finales de julio. Allí estaban nuestros amigos **ESPERÁNDONOS**.

II. Alberto Vázquez Figueroa nació en 1937 en Santa Cruz de Tenerife (Canarias). Pasó su infancia entre Canarias, Marruecos y El Sáhara. A los 16 años volvió a Canarias, donde acabó el bachillerato. A los 19, fue a Madrid a estudiar periodismo.
Cuando acabó la carrera comenzó a trabajar, primero como enviado especial de algunos periódicos, y después de Televisión Española.
Estuvo viajando durante 15 años y él mismo cuenta en su novela autobiográfica "Anaconda", (1975), que ha visitado cerca de cien países (en algunos, como Venezuela, ha estado más de cincuenta veces) y ha presenciado revoluciones y guerras en la República Dominicana, Guatemala, Bolivia, Chad, Guinea, Congo, etc.

Tuvo que dejar de trabajar como enviado especial por problemas de salud. Desde entonces se ha dedicado a escribir novelas sobre los lugares y la gente que ha conocido en sus numerosos viajes. Ha publicado unas cuarenta novelas, y nueve de ellas han sido llevadas al cine.

En 1988 comenzó la serie "Cienfuegos" (seis volúmenes) y la acabó en 1991. Esta serie trata de la época de la llegada de Colón a América, y el autor mezcla en ella personajes y hechos reales con otros fantásticos, consiguiendo muy buenos resultados.

I. NACÍ *a muy temprana* **EDAD**
DEJÉ DE *ser analfabeta a los tres años,*
virgen a los dieciocho, mártir a los cincuenta.

APRENDÍ A *montar en bicicleta,*
cuando no me **LLEGABAN**
los pies a los pedales, a besar cuando no
me **LLEGABAN** *los pechos a la boca.*

Muy pronto **CONSEGUÍ** *la madurez.*

En el colegio **FUI** *la primera*
EN *Urbanidad, Historia Sagrada*
y Declamación.

Ni el Álgebra ni sor Maripili me **IBAN**.
Me **ECHARON**.

NACÍ *sin una peseta.*
Ahora después de cincuenta años **DE TRABAJAR**
TENGO *dos.*

II. ■ *Buenos días: Estamos haciendo un estudio sobre los pueblos que se van quedando poco a poco sin habitantes. ¿Podría decirnos su nombre y contarnos un poco la historia de cómo se ha quedado este pueblo tan vacío?*

▶ Buenos días. Me llamo Mario Esparza y me alegro de su visita a este valle. Mire, como puede usted ver, este pueblo nunca fue muy grande...unos 120 vecinos cuando yo era joven. Ahora sólo somos once.
Todo empezó cuando las máquinas llegaron al campo. Ya no hacía falta tanta mano de obra para las faenas agrícolas. Todo lo hacían las máquinas. Sin embargo, en ciudades como San Sebastián, Bilbao y Pamplona la industria crecía y ahí sí que se necesitaba mano de obra. Por eso los jóvenes dejaron el pueblo y se marcharon a trabajar a las fábricas de estas ciudades. Era normal. Aquí no tenían nada que hacer. Allí tenían trabajo y ganaban dinero.
Poco a poco se compraron su piso y su coche. Mi hijo el mayor, que se casó con una de Pamplona, vino a buscarnos a mi mujer y a mí para llevarnos a vivir con ellos y allí que nos fuimos. Pero ninguno de los dos conseguimos resistirlo.

El piso era muy pequeño.
Había que subir en ascensor y esto no nos gustaba. No había campo, sólo cemento, así es que decidimos volvernos. Y aunque un poco solos y bastante viejos, aquí estamos contentos. Criamos un par de cerdos, tenemos una huerta muy maja y mucha leña para pasar el invierno junto a la chimenea.

■ *¿Cree usted que los jóvenes volverán al pueblo?*
▶ No lo creo. Aquí no tienen nada que hacer. Además, cuando vienen de vacaciones, en verano, aguantan sólo una semana. Dicen que se aburren y que echan de menos las discotecas.

■ *Bueno, pues muchísimas gracias por toda la información y buenos días.*
▶ Pero hombre, no se va a ir así, sin haber conocido a mi mujer y sin haber tomado nada en nuestra casa. Ahora mismo vamos y Manuela nos prepara algo.

■ *Por favor, no querría molestar.*
▶ Si no es molestia, todo lo contrario. ¡Hala, vamos!

■ *Pues muchísimas gracias.*

Aunque ustedes puedan pensar que esto es una inocentada, no lo es: es una noticia rigurosamente cierta.

"Un preso de la cárcel modelo de Barcelona logró fugarse ayer disfrazado de mujer, después de haber tenido una comunicación "vis a vis" con su hermana".

El fugado, Antonio Lluch Rubio, barcelonés de 23 años de edad, intercambió la ropa con su hermana Leonor de 21 años, mientras realizaba el citado encuentro a las 9 de la mañana.

La Dirección de Instituciones Penitenciarias de la Generalitat confirmó el suceso y explicó que la fuga tuvo éxito gracias al extraordinario parecido que existía entre el detenido y su hermana. La suplantación se perfeccionó con un poco de maquillaje.

La documentación de su hermana y el disfraz le ayudaron a salir de la cárcel sin levantar sospechas.

La Dirección no hizo más declaraciones. Sólo añadió que Antonio Lluch es un preso preventivo.

Su hermana fue puesta a disposición judicial tras descubrirse el hecho.

La opinión pública está desconcertada por la aparente facilidad con que se ha producido esta fuga y mucha gente se pregunta si no habría que controlar más estos encuentros privados entre detenidos y familiares, lo cual para otras organizaciones es un logro irrenunciable alcanzado por la democracia.

■ ¿Cómo ve el futuro del cine español?

▶ En crisis, pero se recuperará. La gente no tardará en darse cuenta de la importancia del cine, y preferirá ver una buena película a pasar tantas horas delante del televisor.

■ ¿Ha visto usted ese cambio milagroso en una bola de cristal? ¿Cree que todo depende del público?

▶ No es una cuestión de bola de cristal, es que quiero sentirme optimista. En cuanto a lo del público, por supuesto que no. Como usted sabe, pertenezco al sindicato de actores.
Nos hemos entrevistado con los responsables gubernamentales y han prometido que van a proteger seriamente la producción española; suponemos que cumplirán lo acordado.

■ ¿Usted no se conforma con ser una actriz de prestigio nacional e internacional sino que también se interesa por todo lo que la rodea...

▶ Imagino que se referirá a mi manifiesto interés por la ecología que, en mi opinión, es de vital importancia.

Si no buscamos soluciones sin demora, este planeta será un lugar inhabitable. No suelo ser pesimista, pero, en esta cuestión, no puedo manifestarme de otro modo.

■ Hablemos de su futuro, ¿qué planes tiene?

▶ Dentro de un mes más o menos, acabo la película que estamos rodando y que se llama "El canto del pescador". Creo que se estrenará en tres meses y, a continuación, empiezo una gira por toda España para presentar la película. Si todo va bien, participará en el festival de Cannes.

■ Y de su vida privada, ¿qué nos puede contar?

▶ Pues mire, le voy a dar una primicia: me caso dentro de cuatro o cinco meses, después de la gira de la que acabo de hablarle.

■ ¿Sí? ¿Y quién es el afortunado?

▶ Bueno, ya se enterará, de momento, prefiero no dar a conocer su nombre.

■ Me ha dejado intrigadísimo, pero, de todos modos, ¡enhorabuena!, le deseo toda la felicidad del mundo.

▶ Muchas gracias.

Ustedes cuando **AMAN**
exigen **BIENESTAR**
una **CAMA** de cedro
y un **COLCHÓN** especial

Nosotros cuando **AMAMOS**
es fácil **DE ARREGLAR**
con sábanas ¡qué bueno!
sin sábanas **DA IGUAL**

Ustedes cuando **AMAN**
calculan **INTERÉS**
y cuando **SE DESAMAN**
calculan **OTRA VEZ**

Nosotros cuando **AMAMOS**
es como **RENACER**
y si nos **DESAMAMOS**
no lo **PASAMOS BIEN**

Ustedes cuando **AMAN**
SON DE otra magnitud
hay **FOTOS, CHISMES, PRENSA**
y el **AMOR ES** un boom.

Nosotros cuando **AMAMOS**
es **UN AMOR** común,
tan **SIMPLE** y tan **SABROSO**
como **TENER** salud.

Ustedes cuando **AMAN**
consultan **EL RELOJ**
porque el tiempo **QUE PIERDEN**
VALE medio millón.

Nosotros cuando **AMAMOS**
SIN prisa y **CON FERVOR**,
gozamos y **NOS SALE**
BARATA la función.

Ustedes cuando **AMAN**
al analista **VAN**
él es **QUIEN** dictamina
si lo **HACEN** bien o mal.

Nosotros cuando **AMAMOS**
SIN TANTA cortedad,
el subconsciente piola
SE PONE A disfrutar.

Ustedes cuando **AMAN**
exigen **BIENESTAR**
una **CAMA** de cedro
y un **COLCHÓN** especial.

Nosotros cuando **AMAMOS**
es fácil **DE ARREGLAR**
con sábanas ¡qué bueno!
sin sábanas **DA IGUAL**.

Enfermera: ¡El siguiente!
Don Ramón: Sí, soy yo.
Médico: Buenos días, Don Ramón, ¿qué le trae por aquí?
D.R.: Pues verá **DOCTOR:** hace días que no me encuentro bien. Me duele un poco la cabeza, me canso por cualquier cosa y me molesta la **ESPALDA** por las tardes.
M.: ¿Se ha puesto el termómetro?
D.R.: Sí, pero no tengo **FIEBRE.**
M.: ¿Qué tal duerme?
D.R.: Bien, quizá demasiado, hay días que me tengo que echar la **SIESTA** porque me caigo.
M.: ¿Y cómo anda de apetito?
D.R.: Pues la verdad es que estoy comiendo algo menos.
M.: Vamos a tomarle la tensión. ¡**ENFERMERA**, por favor!
E.: Sí, doctor. A ver… 8-12.
M.: Tiene usted una tensión de libro.
D.R.: Entonces ¿qué tengo?
M.: Bueno, no creo que haya motivos para preocuparse, pero le voy a mandar unos análisis y una **RADIOGRAFÍA.**
D.R.: ¿Qué sospecha usted, doctor?
M.: Nada, son pruebas de rutina, y además hace tiempo que no le hago un control. De todos modos le voy a recetar una pomada para la espalda y un **ANALGÉSICO** para ese dolor de cabeza. ¡Ah! no debe tomarlo con el estómago vacío.
D.R.: De acuerdo, doctor. Ahora mismo voy a la **FARMACIA.**
M.: Dentro de una semana deberá volver. Cuando venga ya estarán listas las pruebas y podremos hacer un diagnóstico más exacto. Aunque pienso que puede tratarse de una simple **GRIPE** que este año está manifestándose sin fiebre.
D.R.: Muchas gracias, doctor, hasta la semana que viene.
M.: ¡Hasta entonces Don Ramón!
D.R.: ¡El siguiente!

Los profesores no universitarios opinan que el alumnado está capacitado, en general, para los estudios que realiza auque está poco motivado, se comporta de un modo pasivo, tiene poco sentido de la responsabilidad y probablemente es menos trabajador que el de otras épocas.

La mayor parte de los docentes (58%) cree que el alumno medio español se encuentra capacitado para seguir sus estudios con aprovechamiento, aunque solo un 9% del profesorado encuestado afirma que los alumnos están motivados para realizar estos estudios. Consideran que los alumnos más pasivos y con menor sentido de la responsabilidad son los de las enseñanzas secundarias.

Sobre el tema de disciplina, la mayoría de los docentes no cree que los alumnos necesiten fuerte disciplina y auto-ridad por parte del profesor, ni que los premios o castigos sean el mejor método para hacerles trabajar.

I. *(En el aeropuerto)*

■ "Señores pasajeros del vuelo Ao (Aviaco) 408 con destino a Londres acudan a la puerta de embarque número 7".

(En unos grandes almacenes)

■ "Atención estimados clientes: en este mismo instante comenzamos una nueva promoción en la sección de alimentación: Compre 2 y pague 1".

(En un hospital)

■ "Doctor Velasco, doctor Velasco, por favor, acuda al quirófano número 4".

(En la estación)

■ "Señores pasajeros: Tren Talgo con destino a Madrid, próximo a efectuar su salida, se encuentra estacionado en vía 1".

(En un Congreso)

■ "¡Atención señores congresistas! Una vez finalizada la última conferencia, acudan al salón de recepción, donde se les servirá un aperitivo".

II. A

■ Hola, ¡por fin! ¿Dónde has estado que no te he visto?

► Es que he estado de viaje.

■ ¿De viaje? ¿Y a dónde has ido?

► ¡Uy! Por toda Asia: Filipinas, China, India…

■ ¡Qué barbaridad! ¡Qué maravilla!

► Y todo sin salir de "Galerías". En escalas de Asia de Galerías Preciados puedes viajar por los mejores artículos de Nepal, Tailandia, Irán.

■ ¿Sabes? Este fin de semana yo también voy a viajar por "Galerías".

B

■ Pues mira lo que pone aquí, con este sistema adelgazas 12 kgs, en un mes.

► Yo con Diet Plus pierdo todo lo que me sobra ni más ni menos.

■ Y cuando acabe el régimen voy a ir a un gimnasio.

► Yo con Diet Plus no lo necesito, mi piel se irá adaptando de modo natural.

■ Después voy a buscar una clínica que me quite la celulitis.

► Yo con Diet Plus me quito los kilos y la celulitis al mismo tiempo.

■ Pues yo… oye, ¿sabes que me lo voy a pensar?

► Yo seguiré con Diet Plus.

Adelgace de forma natural con Diet Plus, las gotas homeopáticas que eliminan kilos y celulitis. Carecen de contraindicaciones y no cambian sus hábitos de vida, sólo su silueta.

C

Estudiante: con Pascal descubrirás un método supereficaz para estudiar. Si te falta tiempo, si no consigues una buena concentración en el estudio, si te interesa una nueva formación y no obtienes los resultados que te propones, realiza ahora el curso Pascal de técnicas de estudio, indicado para estudiantes universitarios y opositores.

Aprovecha ahora porque dispones de un precio especial hasta el 10 de abril.

Llama al 900.600.900, llamada gratuíta.

Pascal enseña a estudiar del modo más eficaz.

Para alcanzar tu meta:

Pascal, un buen compañero en el estudio.

D

■ El autobús que se está aproximando es el 17.

► No, el 27.

■ Mira bien, es el 17.

► Ya lo veo, es el 27.

■ ¡Mira! Ya está aquí ¡Ahí va! Es el 27. Oye ¡Qué bien ves a todas las distancias!

► Claro, me he comprado unos cristales progresivos en Visión Lab por sólo 19.850 pts. el par y además, como tienen laboratorio de fabricación en el mismo centro, me los entregaron en una hora.

Visión Lab, centros de visión.

Visión Lab: déjanos ver tus ojos.

¡RRRRIIING!

■ Instituto Técnico de Recursos Humanos, ¿dígame?

► Buenos días. Mire, llamo a propósito del anuncio publicado en la prensa del domingo.

■ ¿Tiene la referencia del anuncio?

► Sí, es la 6741, para el puesto de relaciones públicas.

■ ¡Ah, sí! a ver…; llama para concertar una entrevista, ¿verdad?

► En efecto.

■ Un momento, ¿le viene bien el jueves a las 11:30, o prefiere el viernes por la tarde?

► Me viene mejor el viernes por la tarde, si no hay inconveniente.

■ Muy bien…¿sobre las 19:30?

► Perfecto. el viernes a las 7:30 de la tarde. ¿Dónde tengo que presentarme?

■ En el n° 8 de la calle Azafranal, 1° iz. ¿Sabe dónde está?

► Creo que sí. Eso está por la Plaza Mayor, ¿no?

■ Sí, eso es. Hasta el jueves, perdón, el viernes, y no olvide su "curriculum vitae", por favor.

► De acuerdo, muchas gracias. ¡Adiós!

■ ¡Adiós!

REVISE SU COCHE

Si usted ha decidido hacer un viaje en su tiempo libre, el buen estado de su coche y su manera de conducir son factores imprescindibles para que ese viaje sea un éxito.

Antes de salir:

◆ Compruebe la PRESIÓN de los neumáticos.

◆ Controle el nivel del agua, del aceite así como el líquido de FRENOS ; no olvide revisar tampoco el agua del limpiaparabrisas.

◆ Revise el correcto funcionamiento de INTERMITENTES y luces, y recuerde que es obligatorio llevar luces DE REPUESTO.

◆ Si el viaje lo va a hacer en invierno y por zonas montañosas, no olvide llevar cadenas y llenar el depósito de gasolina para que, en caso de AVERÍA, la calefacción siga funcionando.

De todos modos, es conveniente consultar por teléfono a la Dirección General de Tráfico (DGT) o a los servicios de Telerruta para conocer el estado de las carreteras, para que le propongan rutas alternativas en caso de retenciones o ATASCOS, también le pueden informar de las previsiones del tiempo o de los cortes POR OBRAS.

Además hay otras cosas que son importantísimas para llegar felizmente al lugar deseado:

◆ Llevar siempre puestos los cinturones de seguridad.

◆ No beber alcohol.

◆ Hacer comidas ligeras.

◆ Parar cada hora u hora y media para ESTIRAR LAS PIERNAS.

◆ Al menor síntoma de sueño, parar en zona permitida y descansar lo necesario.

◆ Respetar las distancias entre los coches.

◆ No realizar ADELANTAMIENTOS hasta estar seguros de poderlos hacer sin peligro.

◆ Respetar las señales de tráfico.

◆ No SUPERAR la velocidad máxima establecida.

Y recuerde:

"Más vale perder un minuto de vida
que la vida en un minuto".

¡¡FELIZ VIAJE!!

I. Anna Salrá dejó Barcelona hace más de diez años y puede decirse que arrastra a su alumnado por donde va.

Luchadora, madre de una hija de cinco años, Anna defiende a capa y espada la gimnasia base frente al aeróbic, el strech o el step.

Para ella el binomio gimnasia y agua ofrece los mejores resultados.

■ *¿Es cierto que arrastra a sus alumnos de club en club?*

► Eso dicen, pero lo que realmente ocurre es que cuando yo empecé no había ni la mitad de los gimnasios que hay ahora y tengo alumnos fieles desde hace casi diez años.

■ *Gimnasia para estar en forma, ¿hay algo más?*

► Hay mucho más. Es una buena terapia para la gente que trabaja, combate el estrés y es un buen hábito para la salud.

■ *Pero, ¿sigue la fiebre del culto al cuerpo?*

► Sí, sin duda. La gente quiere estar bien y cada vez hay más hombres que se meten en una clase de gimnasia. Ya se van animando a dejar la pesa. Muchos creen que estas clases son algo afeminadas, luego entran y no las resisten.

■ *¿Cuál es el músculo que menos trabajan los hombres?*

► La cintura.

■ *¿Y las mujeres?*

► El ama de casa trabaja muchas partes del cuerpo, pero los glúteos y la parte interior de los muslos necesitan mucho esfuerzo.

■ ¿Haría un vídeo para enseñar por televisión?

► Ya he preparado una cinta para alumnos que no viven en Marbella y son fanáticos de mi sistema, pero no estoy de acuerdo en que se comercialicen así como así. Como el caso de Cindy Crawdford, se prohibió en los Estados Unidos y aquí lo han regalado con una revista. Esto no es serio.

■ ¿Es el cuerpo de goma?

► Con mucho entrenamiento puede llegar a serlo.

■ ¿Qué tiene el agua de bueno para los gimnastas?

► La resistencia del agua multiplica los efectos del ejercicio y el hecho de flotar ofrece mayor facilidad de ejecución.

■ El strech, el step, el propio aeróbic, ¿son sólo modas?

► Creo que la gimnasia es una; lo demás son derivados.

■ Usted enseña a españoles y extranjeros, ¿hay alguna diferencia?

► El español es menos constante.

■ ¿Dónde está su meta?

► En la dirección de mi propio centro.
Ahora vamos a abrir una escuela de monitores aquí en Marbella, ya que no existe ninguna. Es otra forma de trabajar por esta profesión.

II. Ayer, sábado, la Selección Nacional disputó un partido de semifinales de la copa de Europa contra la Selección Sueca. El ENCUENTRO fue entretenido, con un RESULTADO final de 3 a 1. Pepito, tras el saque de esquina, REMATÓ de cabeza y el portero no pudo parar el primer gol.

El ÁRBITRO pitó 8 faltas al EQUIPO LOCAL y 12 al equipo visitante. Asimismo SACÓ 5 tarjetas amarillas y una roja que supuso la EXPULSIÓN de Martínez.

Por su parte, el sueco Johansson sufrió una LESIÓN en el muslo derecho, por lo que tuvo que abandonar el campo, y Larsson se incorporó al juego desde el BANQUILLO de suplentes.

En el 2º tiempo y A PASE DE Andersson, Larsson marcó el único gol para su equipo.

La Selección Nacional realizó un juego OFENSIVO basado en jugadas de ataques por las BANDAS que no pudo contrarrestar la defensa contraria.

Por su parte, la Selección Sueca mantuvo el balón en el centro del campo, a excepción de la mencionada jugada de Larsson.

Habrá que esperar al PARTIDO DE VUELTA y no cantar victoria antes de tiempo.

 4 ¿POR QUÉ LOS JÓVENES DE HOY SE NIEGAN A HACER LA "MILI"?
No quieren saber nada de fusiles, guerras ni uniformes, ni de recibir órdenes de un superior simplemente porque sí.

La objeción de conciencia es una posibilidad que prevé nuestra Constitución desde 1985. Pueden alegar motivos éticos, morales, religiosos, humanitarios o filosóficos y a cambio deben dedicar 13 meses a realizar la Prestación Social Sustitutoria en alguno de estos destinos: protección civil, conservación del medio ambiente, servicios sociales o sanitarios, o programas de cooperación internacional.

Tres objetores nos cuentan sus motivos:

Iván Algarra, 19 años.
"El motivo principal que me ha llevado a objetar es el rechazo que siento hacia el poder militar y todo lo que éste representa... A mi juicio hacer la "mili" es aceptar la guerra y participar en ella. Además la "mili" es una pérdida de tiempo, hay cosas más importantes que hacer para ayudar a la patria que empuñar un fusil. Y eso que la prestación social sustitutoria es más incómoda que el servicio militar: dura 4 meses más."

Javier Ergui, 30 años.
"Hice la prestación social en Gana (África), en un hospital de los Hermanos de San Juan de Dios. Cuando tuve que elegir destino, me dijeron que necesitaban un ingeniero con conocimientos de inglés y yo no me lo pensé dos veces. Trabajaba más de 8 horas diarias. La experiencia fue muy positiva y me sentí realmente útil."

José Manuel Fernández, 29 años.
"Realicé la prestación en la guardería de empleados del hospital de la Cruz Roja. Yo personalmente recibí un trato estupendo, sin embargo, creo que la prestación no tiene sentido: bajo el maquillaje de una función social se están ocupando puestos de trabajo gratuitos. Se suplen plazas de personas que tienen más conocimientos, que pueden hacerlo mejor y que podrían ganarse un sueldo."

Pedro González es sociólogo de la Fundación Santa María.
"Para los jóvenes de hoy, la seguridad nacional no es un problema crucial; hay otras cosas que les preocupan más: el paro, la vivienda, el SIDA, las drogas... Viven el presente y en él no parece que tenga cabida el ejército. Pero no creo que exista un espíritu antimilitarista generalizado en la juventud, lo que rechazan es la obligatoriedad de la "mili".

1   ISABEL LERMA, **28** AÑOS, FISCAL.

Me parecen una estupidez, a mí no me interesa la vida de esta gente que en su mayoría no hacen más que eso: salir en las revistas. El problema es que aunque no las compres, no te libras de esas noticias, puesto que ya aparecen, a veces en portada, en periódicos y revistas de información general. De verdad, es una vergüenza.

2   ERNESTO BARBERO, **45** AÑOS, TAXISTA.

Pues verá, a mí no me interesan mucho estos temas, pero, claro, desde que tengo el taxi, como me gusta mucho hablar con los clientes, si no está uno al día, pues no puedes hablar. Un buen taxista tiene que saber de todo lo que es actualidad: el tiempo, la política, los sucesos y por supuesto la última boda, divorcio o nacimiento. Mi mujer me compra una todas las semanas.

3   ELVIRA DE RAMÓN, **38** AÑOS, ENFERMERA.

¿Las revistas del corazón? Me encantan. Yo me leo dos o tres cada semana. Bueno, no compro ninguna, pero por las tardes paso consulta con una dentista y allí están todas. Para mí es como una droga, no puedo vivir sin ellas. No le digo más que en vacaciones me gasto una pasta en comprarlas. No sé por qué nos critican a los que las leemos si no hacemos daño a nadie.

4   ANTONIO MERCADO, **60** AÑOS, PROFESOR DE LITERATURA.

Mire, yo no sólo las compro, sino que colecciono el ¡Hola! dese hace 25 años. Tengo una biblioteca de unos 30.000 ejemplares y mi colección ocupa un lugar privilegiado. Para mí, con esta revista se puede conocer toda una historia de España, y, me atrevería a decir, del mundo, esa otra historia que no se escribe en los libros, pero que refleja una realidad que resulta harto interesante. Sobre las demás revistas no me pregunte porque no las conozco ¡Hola!, para mí reúne calidad, profesionalidad y algo importante: respeta la intimidad y mantiene el buen gusto.

I.   El Ministerio de Cultura, la Asociación Colegial de escritores y personalidades españolas e hispanoamericanas reaccionaron ayer contra la iniciativa comunitaria, en defensa de una letra, la eñe, propia de un idioma bimilenario nacido cerca de una ciudad que, podría llamarse dentro de poco Logrono.

El presidente de la Real Academia Española de Lengua afirma: Creo que la eñe no se debe quitar de nuestra identificación, Además, ¿qué piensan hacer con la cedilla francesa?

Javier Marías, escritor y traductor juzga la iniciativa: *Es absurda y me parece ridícula, pero no por patriotismo ni nada por el estilo, sino por la restricción, que cada cual escriba lo que quiera. Yo no he utilizado jamás un ordenador pero sí la máquina de escribir, y lo que me gusta es que tenga absolutamente de todo: desde el acento circunflejo hasta la cedilla. Lo que no entiendo es que quieran quitar letras ¡con lo fácil que es añadir teclas y que los ordenadores sean más completos cada vez!*

Entrevista a Gabriel García Márquez

II.   *PREGUNTA:* Gabriel, ¿de dónde sale esta capacidad tuya de narrar cosas tan extraordinarias, tan… mágicas?

RESPUESTA: Mis abuelos eran descendientes de gallegos, y muchas de las cosas sobrenaturales que me contaban provenían de Galicia. Pero creo que ese gusto por lo sobrenatural propio de los gallegos es también una herencia africana (…)

En América Latina se nos ha enseñado que somos españoles. Es cierto, en parte, porque el elemento español forma parte de nuestra propia personalidad cultural y no puede negarse. Pero en un viaje a Angola, descubrí que también somos africanos. O mejor, que éramos mestizos. Que nuestra cultura era mestiza, se enriquecía con diversos aportes. Nunca, hasta entonces, había tenido conciencia de ello.

En la región donde nací hay formas culturales de raíces africanas muy distintas a las de las zonas del altiplano, donde se manifestaron culturas indígenas. En el Caribe, al que pertenezco, se mezcló la imaginación desbordada de los esclavos negros africanos con la de los nativos precolombinos y luego con la fantasía de los andaluces y el culto de los gallegos por lo sobrenatural. Esa aptitud para mirar la realidad de cierta manera mágica es propia del Caribe y también del Brasil. De ahí han surgido una literatura, una música y una pintura que son la expresión estética de una región del mundo.